용기가 부족하여
기쁜 소식을 담대하게 전해드리지 못한
사랑하는 주위분들에게…

24Harmony는

세상을 아름답게 하기 위해
주변을 아우르며 살아 가는
순전한 우리들의 마음 가짐
으로 출판하고 있습니다.

익투스 153

엮은이 | 여인갑
초판 1쇄 발행 | 2013. 8. 31
초판 2쇄 발행 | 2013. 10.15
등록번호 | 제 2013-000101호
펴낸 곳 | 출판사 이사하모니
주소 | 서울 서초구 서초중앙로 18, 515호
          (서초동, 서초쌍용플래티넘)

책 값은 뒤표지에 있습니다.
ISBN 979-11-950851-0-1 03230

편집부에서 독자의 의견을 기다립니다.
24harmony@hanmail.net

익투스 153
여인갑

목차

추천의 글

　여인갑 장로님은 성경을 진지하게 연구하는 평신도 학자이십니다.
　그는 그의 전문 분야인 과학, 수학과 IT의 전문성을 가지고 늘 성경에 천착해서 살고 계십니다.
　이런 그의 관심이 이번에는 성경의 난해 구절이나 난해 주제들에 관심을 갖게 하셨습니다.
　그래서 그의 해박한 평소 지적 정보와 IT 정보통의 센스를 가지고 성경 해설에 나서신 것입니다.

　물론 성경 난해 주제들은 신학자들도 일치된 견해를 갖지 않습니다.
　그래서 독자들은 장로님의 견해에 다 동의하실 필요는 없습니다.
　그러나 어떤 분야에서 뜻밖에 도움을 받으실 가능성은 대단히 많습니다.
　저는 그런 의미에서 이 책을 추천 하고 싶습니다.

　특히 초신자들 중 과학과 성경의 조화에 의문을 갖고 계신 분들에게 특히 이 책을 추천합니다.

물론 오래 믿은 성도 중에도 성경의 디테일에 질문을 가진 많은 분들에게도 도움이 되실 것입니다.

성경은 늘 열린 마음으로 성경을 연구하는 베뢰아의 성도들을 신사들이라고 칭했습니다.

이 책을 곁에 두고 성경을 더 깊이 연구하신다면 우리 모두 영적인 신사 숙녀가 되실 것입니다.

여인갑 장로님과 같은 평신도 성경학자가 많이 나오는 것은 한국 교회의 축복입니다.

진지함을 상실하고 피상성의 시대를 사는 이때에 성경 연구는 삶의 깊이를 더할 것입니다.

모쪼록 이 책을 읽는 모든 분들에게 익투스 153의 축복을 누리시기를 기도합니다.

하나님의 말씀은 여전히 우리 발에 등이요 우리 길에 빛이 되십니다.

_이 동원 목사(지구촌 교회 원로, 지구촌 미니스트리 네트워크 대표)

인사 말씀

 성경을 읽다 보면 묻고 싶은 질문이 많이 생깁니다. 호기심도 갖게 되고 의문도 생깁니다. 그러나 이 많은 질문들을 내놓고 물어 보고 싶어도 막상 용기가 나지 않을 때가 많습니다. 그런 걸 뭘 자세히 알려고 하느냐 하고 핀잔을 받을 수도 있거나 또는 시원한 대답을 못 듣고 마는 경우가 태반입니다.

 덮어 놓고 믿으라고 하기도 하고 신앙에 연륜이 생기면 다 알게 된다는 대답도 많이 듣습니다. 반면에 세월이 흘러도 풀리지 않는 궁금증들은 더 많이 쌓여만 갑니다.
 나만 모르고 있나 하는 생각을 하면서 어느덧 교회 중직을 맡게도 되지만, 그러다 보면 더욱 더 물어 보기가 어렵게 되고 아무런 질문 없이 지내게 됩니다.

 여기 용기를 내어 질문에 대한 대답 153가지를 엮어 보았습니다.
 책을 통해, 강의를 통해, 설교를 통해 쌓은 짤막한 지식들을 평소에도 여러 모임에서 종종 이야기하다가 여기까지 온 것입니다. 신학자도, 목사도 아니고 이젠 은퇴를 앞둔 장로이기 때문에 이런 글을 부담 없이 엮을 수 있다고 생각합니다.

질문과 함께 읽어 가다 보면 어느새 성경 읽기에 흥미가 붙을 것으로 기대됩니다.

모든 답은 성경 속에서 찾아야 하지만 성경과 함께 전해오는 전승, 전설, 야화, 외경 등 정통적으로 인정되지 않는 이야기들도 포함하고 있습니다.

학자들 간에 서로 다른 주장과 해석도 소개하고 있어서 궁금증을 다소 해소해 줄 뿐 아니라 성경 읽는 흥미도 더해주는 이야기들입니다.

여기에 제시 된 답이 전부 다 맞는다고 주장하고 싶지는 않습니다. 성경 해석에 차이가 있을 수 있고, 각자가 들은 전승이 다를 수도 있습니다. 그런 점은 아하! 그럴 수도 있겠구나 하면서 가볍게 넘겨주었으면 하는 바람입니다.

이 책이 나오기까지 많은 분들에게 사랑의 빚을 졌습니다.

신구약 성경이 예수님에 대한 예언과 그 성취라는 것을 성막을 통해 알려주시고 미드라쉬 시리즈를 쓰신 갈보리선교 교회 강문호 목사님, 성경 완독을 하면서 성경 각 책의 내용이 잘 요약되고 기억되도록 정리해 주신 나눔 교회의 김장명 목사님, 히브리인들의 손을 빌려 쓰여진 성경을 읽는데 필요한 히브리적 사고를 갖도록 가르쳐 주신 코헨대학교 강신권 총장님과 코헨신학대학 박사원장 김형종 목사님, 토라에 근거한 유대적 삶을 배경으로 성경을 풀이해 주신 백석대학교의 변순복 교수님과 미크라성경연구원의 정관창 목사님, 그리고 섬기는 지구촌교회에서 항상 말씀으로 살찌우게 하시는 이동원 원로목사님과 진재혁 담임목사님을 비롯한 많은 교역자님들께 감사의 말씀을 드립니다.

특히 책을 통해 만나 본 동방 서방 교부들, 중세 영성가들, 그리고 종교개혁 시대와 청교도시대의 저술가들, 각 세대마다 하나님께서 쓰신 신학자와 목사님들과 그분들의 저술을 번역 소개하느라 애쓰고 계시는 수 많은 국내 번역자들에게도 진심으로 감사드립니다.

연락처 이메일 주소로 기탄 없는 질책과 좋은 의견을 나누는 기회가 있기를 기대함과 함께, 부족한 점이 많겠지만, 독자 여러분의 넓은 이해와 조언을 바라면서….

2013년 6월
여 인 갑(ikone@ciscorp.co.kr)

10

익투스 153 출간을 축하 드리며

남편은 책을 좋아해서 어느 곳이든 책을 두고 산다. 화장실은 물론 현관, 소파, 침대 …

오래 전 이야기다. 아파트가 건조해서 수족관을 설치해야겠다고 했더니 '금붕어 잘 기르기'라는 책을 사다 주었다. 읽고 참고하라고. 딸 아이가 강아지 기르자고 조르기 시작해서 애견센터에 개를 고르러 간 사이 남편은 '애완견 잘 기르기'라는 책을 사왔다. 딸과 함께 웃었지만 그 책이 개를 기르는데 정말 유용해서 동물병원에 주사 맞히러 갈 때마다 수의사 선생님이 개가 건강하다며 잘 기른다고 칭찬 받았던 일도 생각난다.

딸이 독일로 유학을 가던 해에 엄마로서 헤어짐에 허전한 나날을 보내고 있던 어느 날 '유럽 여행'에 관한 두꺼운 책을 사다 주며 해마다 여러 나라를 다녀 보자고 했다. 실제로 온 유럽을 그 책이 닳도록 끼고 다니며 딸과 남편과 가이드 없이 주제별 테마 여행을 했었다.

더 재미있는 것은 '독일'에 관한 여행 책을 또 한 권 사다 주며 독일 전체를 다녀 보라고 했다. 그 책엔 베를린, 카셀, 드레스덴, 라이프찌히 등 온갖 도시 별 안내가 다 있어서 나에게 얼마나 유익한 책이었는지 모른다. German Rail Pass를 한국에서 마련해서 기차로 하루에 2곳 정도를 다니며 5년 동안 일년에 3-4달씩 독일에 머물다 오곤 했다.

남편이 가끔씩 주례를 할 때도 신랑 신부를 미리 만나 그들의 이야기를 잘 듣고 나선 결혼 생활에 참고가 될 책을 선물한다. 친지의 아들이 유학 중에 있는데 그 학생이 한국에 올 때마다 어김없이 책을 건넨다. 또 이런 일도 있다. 외국에서 한인목회 하시는 목사님에게 안식년을 꼭 가지셔야 한다며 그에 관련된 책을 소개해 드리고 자료를 메일로 보내 드리고 하면서 안식년을 가지시도록 격려하던 일이다.

집 이사를 다닐 때도 남편은 책만 챙긴다. 반면에 나는 옷만 신경을 쓴다. 나머지 짐은 이삿짐센터에서 알아서 옮겨 놓는다. 이제 나이가 들어 짐을 정리하고 있지만 나는 남편에게 책 좀 정리하라고 성화이고 남편은 나에게 옷 좀 정리하라고 채근한다.

말없는 남편이지만 가끔씩 파안대소를 하거나, 너무 신기하다며 큰 소리 지르거나, 무릎을 치며 굉장하네! 라고 싱글거리는 모습을 볼 때가 있다. 성경을 읽다가 뭔가를 깨달았다거나 책을 읽다가 반응하는 행동들이다. 그렇게 해서 깨닫고 이해한 이야기들을 재미있게 모아서 이번에 책을 쓴 것이라 본다.

앞으로도 책으로 엮을 내용들이 많이 있다고 한다. 아내로서 당연히 지지해야 하는데 어떤 때는 책 읽고 컴퓨터 자판 두드리는 시간에 운동도 하며 내가 좋아하는 로맨틱함도 함께 즐겼으면 하는 마음도 감출 수는 없다.

아름다운 책이 나올 수 있도록 디자인, 편집, 인쇄 등 도와 주신 모든 분들께 고마움을 표합니다.

하나님의 기쁨이 되는 사위 권혁태박사, 딸 여근하의 기도와 사랑의 빛에 감사하며 특히 추천의 글을 보내주신 이동원 원로목사님께 무한한 감사를 드립니다.

책을 항상 들고 있는 당신 화이팅!
옆에서 늘 응원하는 당신의 아내 J가.

1장

천지 창조와
아브라함의 하나님

창세기 숲 속 이야기 26가지

001

천지창조는
몇 년 전에
이루어졌나?

"태초에 하나님이 천지를 창조하시니라"
(창 1:1)

성경의 시작은 하나님께서 천지를 창조하신 기사로 시작된다.

예전에 하나님께서 계셨는데 그분은 어떤 분이셨고 어떻게 태어나 어디에서 사셨다라는 하나님 소개로부터 시작되지 않는다. 이는 하나님에 대해서는 물어 보지 말라는 절대 선언이다.

그 하나님께서 태초에 천지를 창조하셨다는 것이다.

성경을 읽기 시작하자마자 누구나가 가질 수 있는 첫 질문은 태초가 과연 언제인가, 몇 년 전인가 하는 질문이다.

필자가 어렸을 때는 우주의 나이가 50억년 정도되었다고 하였다. 그러다가 차츰 우주 나이가 많아 지더니 요즘은 137억년이 된다고 과학자들은 말한다. 우스개 소리로 필자는 87억년하고 70년을 산 셈이다. 앞으로 우주의 나이가 이보다 더 많다는 주장이 나오면 필자는 또 그만큼 나이를 더 먹는다는 이야기가 된다.

한편 지구의 나이는 50억년이나 된다고 과학자들은 말한다. 우주가 탄생하고 질서를 잡은 다음에 지구가 탄생하였다고 보기 때문에 우주의 나이와 지구의 나이에 차이가 있다.

16

그러나 성경에서 인류의 역사를 성경에 나오는 숫자로 계산해 보면 일 만년이 안 된다. 7천여 년 정도 밖에 되지 않았다고 믿는 기독교인들도 많이 있지만 그렇게 믿는 기독교인 수는 점차로 줄어들고 있다.

그렇지만 지금도 창조과학자들은 젊은 지구를 증명하려고 지질학적 탐사를 계속하고 있으며 나름대로의 연구 조사 결과를 발표하면서 젊은 지구에 대한 확신을 갖고 있다.

그들은 화석이 연대를 말해 주는 것이 아니라, 홍수와 같은 단시간에 급변하는 환경 속에서 화석이 만들어졌다고 하면서 화석을 기초로 하는 연대 측정 방법에 오류가 있다는 주장이다. 특히 우주나 지구의 초기 환경에 대한 가정과 지금까지 진행해 온 속도에 차이가 있다고 본다.

마치 어느 방에 켜져 있는 촛불을 보고 그 초가 언제부터 타고 있었느냐를 알아 맞추는 것과 같다는 것이다. 초의 크기와 남아 있는 초의 양을 보고 촛불이 켜지기 전 초의 초기 모양을 가정해 본다면, 촛불을 보는 사람 마다 그 가정이 달라진다. 즉 과학자는 그 초가 어느 정도 타다 만 초인지를 모르면서도 얼마나 오래 타고 있었는지를 알아보려고 하는 것이다.

세계적으로 유명한 신학자가 내한하여 강연을 한적이 있다. 지구의 나이에 대한 질문에 대해 그 신학자가 한 말을 인용하고 싶다.

'인간의 입장에서 계산해보면 지구의 나이는 50억년이 된다고 봅니다. 그러나 하나님의 입장에서 보면 지구의 나이는 7천년 정도입니다.'

> 💬 인간의 계산과 하나님의 계산은 같지 않다. 창세기의 태초는 하나님께서 인간의 역사에 개입하시기 시작한 때를 말한다.

002

첫째 날 창조된 빛은 어디에 있을까?

"하나님이 이르시되 빛이 있으라 하시니
빛이 있었고"(창 1:3)

창세 첫째 날 하나님께서 만드신 것은 빛이었다. 그리고 넷째 날에는 해와 달을 만드셨다. 이렇게 되면 해가 비추기 전에 빛이 이미 있었거나 아니면 첫째 날 만들어진 빛은 없어지고 넷째 날 만드신 햇빛만 비춰게 된다는 이야기가 된다.

첫째 날 빛과 넷째 날 빛은 같은 것인가? 아니면 다른 것인가? 그렇다면 첫째 날 창조된 빛은 어디로 간 것일까?

하나님께서 둘째 날 하늘을 만드실 때 하늘에는 물이 가득 찼었다. 이 물 때문에 빛이 땅을 비추지 못하게 되니까 해를 만드시고 빛을 비춰게 하신 것이다라고 하는 이야기가 있다.

또 다른 이유로는 첫째 날 만드신 빛이 너무 찬란하고 강렬해서 그 빛 아래서 사람이 살기에는 부적절하였기 때문에 적당한 햇빛을 만드신 것이다라고 한다.

창조는 빛의 방출이다.

구약에서 빛의 상징은 하나님의 나타나심(현현)이나 현존을 암시한

18

다. 신약에서는 그리스도가 참된 빛으로 계시된다.

빛은 의로운 사람에게만 비춰야 되는데, 의인이나 악인에게 모두 비취기 위해서는 첫째 날 만드신 빛을 감추시고 넷째 날 만드신 햇빛을 누구에게나 비취게 하신 것이다.

그리스도가 오심으로 참 빛이 세상에 오셨으나 세상이 그를 알지 못하고 있다.

성경은 반복해서 빛과 어둠이 영적으로 선과 악의 문제를 가리키고 있음을 보여준다. 빛은 하나님의 의의 영역이다. 빛은 거룩하고 순결하며 생명을 주고 기쁘게 하는 것을 가리킨다. 따라서 하나님께서 세상의 어두움 가운데서 빛을 창조하신 행동은 그분의 속성과 뜻을 드러내신 것이다. 또한 빛과 어둠을 나누신 것은 율법을 주시겠다는 하나님의 뜻의 표현이다. 이 빛은 지금도 신자들의 마음을 비추고 있으며 신자들과 함께 밝은 세상을 만들어 가고 있다.

하나님의 빛을 받은 참된 신자의 영혼은 그 본성이 변화되고 빛을 발하는 존재가 된다. 의의 태양이 성도에게 비추는 것은 물론 이 빛의 근원에 참여한 성도 자신도 작은 태양이 되어 빛난다.

눈이 제 기능을 하기 위해 외적인 빛이 필요한 것처럼, 우리의 지성은 하나님에 의해 우리 마음 속에 부여된 빛을 필요로 한다.

성경의 시작과 마지막 부분은 빛으로 시작되고 빛으로 끝난다.

창세기 1장 3-4절에서 빛과 어둠을 나누는 창조로 시작되고, 요한계시록 21장 3-5절에서 구원 역사의 마지막인 새 창조에서 하나님 자신이 빛이심을 알 수 있다.

💬 하나님 자신은 창조된 빛보다 월등한 영원한 빛이시다. 첫째 날 하나님의 영광스러우신 빛이 인간의 역사에 비취기 시작했다.

003

해와 달, 지구는 어떤 조화를 이루고 있나?

"하나님이 두 큰 광명체를 만드사 큰 광명체로 낮을 주관하게 하시고 작은 광명체로 밤을 주관하게 하시며 또 별들을 만드시고"(창 1:16)

창조 넷째 날에 하나님께서 해와 달과 별을 만드셨다.
큰 광명체는 해를 말하고, 작은 광명체는 달을 이야기 한다.
이들로 징조와 계절과 날과 해를 이루게 하셨다(창 1:14).
해와 달 그리고 지구는 어떤 조화를 이루고 있을까?

우리는 해와 달, 지구의 크기와 함께 각각 떨어져있는 거리를 가지고 아름다운 조화를 찾아볼 수 있다.

해는 지름이 864,000마일, 지구는 지름이 7,920마일 그리고 달은 지름이 2,160마일이다.

지구에서 태양까지의 거리는 평균 9천3백만 마일이며, 지구에서 달까지의 거리는 235,000마일이다.

해는 달 크기의 400배이고 지구에서 태양까지의 거리는 지구에서 달까지 거리의 약 400배이다. 달이 지구 둘레를 돌고 있는데 그 궤적은

20

달을 720개 늘어 놓은 것과 같은 거리이다.

720이란 숫자에 1200을 곱하면 해의 지름을 나타내는 864,000이 되며 720이란 숫자에 11을 곱하면 지구의 지름을 나타내는 7,920이 된다.

720이란 숫자에 3을 곱하면 달의 지름을 나타내는 2,160이 된다.

고대 영국에서 거대한 돌 건축물을 재는데 사용하던 단위로 MMi(megalithic mile)가 있는데, 1MMi는 14,400피트로 2.72727…마일이다.

MMi단위를 활용하여 또 다른 재미있는 조화를 발견할 수 있다.

지구의 지름이 7,920마일인데 반하여 달의 지름은 2,160마일을 2.72727로 나누어 792MMi가 된다.

이번에는 지구를 둘러싸는 정사각형을 그려보자.

지름의 4배가 되니까, 31,680마일이 된다.

달을 둘러싸는 정사각형을 그리면 달의 지름 792MMi의 4배인 3,168MMi가 된다.

그런데, 해의 지름도 864,000마일을 2.72727로 나누면 316,800MMi가 된다.

이 이외에 MMi단위의 숫자를 피트로, 그리고 인치로 환산하여 더욱 많은 조화를 살펴볼 수 있다.

💬 고대 피타고라스(B.C. 580~490)는 수(數)가 우주의 언어라고 말하였다. 하나님께서 천지를 창조하실 때 숫자를 활용하셨음을 우리는 창조물 곳곳에서 발견하고 놀라지 않을 수 없다.

004

창조 기사에서 하루는 24시간을 말하는가?

"하나님이 지으신 그 모든 것을 보시니 보시기에 심히 좋았더라 저녁이 되고 아침이 되니 이는 여섯째 날이니라"(창 1:31)

천지창조가 며칠 만에 이루어졌느냐 하는 질문은 기독교 역사에서 끊임없이 제기되는 문제 중 하나이다.

이에 대한 대답은 크게 세 가지로 구별된다.

첫째는 문자 그대로 육일 동안의 창조라고 보는 견해이다.

둘째는 하루를 한 세대로 보는 것이다.

셋째는 처음 3일은 한 세대씩으로 그리고 나머지 3일은 하루씩으로 보는 견해다.

하루를 한 세대로 보는 견해는 날(히브리어로 '욤')이란 말의 의미를 다양하게 보기 때문이다. 일반적으로 '욤'은 하루 24시간을 의미하지만 더 긴 시간을 의미할 때도 있다.

이어지는 창세기 2장 4절에서 '날'이란 24시간이 아닌 창조 기간 전체를 가리키며, 이사야 61장 2절의 '하나님의 보복의 날'이란 표현도 분명히 어느 일정 기간을 의미하고 있다.

하루를 한 세대로 보는 이유는 오랜 지구를 설명하기가 쉽기 때문이기도 하다.

그러나 다음과 같은 사실이 창세기 1장의 '욤'을 24시간으로 보는 견해를 강력히 뒷받침 하고 있다.

첫째, '욤'이 숫자와 함께 사용될 때는 언제나 24시간을 의미한다.

둘째, 하나님께서 엿새 동안 하늘과 땅과 바다와 그 가운데 모든 것을 만드시고 일곱째 날에 쉬셨다고 직접 말씀하셨다(출 20:11).

💬 만일 '욤'이 한 세대를 가리킨다면 '밤' 역시 긴 시간을 가리키게 되는데, 밤이 한 세대를 가리킨다고 주장하는 사람은 거의 없다는 사실이 육일 창조를 의심하지 못하게 한다.

숫자 7로
수 놓은
세상인가?

"하나님이 그가 하시던 일을 일곱째 날에
마치시니 그가 하시던 모든 일을 그치고 일
곱째 날에 안식하시니라"(창 2:2)

7일째 날에 천지창조의 모든 일이 완성되었다.

오늘날 세계적으로 사용하는 달력도 7일 주기로 되어 있다.

하나님께서 안식하신 것처럼 우리도 칠일 마다 안식을 갖는다.

달력뿐만 아니라 우리 주위는 온통 7로 가득 차 있다. 마치 하나님께
서 숫자 7로 세상에 수 놓으신 것 같다. 세계를 표현하는 놀라운 능력을
갖고 있는 수학의 아름다움과 구조는 하나님에 의해 주어졌다.

하나님을 찬양하는 음악도 '도레미파솔라시' 7음계로 되어 있다.

하늘의 아름다운 무지개도 '빨주노초파남보'의 7가지 색깔이다.

학교에서는 지구가 5대양 6대주로 되어 있다고 배운다.

그러나 자세히 관찰해 보면 지구가 7대양 7대주로 되어 있음을 알 수
있다. 바다를 연구하는 과학자들은 태평양을 남태평양과 북태평양으
로 나누고, 대서양도 남대서양과 북대서양으로 나누어 연구하고 관찰
한다.

태평양과 대서양이 워낙 커서 한 개의 바다로 놓고 이야기하기에는

바람의 방향이나 파도의 흐름 등 차이가 많이 나기 때문에 남과 북으로 나눠서 봐야 한다는 것이다. 5대양이 아니라 7대양이다.

대륙도 6대주 이외에 남극대륙이 있다. 여기서 활발한 활동과 더불어 남극대륙에 기지를 차지하려고 국가간 심한 경쟁을 하고 있다. 당연히 별도의 대륙으로 구분된다. 6대주가 아니라 7대주이다.

화학에서 기초가 되는 원소주기율표를 봐도 지금까지 발견된 103개의 기본 원소들이 7주기로 구분되어 있다. 1869년 멘델레예프가 만들 때에는 63개의 원소들로만 구성되었지만 그 후로 발견되는 원소들이 계속해서 7주기에 맞게 배열되고 있다.

동물들의 수태 기간도 놀라움을 금치 못한다.

쥐나 닭은 21일, 토끼는 28일, 오리는 42일, 고양이는 56일, 개는 63일, 사자가 98일, 양이 147일로 이 모든 주기가 7의 배수이다.

사람도 7의 배수인 280일 만에 태어나며, 7년마다 인체 구조가 변한다. 유아기, 아동기, 청년기, 성년기, 장년기, 갱년기, 노년기.

프랑스 혁명 시기에 사람들을 더 노동하게 할 욕심으로 10일 달력을 만들어 보았지만 실패하고 말았다. 사람들도 7일만에 쉬어야 했지만 그보다도 사람들이 부리는 말과 같은 동물들이 10일 주기를 따라가지 못하고 쓰러지는 바람에 7일 주기 달력으로 환원한 역사적 사건이었다. 러시아 혁명 후에는 노동자들이 더 쉬어야 한다는 이유로 주 5일 달력을 만들었지만 노동시간과 생산성이라는 문제를 해결하지 못하자 이 달력 역시 오래 가지 못하였다.

💬 "일곱째 날은 네 하나님 여호와의 안식일인즉 너나 네 아들이나 네 딸이나 네 남종이나 네 여종이나 네 가축이나 네 문안에 머무는 객이라도 아무 일도 하지 말라"(출 20:10)

25

006

하나님과 여호와 하나님은 어떻게 다른가?

"…여호와 하나님이 땅과 하늘을 만드시던 날에"(창 2:4)

1장 1절에 "태초에 하나님이 천지를 창조하시니라"라는 말씀으로 시작된 창세기는 하나님의 창조 사역에 관한 이야기가 계속된다. 그러다가 2장 4절에서 하나님 대신에 여호와 하나님이란 호칭이 등장한다.

이야기 내용에 따라 하나님과 여호와 하나님이란 호칭이 다르게 언급된다. '하나님'과 '여호와 하나님'은 어떻게 다른가?

하나님을 가리키는 삼대 기본 칭호가 있다.

하나님의 특별한 능력과 권세를 강조하는 '엘로힘'(창세기 1장에서 '하나님'이라 번역됨)은 구약 성경에서 2550회 사용된다.

스스로 있는 자(출 3:14)라는 뜻의 '여호와'는 6823회 사용된 하나님의 유일한 고유 명사이다.

하나님의 자존성을 강조하며 죄인을 위하여 구원을 베푸시는 하나님의 능동적 의지를 강조할 때는 '주'를 사용한다.

주인이라는 뜻으로 하나님과의 사이를 사랑의 관계이면서도 엄격한 주종 관계를 강조하는 '아도나이'(시편 16:2)는 구약에서 400회 정도 사용된다.

26

‘엘로힘’이란 하나님의 이름이 하나님의 전능하신 권세를 반영하는 이름인데 반해, ‘여호와’는 하나님께서 언약을 세우시고 그 언약을 이루어 가시는 구원의 하나님이심을 강조하는 명칭이다.

창세기 1장에서는 ‘하나님’께서 말씀 하시고, 시간적으로 사역하신 내용이다. 그리고 창세기 2장에서는 ‘여호와 하나님’께서 말씀 하시고 공간적으로 사역하신 내용이다.

창세기 1장의 하나님은 ‘엘로힘’이시고 2장의 여호와 하나님은 ‘야웨 엘로힘’이시다. 엘로힘은 우주만물을 창조하신 창조주 하나님이시며 주권자로서 공의의 하나님이시고, 야웨는 우리와 함께 하시는 인격적이신 하나님이시며 은혜의 하나님이시다.

우리가 ‘하나님’하고 부를 때는 두 가지 차원의 하나님을 떠 올리게 된다. 첫 번째는 하늘에 계신 초월적인 하나님, 즉 만왕의 왕, 전지전능 하시고 만주의 주되신 하나님과 두 번째는 우리 안에 내주하시는 하나님, 즉 우리와 함께 하시고 도와 주시고 교제하시기 원하시는 인격적인 하나님을 생각해 보는 것이다.

여기서 초월적인 하나님이 창세기 1장의 엘로힘이시고, 우리 안에 내주 하시는 하나님이 창세기 2장의 야웨 하나님이시다.

예수님께서도 이러한 두 차원의 하나님을 가르쳐 주셨다.

💬 ‘하늘에 계신 우리 아버지…’의 ‘하늘에 계신’은 우주 만물을 창조하시고 역사를 주관하시는 초월적인 하나님이시다.
‘우리 아버지’는 우리를 품에 안아 주시고 우리와 함께 창조 사역을 계속해 가시는 내주 하시는 하나님이시다.

007

에덴 동산은 얼마나 아름다웠나?

"강이 에덴에서 흘러 나와 동산을 적시고
거기서부터 갈라져 네 근원이 되었으니"
(창 2:10)

창세기를 읽을 때 선악과를 따 먹고 범죄한 아담과 하와의 이야기에 정신이 팔려서 에덴 동산의 아름다움을 간과하기가 너무 쉽다.

하나님께서 직접 설계하시고 직접 만드신 에덴 동산(창 2:8)에는 네 개의 강이 흐르고 있었는데 얼마나 아름다웠을까?

첫째 비손강은 풍부하게 넘쳐 흐르는 강이다. 많은 지류가 있는 강이다. 하나님께서 함께 하시면 언제나 부요가 넘친다.

둘째 기혼강은 자주 범람하듯이 넘쳐 흘렀다. 은혜가 흘러 넘친다. 값없이 주시는 하나님의 은혜가 넘치는 곳이다.

셋째 힛데겔강은 화살과 같이 빨리 결실을 맺는 강이다. 모든 나무마다 결실을 맺고, 하는 일마다 결실을 맺는다. '화살처럼 빨리 흐른다'라는 뜻을 가진 티그리스 강이다.

넷째 유브라데강은. 능력의 강이다. 솟아 오르고 좋고 비옥하다. 하나님의 나라는 말에 있는 것이 아니라 능력에 있다. 이 지역에서 앗수르와 바벨론 문화를 꽃피웠다.

순금이 있는 에덴의 하윌라(창 2:11, 12)에는 베델리엄(진주)과 호마노 등 10가지 보석이 풍부하게 생산된다.

"네가 옛적에 하나님의 동산 에덴에 있어서 각종 보석 곧 홍보석과 황보석과 금강석과 황옥과 홍마노와 창옥과 청보석과 남보석과 홍옥과 황금으로 단장하였음이여…"(겔 28:13)

마지막 때의 새 하늘과 새 땅은 에덴보다 더 아름다울 것이다.

"강 좌우 가에는 각종 먹을 과실나무가 자라서 그 잎이 시들지 아니하며 열매가 끊이지 아니하고 달마다 새 열매를 맺으리니 그 물이 성소를 통하여 나옴이라 그 열매는 먹을 만하고 그 잎사귀는 약 재료가 되리라"(겔 47:12)

"… 강 좌우에 생명나무가 있어 열두 가지 열매를 맺되 달마다 그 열매를 맺고 그 나무 잎사귀들은 만국을 치료하기 위하여 있더라"(계 22:2)

에덴 동산에 있던 생명나무가 에스겔서와 요한계시록에서도 언급되고 있다. 새 예루살렘의 돌 사이, 기초, 성벽, 성문 모두가 다 보석으로 꾸며질 것이다(사 54:11-12). 새 예루살렘 성의 성곽의 기초석은 12가지 각색 보석으로 꾸며졌다(계 21:19-20).

12가지 보석은 이스라엘 12지파와 같은 숫자로 대제사장의 판결 흉패에도 붙어있다(출 28:17-20).

보석 모티브는 새 예루살렘과 성전과 에덴을 서로 밀접하게 관련시킨다. 에덴동산의 궁극적 실체가 새 예루살렘에서 완성되어 나타나게 된다는 것을 시사해 준다. 에덴 회복의 삶을 누리게 된다.

💬 에덴이라는 뜻은 기쁨과 즐거움이란 뜻이다. 기쁨과 즐거운 생활은 우리 모두가 동경하는 삶이다. 하나님께서 회복하실 에덴 동산에는 기쁨과 즐거움 뿐 만 아니라 감사하는 노랫소리가 있을 것이다(사 51:3).

008

하와는 왜 선악과를 쉽게 따 먹었을까?

"동산 중앙에 있는 나무의 열매는 하나님의 말씀에 너희는 먹지도 말고 만지지도 말라 너희가 죽을까 하노라 하셨느니라"(창 3:3)

뱀이 하와에게 '하나님이 동산 모든 나무의 열매를 먹지 말라 하셨느냐'고 물어 본 말에 하와는 먹지도 만지지도 말라고 하셨다고 대답한다. 간교한 뱀은 하와의 왜곡된 대답을 이용하여 하와로 하여금 쉽게 선악과를 따 먹게 하였다. 뱀의 어떤 전략이 있었기에 하와가 선악과를 쉽게 따 먹었을까?

유대 전승에 의하면 뱀은 하와에 접근하여 하와가 선악과를 등지고 서있게 하였다. 뱀이 말을 걸면서 하와에 가까이 갈수록 하와는 자기도 모르게 선악과 나무에 더욱 접근하게 된다.

'하나님이 정말 만지지도 말라고 하시더냐?'고 다그치면서 뱀이 가까이 다가가자 하와는 뒤로 뒤로 물러 서다가 그만 선악과를 건드리고 말았다. '그것 봐, 만져도 죽지 않았지. 이젠 먹어봐 결코 죽지 아니하리라'(창 3:4 참조) 이 작전에 말려든 하와는 그 열매를 따먹고 아담에게도 주어 먹게 하였다.

이때부터 하와의 후손인 여자들은 기를 못 피고 살게 된 것이다.

하와의 선악과 사건이 우리나라 개화기 여성 교육 정책에까지 영향을 미쳤다. 19세기 말 개화기 때 한국에 들어 온 기독교는 교회에서 여러 가지 교육을 실시 하였는데 이 교육에 여성을 참여시켜야 하느냐 마느냐 하는 문제가 대두된 것이다. 사회적으로 너무나 큰 문제이기 때문에 공청회를 열어 결정하기로 하였다. 공청회에서 갑론을박 하다가 결론을 내릴 때가 되자 여성 교육 반대론자가 결론적 발언을 하였다. '우리가 지금 죄악에 빠져있는 것은 모두 하와가 선악과를 따 먹었기 때문입니다. 따라서 우리는 여성에게 교육 기회를 주어서는 안됩니다.'

이제 공청회장의 분위기는 여성 교육 반대로 결정이 될 순간이었는데 이 때 여메리라는 여성이 발언권을 신청하여 반박하였다.

여메리는 이화학당과 보구여관을 설립한 그녀의 양모인 메리 스크랜턴 선교사(1832-1909)의 이름을 따라 메리라고 이름을 지었다.

메리 스크랜턴 선교사를 본 받은 여메리는 엄비의 도움으로 진명여학교를 설립하는데 중추적 역할을 하였고 상동교회에서 우리나라 최초로 여전도회를 구성하는 등 전도와 여성 교육에 일생을 바쳤다. 이 여메리라는 분이 필자의 대고모로 필자 할아버지의 누님이시다.

💬 '우리가 하와 때문에 지금 죄악에 빠져있는 것은 사실입니다. 그런데 그 죄악에 빠진 우리를 구원하러 오신 예수님은 누구의 뱃속에서 태어나셨습니까?' 이 한마디에 공청회의 분위기는 반전되고 여성에게도 교육 기회를 주어야 된다는 결론으로 그 공청회는 마치게 되었다.

009

아담과 하와는
에덴 동산에서
얼마나 살았을까?

"여호와 하나님이 이르시되 보라 이 사람
이 선악을 아는 일에 우리 중 하나 같이 되
었으니 그가 그의 손을 들어 생명 나무 열
매도 따먹고 영생할까 하노라 하시고 여호
와 하나님이 에덴 동산에서 그를 내 보내
어 그의 근원이 된 땅을 갈게 하시니라"(창
3:22-23)

첫 인간으로 창조된 아담에 대해서는 알고 싶은 것이 많이 있다.

갓난 아이로 태어난 것이 아니므로, 하나님께서 몇 살쯤 되는 청년으
로 아담을 창조하셨는지?

완벽하신 하나님께서 아담의 지능지수를 어떤 수준으로 만드셨는
지?

아담과 하와가 에덴 동산에서 얼마나 살다가 쫓겨 났는지?

성경에는 이에 대한 설명이 없다. 따라서 이러한 질문을 하는 것조차
불경하다고 생각할 수도 있겠으나 인간의 호기심은 질문하지 않는 것
으로 만족되지 않는다.

유대 랍비들도 이에 관한 토론을 많이 했고 그들이 주장한 바가 다음
과 같이 전해지고 있다.

창조 당시의 아담의 나이는 20살 되는 청년이었을 것이다.

유대에서는 스무 살에 전쟁에 나갈 수 있고 직업을 선택한다. 스무 살이 되면 선과 악을 구별할 수 있기 때문에 재판의 증인으로 설 수 있다고 본다. 아담과 하와가 지식나무의 열매를 먹고 선과 악을 구별하는 지식을 배우고 이해하기 때문에 그들은 스무 살에 만들어졌다.

아담의 지능지수는 평범한 사람들과 같은 보통 수준의 지능이었을 것이다.

물론 하나님께서 아담을 저능아로 만들지는 않으셨지만 그렇다고 아주 뛰어난 지능을 갖게 하지도 않으셨다. 왜냐하면 아담이 천재적 지능지수를 가졌다면 선악과를 따먹는 하와를 말렸을 것이기 때문이다.

한편 아담과 하와는 에덴 동산에서 창조된 당일 추방당했을 것이다.

💬 창조 여섯째 날에 인간이 창조되었고 그 다음 날은 안식일 이었는데, 죄를 범한 인간을 그냥 두고 거룩한 하나님께서 거룩한 안식일을 맞이 하실 수 없으시기 때문에 안식일 전에 그들을 에덴 동산에서 내 보내신 것이다.

010

에덴 동산 추방과 함께 아담이 잃어버린 것은?

"여호와 하나님이 에덴 동산에서 그를 내 보내어 그의 근원이 된 땅을 갈게 하시니 라"(창 3:23)

먹지 말라는 선악과를 따 먹은 아담과 하와를 하나님께서 에덴 동산에서 추방하신다. 아담은 단순히 에덴 동산에서 추방당 한 것이 아니다. 그는 소중한 것들을 잃어 버렸다. 아담은 무엇을 잃어 버렸을까?

첫째로 아담은 생명기업을 잃었다.

"여호와 하나님이 땅의 흙으로 사람을 지으시고 생기를 그 코에 불어 넣으시니 사람이 생령이 되니라"(창 2:7)

아담은 이 생명기업을 잃었다. 혹자는 아담이 선악과를 먹었지만 죽지 않고 930세까지 살았는데(창 5:5) 하나님께서 왜 죽는다고 말씀하셨냐고 반문할지 모르겠다. 그렇지만 그는 에덴 동산에서 하나님과 영원히 살 수 있는 영생, 영적 생명을 잃어버린 것이다. 나무 뿌리가 뽑혔다고 금방 죽는 것은 아니다 시들어 죽을 때까지는 시간이 걸린다.

아담이 930세까지 산 것은 에덴 동산에서의 일을 회개하면서 또 자손들과 많은 사람들에게 하나님을 알게 하라는 하나님의 은혜이다.

둘째로 아담은 하나님께서 주신 토지기업을 잃었다.

에덴 동산을 잃어 버린 것이다. 하나님께서는 그들을 쫓아내시고 그룹들과 두루 도는 불 칼을 두어 에덴 동산으로 가는 길을 지키게 하셨다. 이제 아담은 하나님께서 주신 보기에 심히 좋은 복된 토지를 잃어버리고 저주 받은 땅에서(창 3:17) 평생 수고하여야 먹을 수 있도록 땅을 갈아야 했다.

셋째로 아담은 하나님과의 관계기업을 잃었다.

"선악을 알게 하는 나무의 열매는 먹지 말라 네가 먹는 날에는 반드시 죽으리라 하시니라"(창 2:17)

아담은 죄를 범하는 순간 거룩하신 하나님 앞에 바로 설 수 없었다. 하나님과의 영원한 관계를 잃어버렸다. 아담과 하와는 범죄한 후에 하나님의 낯을 피하여 동산 나무에 숨어버리자 하나님께서 '네가 어디 있느냐'고 물으신다(창 3:9).

하나님께서 아담이 어디 있는지 모르시기 때문에 어디 있느냐고 물으신 것이 아니다. 도대체 거기 왜 숨어 있느냐는 말씀이다. 우리는 어린 아이가 무슨 일을 잘 못 했을 때 또는 잘 못하려고 할 때에 '너 무엇 하느냐?'하고 묻는다. 몰라서 묻는 것이 아니다. 왜 그런 짓을 하느냐 하는 주의요 질책인 것이다.

💬 첫 사람 아담이 잃어버린 생명기업, 토지기업, 관계기업을 마지막 아담 예수님께서 회복 시켜주신다.
"기록된 바 첫 사람 아담은 생령이 되었다 함과 같이 마지막 아담은 살려 주는 영이 되었나니"(고전 15:45)

011

에덴 동산을 지키는 그룹 천사의 모습은 어떠했을까?

"이같이 하나님이 그 사람을 쫓아내시고 에덴 동산 동쪽에 그룹들과 두루 도는 불 칼을 두어 생명 나무의 길을 지키게 하시니 라"(창 3:24)

그룹은 보좌 곁에서 하나님을 시중드는(시 18:10, 80:1) 천사의 한 계급이며, 히브리어로 '케루빔'이다.

성경에는 90회 이상 그룹 천사에 대해 언급한다.

하나님께서는 지성소의 증거궤 위에 있는 두 그룹들 사이에 계시며, 그룹들 위에 보좌를 펴신 분(삼상 4:4, 대상 13:6, 사 37:16)이시다.

에스겔 선지자는 그 모양을 다음과 같이 묘사했다.

"그 얼굴들의 모양은 넷의 앞은 사람의 얼굴이요 넷의 오른쪽은 사자의 얼굴이요 넷의 왼쪽은 소의 얼굴이요 넷의 뒤는 독수리의 얼굴이니"(겔 1:10)

성경 앞부분에서는 그룹 천사의 모습이 언급됨이 없이 그냥 계급 이름만 나오지만 이스라엘 민족이 바벨론으로 끌려가는 구약 역사 마지막에 자세한 모습이 나오는데, 이는 아담 이후로 그룹 천사의 모습이 당시 사람들에게 어느 정도 알려져 있었다가 점차로 그 이미지가 약해진 것으로 여겨졌기 때문이라는 주장도 있다.

그룹 천사는 하나님 보좌 가까이에 있는 네 생물의 신비로운 모습이며, 거룩한 것을 파수하는 감시자로 설명되고 있다(왕상 8:6).

에덴 동산을 지키는 그룹 천사의 모습을 본 사람들은 그 신비스런 모습을 다른 사람들에게 전파하였으나 이야기가 전해지면서 그 모습도 조금씩 변해 갔을 것이다.

이집트에 있는 스핑크스도 그룹 천사의 모습을 조각한 것이라 본다.

길이 48.2m에 높이 21m나 되는 이 거대한 스핑크스는 기원 2500년 전에 만든 쿠푸 왕의 무덤인 피라미드를 지키는 수호신이다.

고대 문명 세계인 수메르, 이집트, 앗시리아, 바벨론, 그리스, 로마, 인도 등의 신화나 왕궁에 스핑크스나 스핑크스와 유사한 모습의 동물 이야기와 조각, 그림 등이 남아있는 이유가 그룹 천사의 모습과 연관이 있다는 주장을 한다.

그룹들은 타는 숯불과 같은 모양으로 광채가 있고 왕래는 번개같이 빨랐으며(겔 1:13-14) 두루 도는 불 칼로 인하여(창 3:24) 죄 많은 인간들이 바로 쳐다 볼 수도 없었으니 그 모습을 정확히 알 수는 없었을 것이다. 온전한 실체를 제대로 파악하지 못했지만 그래도 나름대로 여러 사람들의 이야기를 종합하여 스핑크스와 같은 조각을 한 것이다.

💬 전 세계적으로 발견되는 네 얼굴, 네 날개, 네 손을 가진 다양한 조각들은 에덴 동산을 지키는 수호천사 그룹의 특징적 모습에서 유래된 것이라 할 수 있다.

012

가인은
아내를
어디서 얻었나?

"가인이 여호와 앞을 떠나서 에덴 동쪽 놋
땅에 거주하더니 아내와 동침하매 그가 임
신하여 에녹을 낳은지라 가인이 성을 쌓고
그의 아들의 이름으로 성을 이름하여 에녹
이라 하니라"(창 4:16-17)

성경을 처음 읽는 사람들이 갖는 첫 번째 질문은 아마도 아담(창
2:19)이라는 이름일 것이다. 하나님께서 언제 아담에게 이름을 주셨기
에 '아담'이라고 부르느냐 하는 질문이다.

이 질문은 대답하기가 매우 쉬운 질문이다. 왜냐하면 히브리어로 '사
람'을 '아담'이라고 한다. 하나님께서 첫 사람을 만드신 것이 바로 첫 아
담을 만드신 것이다. 따라서 '아담아'라고 부르시는 것과 '이 사람아' 하
고 부르시는 것은 똑 같은 표현이다. 아담은 땅의 티끌, 즉 '아다마'로부
터 창조되었기 때문에 '아담'이라고 불렀다.

그 다음에 갖는 질문이 '가인의 아내' 문제인데, 이 질문은 성경에 대
하여 갖는 질문 중 제일 많은 사람들이 묻고 싶은 질문이다.

첫 번째 사람 아담의 맏아들 가인이 과연 어디서 아내를 얻었을까?

동생 아벨을 죽인 가인은 쫓겨나서 유리하는 자가 되는데 그는 자기

를 만나는 자마다 자기를 죽이지 않겠느냐면서 걱정을 한다(창 4:14).

방황하는 가인이 만날 사람들은 몇 명이나 될까?

첫 사람 아담과 하와가 가인과 아벨과 셋만 낳은 것은 아니다. 아담은 셋을 낳은 후에도 팔백 년을 지내며 자녀를 낳았다(창 5:4).

아담의 자녀들은 근친상간을 피할 수 없었다. 하나님께서 근친상간을 법으로 금하신 것은 시내산에서 모세에게 주신 명령 중에 나오므로, 처음에는 근친끼리의 결혼이 허락된 것이다. 근친상간을 금하는 법은 유전학상 열성인 인자 때문에 비정상적인 인간이 태어날 것을 막기 위한 조치이다. 그러나 20세기까지만 해도 유럽은 물론 일본에서도 사촌간의 결혼이 허용되고 있었다.

인구 증가율을 계산하는데는 노아의 홍수 사건이 기여한다. 노아의 홍수 후 세계 인구는 오직 8명뿐 이었다. 8명의 인구가 현재 86억 명으로 늘어나는데 4,500년이 걸렸다. 인류학자들은 이러한 통계를 근거로 아담이 130세에 셋을 낳기까지의 인구를 120,000명으로 본다. 즉 가인이 방황하면서 만날 수 있는 사람들이 120,000명이나 된다는 것이다.

가인은 에덴 동쪽 놋 땅에 거주하면서 아내와 동침하여 자녀들을 낳았다. 가인이 얻은 아내는 가인의 동생이나 조카였을 것이다.

그러나 이 문제를 해결하기 위하여 일부 진화론자들은 에덴 동산 이야기 자체를 이상하게 해석한다. 즉, 하나님께서 에덴 동산에서 아담에게만 신적 호흡을 불어 넣어주신 것이며 에덴 동산 밖에는 수 많은 사람들이 이미 살고 있었다고 보는 견해이다. 우리는 이러한 엉터리 주장에 귀를 기울여서는 안 된다.

💬 비록 동생을 죽였지만 사랑의 하나님께서는 가인을 보호하시기 위해 가인에게 표를 주신다(창 4:15).

013

므두셀라가 969세까지 최장수한 이유는 무엇인가?

"므두셀라는 백팔십칠 세에 라멕을 낳았고 라멕을 낳은 후 칠백팔십이 년을 지내며 자녀를 낳았으며 그는 구백육십구 세를 살고 죽었더라"(창 5:25-27)

가인의 족보에는 나이가 나오지 않지만 아담 계보에는 900세 이상까지 산 사람들 7명이 나온다.

아담(930세), 셋(912세), 에노스(905세), 게난(910세), 야렛(962세), 므두셀라(969세), 그리고 노아가 950세까지 살았고(창 9:29) 이 중에 므두셀라가 제일 장수한 것이다. 왜 므두셀라가 969세까지 살았을까?

그 이유는 므두셀라란 이름에서 찾아 볼 수 있다.

므두셀라란 이름은 창 던지는 사람을 뜻하는데 창 던지는 사람이 싸움에서 맨 앞장을 선다. 고대의 전쟁은 앞장선 사람이 죽으면 싸움이 끝나는 것이었다. 따라서 므두셀라라는 이름은 '그가 죽으면 심판이 온다'는 뜻이다. '무트'라는 히브리어 단어는 '죽는다'라는 심판의 의미가 있고 '셀라'라는 단어는 '보낸다'라는 의미가 있다. 두 단어를 합하면 '그가 죽으면 심판을 보낸다'는 뜻을 가진다.

40

므두셀라가 죽었을 때 세상이 심판을 받았을까?

므두셀라는 187세에 라멕을 낳았고, 므두셀라의 아들 라멕은 182세에 노아를 낳았다(창 5:28-29).

즉, 노아는 므두셀라가 369세 때 세상에 태어난 것이다. 노아가 600세 되던 해 둘째 달에 홍수가 났으니(창 7:11) 홍수가 났을 때 므두셀라는 969세였다.

그러니까 므두셀라가 죽자마자 홍수가 시작된 것이다. 세상에 심판이 임한 것이다. 여기서 우리가 알아야 할 것은 하나님께서 969년까지 기다리신 것이다.

"주의 약속은 어떤 이들이 더디다고 생각하는 것 같이 더딘 것이 아니라 오직 주께서는 너희를 대하여 오래 참으사 아무도 멸망하지 아니하고 다 회개하기에 이르기를 원하시느니라"(벧후 3:9)

또 한가지 질문이 있다. 홍수 전에 사람들이 900세 전후까지 살 수 있었을까? 어떤 사람은 당시 나이를 10으로 나누면 현재 우리의 사는 날과 비슷하지 않겠느냐 하면서 900세 이상의 삶을 무시하는 경향도 있다. 이렇게 계산하면 위의 므두셀라 사건을 설명할 길이 없다.

그러나 이 당시는 홍수 이전 시대라서 사람들이 충분히 900세까지 살 수 있었다. 홍수 이전에는 하늘이 물로 둘려 쌓여 있었기 때문에(창 1:7) 태양광선의 자외선 차단을 포함하여 현재 우리가 살고 있는 지구 환경하고는 다른 생태계 속에서 살았던 것이다.

인간도 홍수로 인하여 환경만 파괴되지 않았다면 1,000년 가까이 살 수 있다는 것은 우리 주위의 소나무나 거북을 보아도 이해할 수 있다.

💬 겟세마네 동산에는 2,000년 이상 된 감람나무도 있다. 동식물도 1,000년씩 살아 가는데 인간도 좋은 환경 속에서 욕심 부리지 않는다면 충분히 살 수 있는 나이라 볼 수 있다.

014

노아의
세 아들 중
장자는
누구인가?

"노아는 오백 세 된 후에 셈과 함과 야벳을
낳았더라"(창 5:32)

노아에게는 아들 셋이 있었다. 셈과 함과 야벳이다.

창세기 5장 32절, 6장 10절 그리고 역대상 1장 4절에 세 아들의 이
름이 나오는데 셈, 함, 야벳의 순서다. 그런데 셈, 함, 야벳의 후손들에
관해서 이야기 할 때는 야벳, 함, 셈의 순서로 나온다(창 10:2-31, 대상
1:5-27). 그렇다면, 노아 아들의 서열은 어떻게 되는 것일까?

세 아들의 출생 순서로 가능한 대답은 다음 6가지 중의 하나이다.

1. 셈, 함, 야벳
2. 셈, 야벳, 함
3. 야벳, 함, 셈
4. 야벳, 셈, 함
5. 함, 셈, 야벳
6. 함, 야벳, 셈

이에 관한 성경 말씀을 보자.

"노아가 술이 깨어 그 작은 아들이 자기에게 행한 일을 알고"(창 9:24)

따라서, 함이 작은 아들인 것이 확실하다. 함은 첫째가 아니다. 위 가능성 중에서 5번과 6번은 아니다. 그리고 함을 작은 아들이라고 했지 막내 아들이라고 하지는 않았다.

즉, 함은 가운데 아들 인 셈이다. 이제 남은 답은 1번이나 3번 중의 하나이다. 셈과 야벳의 순서를 알아 보자.

"노아가 오백 세 된 후에 셈과 함과 야벳을 낳았더라"(창 5:32)

그러면 노아가 500세 때에 제일 먼저 난 아들은 누구일까?

셈은 홍수가 난 후 2년에 100세 이었다(창 11:10).

홍수가 노아의 나이 600세 때 났기 때문에(창 7:11), 셈은 노아가 502세 때 낳았다는 계산이다. 602세 −100세 = 502세이다.

따라서 창세기 5장 32절 말씀에 부합되려면 노아가 500세 때 야벳이 태어난 것이다. 그리고, 501세 때 함을 낳고 502세 때 셈을 낳은 것이다. 물론 쌍둥이일 경우도 가정이 되지만, 야벳, 함, 셈 순서로 세 아들을 낳았다. 문제는 창세기 10장 21절 말씀이다.

"셈은 에벨 온 자손의 조상이요 야벳의 형이라…"(창 10:21)

이 말씀에 따르면 셈이 야벳의 형이 된다. 그러나 이는 번역상의 오류이다. 영어로 보면(brother of Japheth the elder), 형 야벳의 형제라는 뜻이다. 즉 셈은 야벳의 동생이 되는데 이것이 잘 못 번역 되어 셈이 야벳의 형이라고 번역 된 것이다.

💬 셈, 함, 야벳 순서는 예수님 족보에서 보는 바와 같이 축복 받은 족속 순서이므로, 셈을 먼저 언급한 것이며(창 5:32, 6:10, 대상 1:4), 자손들을 이야기 할 때는 족보상의 순서인 야벳, 함, 셈의 순서로 기술되어 있다(창 10:2,6,21, 대상 1:5,8,17).

015

노아는 방주를
120년 동안
지었을까?

"하나님이 노아에게 이르시되 모든 혈육
있는 자의 포악함이 땅에 가득하므로 그 끝
날이 내 앞에 이르렀으니 내가 그들을 땅과
함께 멸하리라 너는 고페르 나무로 너를 위
하여 방주를 만들되 그 안에 칸들을 막고
역청을 그 안팎에 칠하라"(창 6:13-14)

하나님께서 세상을 보시니까 너무 타락하여 마음에 근심하시고 사람
들의 날이 120년이 되게 하셨다. 그리고는 사람들을 지면에서 쓸어버
리고 노아 가족만 살리고자 노아에게 방주를 만들 것을 지시하신다. 이
에 노아는 하나님께서 자기에게 명하신 대로 다 준행하였다(창 6:22).

이 장면 때문에 거의 모든 사람들이 노아가 방주를 짓는데 120년이
걸렸다고 생각 한다.

유명하신 목사님의 설교집 뿐 아니라 심지어는 유명한 주석 책 조차
도 120년 동안 노아가 방주를 만들었다고 한다. 어떤 목사님은 120년
이라고 설교하신 국내외 목사님들의 예를 무려 20가지 정도 나열하고
또 주석 책 5권 정도를 조사하여 발표하였다. 한때는 120년이 아니라
고 주장하는 사람들을 이단시까지 했던 적도 있었다고 한다.

120년이란 기간은 인간의 수명이 앞으로 120세가 될 것이란 말씀이지, 방주를 만들라고 말씀하시고 나서 노아가 600세 되던 해 방주가 완성된 것은 아니다. 즉 노아가 480세에 방주 만들라는 지시를 받은 것이 아니다.

창세기 6장 10절에 노아가 세 아들 셈과 함과 야벳을 낳았다고 말씀하고 6장 13절에서부터 하나님께서 노아에게 홍수 심판을 말씀하신 순서를 보아서도 노아가 방주를 짓기 시작할 때는 이미 세 아들을 낳은 후였다. 노아가 세 아들을 낳은 것은 오백 세 된 후의 일이다.

"노아는 오백 세 된 후에 셈과 함과 야벳을 낳았더라"(창 5:32)

여기까지만 보아도 방주 만든 기간은 100년 미만이 된다.

셈이 502년에 태어났으므로 98년 미만이다(창 11:10).

과연 노아는 방주 짓는데 몇 년 걸렸을까?

하나님께서는 방주를 지으라고 말씀 하시면서 그 방주에는 노아의 아내는 물론 며느리들도 함께 들어가라고 말씀하신다.

"그러나 너와는 내가 내 언약을 세우리니 너는 네 아들들과 네 아내와 네 며느리들과 함께 그 방주로 들어가고"(창 6:18)

아직 맞아들이지도 않은 며느리들을 함께 방주로 들어가라고 하나님께서 말씀하시지는 않으셨다고 보면, 노아에게 방주를 지으라고 말씀하신 때는 세 아들이 모두 장가를 간 후이다.

💬 따라서 막내 아들이 장가를 30세에 갔다고 보면 방주 짓는데 걸린 기간은 68년 정도라고 보아야 한다. 방주 짓기 위해 20세에 일찍 결혼을 시켰다고 보아도 78년 정도이므로 노아 식구가 방주를 짓는 데는 70여 년이 걸린 셈이다. 120년은 절대 아니다.

016

노아 홍수 때 그 많은 물은 어디에서 나왔는가?

"노아가 육백 세 되던 해 둘째 달 곧 그 달 열이렛날이라 그 날에 큰 깊음의 샘들이 터지며 하늘의 창문들이 열려 사십 주야를 비가 땅에 쏟아졌더라"(창 7:11-12)

노아의 홍수가 시작되자 마자 땅에 물이 쏟아져 넘쳤다. 땅 속에서 솟아나고 그리고 하늘에서 내렸다. 땅 속의 깊은 샘들이 터졌음은 물론이고 하늘의 창문도 열렸다.

물이 많아지고(창 7:17), 더 많아지고(창 7:18), 땅에 더욱 넘쳤다(창 7:19).

드디어 온 세상이 다 물에 잠기게 되었다.

"물이 땅에 더욱 넘치매 천하의 높은 산이 다 잠겼더니 물이 불어서 십오 규빗이나 오르니 산들이 잠긴지라"(창 7:19-20)

천하의 높은 산까지 잠기게 할 이렇게 많은 물이 어디에서 나왔을까?

창조 둘째 날 하나님께서는 세상의 물을 궁창 아래의 물과 궁창 위의 물로 나누셨다(창 1:7).

이 궁창 위의 물이 쏟아지기 시작한 것이다. 하늘의 창문이 열렸으니 하늘 위의 물이 다 땅으로 내려온 것이다.

아직도 지구 속에는 물들이 많이 있다. 지구 위에 있는 바닷물의 10배 가량의 물이 지구 속에 있을 것이라는 학자들의 의견도 있다. 지금이라도 땅 속의 물들이 다 솟아 난다면 다시 한번 세상은 물로 덮일 것이다. 이렇게 많은 물이 땅에서 솟아 나오고 하늘에서 내려왔으니 온 세상을 물로 덮고도 남았다.

40주야를 내린 물은 150일 동안 땅에 넘쳤다(창 7:24).

땅 속에 있던 물이 하늘로 치솟았다가 땅으로 다시 내려왔을 수도 있고, 대격변으로 인한 화산 폭발로 뜨거워진 수증기와 물들이 하늘로 올라갔다가 내려오기도 했다.

우리는 거대한 쓰나미의 위력을 알고 있다. 쓰나미를 보기 전까지는 바다에서 그렇게 큰 파도가 밀려온다는 것을 상상하지 못했다. 마찬가지로 홍수가 어떻게 진행되었는지는 확실히 모르지만 성경 말씀대로 다 이루어졌다고 믿기에 충분하다.

💬 노아의 홍수는 단순한 홍수가 아니라 물로 온 세상이 심판을 당한 대격변이었다.

47

017

언약의 증거로
왜 무지개를
선택하셨을까?

홍수 심판 후에 하나님께서 더 이상 세상을 홍수로 멸하지 않으시겠
다고 노아에게 언약을 세우시고(창 9:11) 그 증거로 무지개를 구름 속에
두셨다. 무지개가 나타날 때마다 하나님께서 그 언약을 기억하실 것이
라고 말씀하신다(창 9:16).

하나님께서 언약의 증거로 왜 무지개를 선택하셨을까?

무지개는 반원이다. 무지개는 지평선에서 시작하여 아치형을 그린
후에 다시 지평선에서 끝난다. 이 모양은 마치 활을 연상케 한다. 무지
개에 화살을 꽂고 당긴다면 그 화살은 어디로 향할까?

화살은 하늘을 향해 날아갈 것이다. 마치 하늘에 계신 하나님을 겨냥
해서 맞히기라도 할 것처럼 화살은 날아갈 것이다. 이 장면에서 우리는
언약을 지키시는 신실하신 하나님을 기억해야 한다.

"너희를 부르시는 이는 미쁘시니 그가 또한 이루시리라"(살전 5:24)

하나님께서는 자신의 약속을 영원히 기억하시며 약속을 어기실 수
없으신 분이시다.

"그는 그의 언약 곧 천 대에 걸쳐 명령하신 말씀을 영원히 기억하셨으니"(시 105:8)

따라서 언약의 증거로 무지개를 주신 것은 만약에, 그럴 경우는 전혀 없지만 정말 만약에, 하나님께서 그 언약을 지키시지 않을 경우에는 화살을 하나님 자신을 향해서 쏴도 좋다는 하나님의 신실하심을 표현하신 것이다.

노아에게 언약의 증거로 주신 무지개가 성경에 두 번 더 나타난다.

"그 사방 광채의 모양은 비 오는 날 구름에 있는 무지개 같으니 이는 여호와의 영광의 형상의 모양이라 내가 보고 엎드려 말씀하시는 이의 음성을 들으니라"(겔 1:28)

하나님의 영광의 형상이 무지개처럼 광채가 난다는 에스겔 선지자가 본 하나님 보좌의 모습이다. 요한계시록에서도 무지개로 보좌의 모습을 묘사하고 있다.

"내가 곧 성령에 감동되었더니 보라 하늘에 보좌를 베풀었고 그 보좌 위에 앉으신 이가 있는데 앉으신 이의 모양이 벽옥과 홍보석 같고 또 무지개가 있어 보좌에 둘렸는데 그 모양이 녹보석 같더라"(계 4:2-3)

요한계시록의 무지개는 반원이 아니라 완전한 원이다.

마치 하나님께서 '영원성과 무한성을 상징하는 녹보석 같은 무지개가 내 보좌를 두르고 있다'라고 말씀하시는 것 같다고 해석한다.

💬 영원 무궁하시며 신실하신 하나님께서는 보좌에 있는 무지개를 보시면서 그분의 모든 언약들을 변치 않고 기억하신다.

018

노아가 심은 포도나무에는 어떤 거름을 주었을까?

"노아가 농사를 시작하여 포도나무를 심었
더니 포도주를 마시고 취하여 그 장막 안에
서 벌거벗은지라 가나안의 아버지 함이 그
의 아버지의 하체를 보고 밖으로 나가서 그
의 두 형제에게 알리매"(창 9:20-22)

포도주를 적당히 마시면 몸에 약이 된다고 한다. 그러나 너무 많이
마셔서 취하게 되면 자기가 하는 행동을 주체하지 못하게 된다. 술 취
한 노아도 벌거벗고 자고 나서는 자손을 저주하는 행패를 부린 것이다.
노아가 포도나무에 어떤 거름을 주었길래 그런 추태를 보였을까?

노아가 포도나무를 심을 때 사탄이 그를 도와주었다고 유대 전설은
말한다.

사탄은 어린양을 죽였고, 다음으로는 사자, 돼지, 원숭이를 죽여서
그 피를 포도나무 밑으로 흘려 보냈다. 이 때문에 포도나무의 열매로
만들어지는 포도주의 특성이 이 동물들의 성질을 그대로 나타내는 것
이다.

사람이 포도주를 마시기 전 포도만 먹을 때에는 어린 양처럼 순결하지만 포도주를 적당히 마시면 사자처럼 강한 힘을 느낀다. 그러다가 사람이 자기 주량을 넘어 포도주를 마시면 돼지처럼 된다.

더 많은 포도주를 마셔서 만취 상태가 되면 원숭이처럼 되어 주위를 돌면서 춤을 추고 노래하며 음탕한 이야기를 하지만 자기가 무슨 행동을 하는지 전혀 모르게 되는 것이다.

노아가 포도주에 취해 벌거벗은 모습으로 자고 있을 때 그 아들 함이 이 광경을 보고 자기 형제들에게 이야기하였기에 함의 아들 가나안이 노아로부터 저주를 받는다. 왜 함 대신 함의 아들 가나안이 저주를 받았을까?

방주를 떠날 때 하나님께서 노아와 그의 세 아들을 축복하였기 때문에, 노아는 자기 아들 함을 직접 저주할 수 없어서 함의 아들을 대신 저주한 것이다.

💬 벌거벗은 아버지를 덮어주지 않았기 때문에 가나안의 자손들은 뜨거운 땅 아프리카에서 벌거벗고 다니게 되었다. 이에는 이, 눈에는 눈의 징벌이라고나 할까 한 이야기다.

019

아브라함은 왜 조카 롯을 데리고 떠났을까?

"여호와께서 아브람에게 이르시되 너는 너의 고향과 친척과 아버지의 집을 떠나 내가 네게 보여 줄 땅으로 가라"(창 12:1)

이스라엘 민족을 선택하신 하나님의 또 다른 이야기가 창세기 12장부터 시작된다. 하나님께서 아브라함(창세기 17장 5절에서 하나님께서 아브람을 아브라함으로 이름을 바꾸신다)을 부르신 것이다. 고향과 친척과 아버지의 집을 떠나라고 말씀하신다.

그런데 아브라함은 아내와 함께 조카 롯도 데리고 간다(창 12:5).

하나님께서 친척을 떠나라 하셨는데 아브라함은 왜 조카 롯을 데리고 떠났을까?

이 부분은 많은 사람들이 의아해 하면서도 속 시원한 대답을 못 듣는 질문이다. 전승에 의할 수 밖에 없다.

아브라함의 아버지 데라는 칠십 세에 아브람과 나홀과 하란을 낳았다(창 11:26). 데라는 우상을 섬겼는데(수 24:2) 그의 집에는 우상이 많이 있었고 때로는 시장에 갖다 팔기도 하였다. 아브라함은 아버지의 명을 따라 때로는 혼자서 시장에서 우상을 팔기도 하였는데, 어떤 사람이 우상을 사러 오면 그에게 몇 살이냐고 물어 본다. 그가 몇 살이라고 대답하면 아브라함은 '세상을 그만큼 살았으면 지혜가 있을 것인데 왜 만든 지 며칠 안 되는 이 우상에게 물어 보려고 하느냐'고 하면서 우상을 사려는 사람을 무안하게 만들어서 우상을 사지도 못하게 만들곤 하였다.

그러다가 한 번은 혼자서 집을 지키는 기회가 되자 집에 있는 우상을 모조리 깨 부셔버렸다. 집에 돌아 온 아버지가 놀라서 어떻게 된 일이냐고 물어보니, 아브라함은 '우상들이 서로 자기가 잘났다 하면서 싸우다가 모조리 부서지고 말았다'고 대답하였다. 우상이 모두 깨어진 것을 안 니므롯 왕(창 10:8)은 화가 나서 불을 피워 놓고 데라의 아들들을 불러서 심문하기 시작했다. 우상을 깨 부셔버린 사람을 불 속에 집어 넣겠다는 것이었다.

이 때 신앙심이 좋은 데라의 큰 아들 하란은 동생 아브라함을 살리고자 자기가 스스로 죄인임을 자처하고 데라가 보는 앞에서 불 속으로 들어가 타 죽고 말았다.

"하란은 그 아비 데라보다 먼저 고향 갈대아인의 우르에서 죽었더라" (창 11:28)

💬 이런 사건이 있었기에 아브라함은 형 하란의 은혜를 잊지 못하고 가나안을 향해 떠날 때에도 하란의 아들 조카 롯을 데리고 간 것이다.

020

사라는 아브라함의 누이인가?

"원하건대 그대는 나의 누이라 하라 그리하면 내가 그대로 말미암아 안전하고 내 목숨이 그대로 말미암아 보존되리라 하니라"
(창 12:13)

기근 때문에 애굽으로 내려가면서 아브라함은 그의 아내 사라보고 자기 누이라고 하라고 한다. 그렇게 해야만 애굽 사람들이 사라를 빼앗기 위해 자기를 죽이지 않을 것이라 생각한 것이다. 이번뿐 아니라 아브라함은 그랄 땅에 거류할 때도 아내 사라를 누이라 하였다.

"그의 아내 사라를 자기 누이라 하였으므로 그랄 왕 아비멜렉이 사람을 보내어 사라를 데려갔더니"(창 20:2)

아브라함의 아들 이삭도 흉년이 들어 그랄 땅에 거주하였을 때 그의 아내 리브가를 누이라고 했다.

"그 곳 사람들이 그의 아내에 대하여 물으매 그가 말하기를 그는 내 누이라 하였으니 리브가는 보기에 아리따우므로 그 곳 백성이 리브가로 말미암아 자기를 죽일까 하여 그는 내 아내라 하기를 두려워함이었더라"(창 26:7)

이삭의 임기응변은 거짓말은 아니다. 이삭의 아내 리브가는 아브라함의 동생 나홀과 밀가가 낳은 브두엘의 딸이다.

"… 아브라함의 형제 나홀의 아내 밀가의 소생이며 브두엘은 리브가를 낳았고"(창 22:23)

따라서 아브라함의 아들 이삭은 리브가와 5촌 친척간이다.

'누이'라는 히브리 말은 '자매' 또는 '동일 국적의 여자', '가까운 친족'을 말하므로 이삭이 누이라 하였다고 해서 거짓말은 아닌 것이다. 이삭은 포괄적인 뜻을 가진 단어를 사용하여 그녀가 친척임을 밝힌 것이다.

그러면 아브라함의 경우는 어떤가? 왜 누이라고 거짓말을 하였느냐는 아비멜렉의 추궁에 이브라함은 이렇게 대답한다.

"또 그는 정말로 나의 이복 누이로서 내 아내가 되었음이니라"(창 20:12)

사라가 아브라함의 이복 누이동생이라고 한다면 사라는 데라가 다른 여자에게서 난 딸이 된다. '이복 누이'라고 간단히 표현하였지만, 히브리어로는 '나의 누이, 내 아버지의 딸, 그러나 그녀는 내 어머니의 딸은 아니다"라고 기록되어 있다. 성경에서는 이 사실을 더 이상 언급하고 있지 않다.

그러나 어떤 학자들은 사라가 데라의 큰 아들 하란의 딸이라고 본다. 창세기 19장 29절의 사래와 이스가가 같은 이름이라고 보는 것이다. 요세푸스나 제롬도 사라의 또 다른 이름이 이스가라고 보지만 근거 없는 주장이라고 반박도 심하다.

💬 만일 사라가 아브라함의 형 하란의 딸이라면 그는 어머니가 다른 여성으로 가족의 일원이 되므로, 이복 누이동생이라고 불러도 거짓말은 아닌 것이다.

021

바로는
왜 60대 나이의
사라를
탐냈을까?

"아브람이 애굽에 이르렀을 때에 애굽 사
람들이 그 여인이 심히 아리따움을 보았고
바로의 고관들도 그를 보고 바로 앞에서 칭
찬하므로 그 여인을 바로의 궁으로 이끌어
들인지라"(창 12:14-15)

 본문만 읽어 나갈 때는 사라가 매우 아름다웠구나, 그래서 애굽 왕 바로가 탐을 냈구나 하고 쉽게 생각해버릴 수 있다.

 그러나 당시의 사라 나이를 생각해 보면 고개가 갸우뚱해 진다.

 아브라함이 가나안 땅에 들어 갔을 때 75세이었고(창 12:4) 아브라함 보다 10살 적은 사라는 65세이었다. 그들이 남방으로 옮겨 가다가 기근이 들어 애굽에 내려 갔으니(창 12:10) 이 때는 그들이 가나안 땅에 들어 온지 몇 해가 지났을지도 모른다. 사라의 나이는 최소한 65세 이상이었다. 이런 나이의 여인을 바로는 왜 탐냈을까?

 애굽의 바로 왕 뿐만 아니다. 그랄 왕 아비멜렉도 사라를 탐내어 자기 땅에 온 사라를 데려갔다. 이 때 사라는 이삭을 낳기 전이지만 80대 나이의 할머니였다.

56

"그의 아내 사라를 자기 누이라 하였으므로 그랄 왕 아비멜렉이 사람을 보내어 사라를 데려갔더니"(창 20:2)

이 사건을 두고 애굽 왕이나 그랄 왕이 사라 자체를 탐한 것이 아니라 아브라함과 어떤 유대 관계를 갖기 위하여 정략적으로 아브라함의 누이 동생을 왕비로 맞이하려 했다고 해석하기도 한다. 마치 왕들이 나라의 안전을 위해 이웃 나라에 자기나라 공주를 시집 보내는 것과 같은 전략처럼. 또는 피부가 검은 색인 애굽 사람들이 피부색이 하얀 사라를 볼 때 정말 눈이 부시도록 아름답게 보였을 것이라고 상상도 한다.

아리따운 사라의 아름다운 용모는 어느 여인보다 더 아름다운 광채가 날 정도로 아름답고 화려한 모습으로 보였음을 의미한다(창 12:11).

900세 이상 살았던 사람들의 모습은 어떠했을까, 100세 이상 200세 가까이 살았던 사람들의 모습은? 역시 전승에 의하면 옛날 사람들은 오늘날 사람들처럼 쉽게 늙지 않았다고 한다. 즉 노화 현상이 매우 천천히 진행된 것이다. 60대 중반의 사라나 90세 가까운 사라의 모습이 아름다운 광채가 날 정도의 아름다움을 유지할 수 있었다는 이야기이다.

이렇게 살다가 사람들은 점차 불편함을 느꼈다고 한다. 젊은이와 늙은이가 구별이 잘 안되니까 아브라함의 아내나 이삭의 아내처럼 나이 많은 여자를 탐내게 되기도 하고 또한 노인공경에 문제가 생긴 것이다. 사람들의 나이가 얼굴에 좀 나타나야 좋지 않겠느냐는 생각들을 하기 시작하자 그들은 하나님께 강력하게 요구하였다고 한다.

💬 제 나이대로 보이게 해 달라는 요구를 하나님께서 들어 주셨고 그 후로는 젊은이와 늙은이가 구별되게 하기 위하여 노화 현상이 일어난 것이라고 한다.

022

형을 속이고
도망가는
야곱의 나이는?

"내 아들아 내 말을 따라 일어나 하란으로
가서 내 오라버니 라반에게로 피신하여 네
형의 노가 풀리기까지 몇 날 동안 그와 함
께 거주하라"(창 27:43-44)

리브가의 기지로 인하여 장자의 축복을 이삭으로부터 다 받은 야곱
은 형 에서의 미움을 피해 하란으로 떠난다. 하란은 리브가의 고향이며
그곳에 야곱의 외삼촌이 살고 있다.

야곱을 보내는 리브가는 에서의 분노가 며칠이면 풀릴 것으로 보고
잠시 피하라고 하였으나 그 순간이 야곱과는 이 세상에서 마지막 이별
시간이 되었다. 야곱이 20년 후에 고향으로 돌아왔을 때 리브가의 이야
기가 성경에 더 이상 나오지 않는다. 이미 세상을 떠난 후였다. 남편과
큰 아들을 속인 리브가가 고향집으로 돌아 오는 아들 야곱을 다시 만날
수 있는 축복까지는 누리지 못한 것이다.

그런데 이렇게 도망가는 야곱의 나이는 몇 살이었을까?

보통 성경 그림책을 보면 이 장면에 나오는 야곱은 청년으로 보여지
고 있다. 과연 청년이었을까?

58

도망가는 야곱의 나이를 알아보기 위해서는 야곱의 생애를 역으로 계산해 보면 된다.

야곱이 기근을 피하여 가족들을 이끌고 애굽으로 내려가서 바로 앞에 인사를 할 때 그의 나이가 130세였다.

"야곱이 바로에게 아뢰되 내 나그네 길의 세월이 백삼십 년이니이다 …"(창 47:9)

이 때는 요셉이 30세에 애굽의 총리(창 41:46)가 된 지 9년이 된 해였다. 7년 풍년(창 41:47)과 2년 흉년(창 45:6) 기간을 합하여 9년이 되며, 요셉의 나이는 39세이다.

따라서 야곱은 91세(130세 – 39세)에 요셉을 낳은 것이다.

야곱은 라반의 둘째 딸 라헬을 위하여 7년(창 29:20) 일하였으나 라반이 야곱을 속이는 바람에 라헬을 얻고도 7년을 더 일했다(창 29:30). 형과 아버지를 속이고 도망 온 야곱이 외삼촌한테 속임을 당한 것이다.

야곱은 라반의 집에서 20년을 보냈고(창 31:38), 요셉이 야곱의 11번째 아들로 태여 났으니 라반의 집에서 14년 봉사를 마치고 6년 더 봉사하는 기간 초기에 요셉이 탄생한 것이다.

야곱이 요셉을 낳은 나이 91세에서 14년을 빼면 77세가 되니까 야곱은 77세 정도일 때 라반의 집에 도착하였다고 볼 수 있다.

💬 야곱이 형 에서를 속이고 하란으로 도망간 나이는 77세쯤이었다. 이삭은 60세에 에서와 야곱을 낳았고(창 25:26), 그의 눈이 어두워 잘 보지 못해서 야곱과 에서를 구별하기 힘들었을 때(창 27:1) 나이는 137세였다.

023

야곱이
베개 삼은
돌은 지금
어디에 있을까?

"야곱이 브엘세바에서 떠나 하란으로 향하여 가더니 한 곳에 이르러는 해가 진지라 거기서 유숙하려고 그 곳의 한 돌을 가져다가 베개로 삼고 거기 누워 자더니"(창 28:10-11)

장자인 에서를 대신하여 이삭의 축복을 모두 가로챈 야곱은 형 에서를 피하여 하란으로 도망치다가 날이 저물자 루스 성(창 28:19)에서 한 돌을 취하여 베개하고 잤다.

아침에 일어난 야곱은 베개로 삼았던 돌을 가져다가 기둥으로 세우고 그 위에 기름을 붓고 그 곳 이름을 벧엘 곧 하나님의 집이라 하였다 (창 28:18-19). 이때 야곱이 베개 삼았던 돌은 지금 어디에 있을까?

전설에 의하면 유다가 망하였을 때 예레미야 선지자가 유다의 공주와 같이 이 돌을 가지고 이집트, 시실리, 스페인을 거쳐 아일랜드로 갔다고 한다. 그 공주는 아일랜드 왕자와 결혼을 했고 야곱이 베개 삼았던 돌은 아일랜드왕이 즉위할 때 앉는 옥좌 역할을 하였다.

후에 아일랜드왕의 영토가 넓혀짐에 따라 수도를 스코틀랜드의 스쿤으로 옮길 때 이 돌도 같이 옮겨졌다. 아일랜드의 역사와 함께 몇 몇 도시로 옮겨지던 이 돌은 1296년 영국의 에드워드 1세에 의해 영국으로 약탈당해 1301년부터 웨스트민스터 사원에서 영국 왕이 대관식 때 앉는 옥좌역할이나 또는 의자 밑에 들어가게 되었다. 물론 1953년 6월 2일 엘리자베스 여왕의 대관식 때도 그 돌은 여왕이 앉은 의자 밑에 있었다.

웨스트민스터 사원에 보관되어 있던 이 돌은 1951년 아일랜드 대학생 4명이 웨스트민스터 사원 담을 넘어 훔쳐 가버렸다. 이 사건이 도둑질이냐 아니냐 하고 양국간에 말이 많았다.

영국 측에서는 당연히 형사처벌을 해야 하니 도둑질한 대학생들을 보내라고 하였고, 아일랜드 측에서는 내 물건 내가 가져왔는데 무슨 도둑질이냐고 반박하였다. 그러나 국력이 약한 아일랜드에서 할 수 없이 이 돌을 영국으로 보내긴 했는데 진짜 돌을 보냈는지 아니면 모조품을 보냈는지는 모를 일이라고 한다.

아일랜드의 끈질긴 반환 요구에 의해 700년 동안 영국에서 사용되던 이 돌은 다음 번 영국 왕 대관식 때 다시 빌려주는 조건으로 1996년 11월 15일 아일랜드에 돌려주었다.

💬 운명의 돌(Stone of Destiny) 또는 붉은 흙이 나는 스쿤 땅에서 난 스쿤의 돌(Stone of Scone)이라 불리는 152Kg의 이 돌이 정말 야곱이 베개 삼았던 돌인지 아니면 전설로만 내려오는 이야기인지는 아직도 수수께끼로 남아 있다. 재미있는 사실은 돌의 성분을 분석해 본 결과 이스라엘 지방에서 나는 돌이라고 증명 되었다는 점이다.

024

야곱이
형 에서에게
보내는
짐승 숫자가
갖는 의미는?

"야곱이 거기서 밤을 지내고 그 소유 중에서 형 에서를 위하여 예물을 택하니 암염소가 이백이요 숫염소가 이십이요 암양이 이백이요 숫양이 이십이요 젖 나는 낙타 삼십과 그 새끼요 암소가 사십이요 황소가 열이요 암나귀가 이십이요 그 새끼 나귀가 열이라"(창 32:13-15)

형 에서로부터 장자의 축복을 가로챈 야곱이 외삼촌 라반의 집에서 20년을 보낸 후 고향 길에 나선다. 야곱이 형 에서의 보복을 두려워하여 준비한 예물을 세 떼로 나눈다(창 32:19). 각 떼로 거리를 두게 하여(창 32:16) 형의 마음을 달래보려 한 것이다. 형의 마음을 푼 후에 형을 만나겠다는 야곱의 속셈이다.

야곱은 이 예물을 어떻게 3떼로 나누었을까?

또한 이렇게 준비한 짐승의 수에 어떤 의미가 있을까?

암수 염소 220마리가 첫 떼이며, 암수 양 220마리가 둘째 떼이다.

왜 하필 220마리씩 일까? 여기에는 커다란 비밀이 있다.

수학에서 "우정의 수" 또는 "친구 수"라는 수가 있는데, 어떤 수 A와 어떤 수 B가 있을 때 A의 약수의 합이 B가 됨과 동시에 B의 약수의 합이 A가 될 때 이 두 수 A와 B를 우정의 수라고 부른다.

220의 약수는 1, 2, 4, 5, 10, 11, 20, 22, 44, 55, 110 이며 이들의 합은 284가 된다. 한편, 284의 약수는 1, 2, 4, 71, 142 이며 이들 약수의 합은 220이 된다. 따라서, 220과 284는 우정의 수이다.

야곱은 형을 만나기 전날 밤에 어떤 사람과 날이 새도록 씨름을 한다 (창 32:24). 하나님의 천사(호 12:4)와 밤새 무엇을 하면서 씨름을 했을까?

아마도 천사는 야곱에게 이 복잡한 우정의 수를 설명하느라 온 밤의 시간이 필요했을 것이라 추측된다. 우정의 수를 활용하여 하나님께서에서의 마음을 움직였을 것임이 틀림 없다.

셋째 떼인 15절에 기록된 짐승 수를 보면 한번 더 놀랄 일을 발견한다. 모두 140마리이다.

140이란 수는 195와 연관이 있다. 이 두 수는 "준 우정의 수"라고 불린다. "준 우정의 수"는 약수의 총합에서 1을 뺀 수가 상대방 수가 되는 수이다.

즉 140이란 수는 준 우정의 수의 한짝인 것이다.

💬 야곱은 형 에서에게 보내는 예물의 수를 220, 220, 140이란 기막힌 수가 되도록 짐승의 떼를 준비 하였다. 우정의 수와 준 우정의 수를 활용하여 형의 마음을 풀어 보려고 예물인 짐승의 수를 그렇게 준비한 것이다.

025

세겜 사건이 일어난 이유는?

"레아가 야곱에게 낳은 딸 디나가 그 땅의 딸들을 보러 나갔더니 히위 족속 중 하몰의 아들 그 땅의 추장 세겜이 그를 보고 끌어 들여 강간하여 욕되게 하고"(창 34:1-2)

가나안 땅으로 돌아오는 길목에서 형 에서와 화해한 후 야곱은 세겜 성읍 앞에 장막을 치고 하몰의 아들들에게서 야곱이 장막을 친 밭을 샀다. 이 일 후에 야곱의 딸이 세상 구경을 하러 나갔다가 변을 당한 것이다. 이런 일이 왜 일어났을까?

이에 대한 대답은 창세기 35장에서 얻을 수 있다. 창세기 34장에 세겜 사건을 이야기 한 후 계속되는 창세기 35장에서 그 사건에 대한 원인을 이야기해 주고 있는 것이다.

성경을 읽다가 이해가 안 되는 부분이 있으면 앞 뒤 문단을 읽어 보고 그래도 이해가 안되면 앞 뒤 장을 읽어 보아야 한다.

창세기 35장 1절은 이렇게 시작한다.

"하나님이 야곱에게 이르시되 일어나 벧엘로 올라가서 거기 거주하며 네가 네 형 에서의 낯을 피하여 도망하던 때에 네게 나타났던 하나님께 거기서 제단을 쌓으라 하신지라"

64

이 말씀을 들은 야곱이 벧엘로 가서 제단을 쌓고 하나님께 예배 드리자 하나님께서는 야곱에게 복을 주시고 야곱의 이름을 이스라엘이라고 부르신다. 벧엘이 어떤 곳인가?

벧엘은 '하나님의 집'이란 뜻이다. 하나님께서 야곱과 말씀하시던 곳이다.

야곱이 아버지 이삭을 속이고 장자의 축복을 받고 나서 화가 난 형 에서를 피하여 하란으로 도망하던 중 하나님을 만난 곳이 바로 벧엘이다. 야곱이 평안히 아버지 집으로 돌아오게 해달라고 하나님께 간구하며 그렇게 하시는 하나님을 예배하겠다고 맹세한 곳이 벧엘이다.

그러나 형 에서와 화해하고 난 야곱은 하나님을 만났던 벧엘로 가야하는 그 맹세를 기억하지 못하고 세겜 땅에 머무르고 말았던 것이다.

자신의 영적 목표가 만족되거나 채워질 때 영적으로 내리막 길을 걷게 될 가능성이 많다. 자기 만족이 자리하게 되면 여러 가지 맹세와 다짐들은 잊게 되고 이런 부패의 초기 증상은 곧 불순종으로 이어진다.

💬 자기의 맹세가 성취되지 않았음을 일깨워 주신 하나님께 순종하여 모든 우상을 제거하고 벧엘로 돌아가 하나님께 예배 드리고 하나님과 맺은 언약들을 확인 받는 축복을 받은 야곱의 신앙을 기억해야 한다.

026

왜 아브라함의 하나님,
이삭의 하나님,
야곱의 하나님이신가?

"내가 아브라함과 이삭에게 준 땅을 네게
주고 내가 네 후손에게도 그 땅을 주리라
하시고"(창 35:12)

하나님께서는 아브라함과 이삭과 그리고 야곱에게 자신을 계시하시고 그들과 언약을 맺으신다. 아브라함과의 약속은 창세기 17장에 그리고 이삭과의 약속은 창세기 26장에 나온다.

"내가 너와 네 후손에게 네가 거류하는 이 땅 곧 가나안 온 땅을 주어 영원한 기업이 되게 하고 나는 그들의 하나님이 되리라"(창 17:8)

"이 땅에 거류하면 내가 너와 함께 있어 네게 복을 주고 내가 이 모든 땅을 너와 네 자손에게 주리라 내가 네 아버지 아브라함에게 맹세한 것을 이루어 네 자손을 하늘의 별과 같이 번성하게 하며 이 모든 땅을 네 자손에게 주리니 네 자손으로 말미암아 천하 만민이 복을 받으리라"(창 26:3-4)

아브라함과 이삭과 약속하신 것과 같은 축복의 약속을 창세기 35장에서 야곱에게도 하신 것이다.

하나님께서는 이들 이스라엘 조상들과 맺으신 언약대로 이스라엘을 구원하시고자 모세를 부르신다. 언약을 지키시는 신실하신 하나님이시다.

출애굽기 3장 6절에서 하나님께서는 모세에게 '나는 네 조상의 하나님이니 아브라함의 하나님, 이삭의 하나님, 야곱의 하나님이니라…'고 말씀하신다.

아브라함의 하나님, 이삭의 하나님, 야곱의 하나님께서는 아브라함과 이삭과 야곱의 생명을 주관하신다.

아브라함은 175세(창 25:7), 이삭은 180세(창 35:28), 야곱은 147세(창 47:28)를 누렸다.

이들 나이를 분해해 보면 재미있는 결과를 얻는다.

$175 = 5 \times 5 \times 7 = (5 \times 5) \times 7$
$180 = 6 \times 6 \times 5 = (6 \times 6) \times 5$
$147 = 7 \times 7 \times 3 = (7 \times 7) \times 3$

또한 각 인수를 더해보면 모두 같은 값이 된다.

$5+5+7 = 17$
$6+6+5 = 17$
$7+7+3 = 17$

만일 아브라함과 이삭과 야곱이 한 살이라도 더 살았다거나 덜 살았다면 위와 같은 아름다운 조화를 얻을 수 없다.

💬 아브라함의 하나님, 이삭의 하나님, 야곱의 하나님께서는 이들의 생사화복을 주관 하시는 아브라함의 하나님, 이삭의 하나님, 야곱의 하나님이시다.

2장

출애굽과
다윗 왕조

출애굽기 – 말라기 숲 속 이야기 54가지

027

시내산과 떨기나무는 어디에 있는가?

"여호와의 사자가 떨기나무 가운데로부터 나오는 불꽃 안에서 그에게 나타나시니라 그가 보니 떨기나무에 불이 붙었으나 그 떨기나무가 사라지지 아니하는지라"(출 3:2)

미디안으로 도망 간 모세가 호렙산에서 하나님을 만나는 광경이다.

시내산(출 19:18)은 호렙산(출 3:1, 신 5:2) 또는 하나님의 산(출 3:1, 24:13)이라고 다양하게 불린다. 모세가 미디안 제사장인 장인 이드로의 양무리를 치던 곳이다. 이 하나님의 산에서 모세는 불붙은 떨기나무를 본다. 시내산은 시나이 반도 남쪽에 있다. 현재 이집트 땅이다. 과연 이 산이 모세가 본 떨기나무가 있던 산일까?

떨기나무란 제목의 책이 한 때 베스트 셀러가 된 적이 있다. 곧 영화화 된다고 하였는데 아직 제작 중인 모양이다. 이 책에서 저자는 진짜 시내산이 현재 시나이 반도에 있는 시내산이 아니라고 주장한다. 그렇다면 그 많은 성지 순례자들이 새벽부터 올라가는 시내산 등정은 무의미하다는 말인가?

시내산이 아라비아 반도에 있다는 주장은 성경적으로도 일리가 있다고 본다. 성경 지도를 보면 사우디의 홍해 쪽에 있는 산맥이름이 미디안산맥이다. 모세가 바로의 낯을 피하여 미디안 땅에 머물렀는데(출 2:15), 만일 애굽 지경 내에 있는 시내산에 모세가 살았다면 40년 동안 이나 발각되지 않고 지낼 수 있었겠는가 하는 질문도 해본다.

1967년 이스라엘은 6일 전쟁을 통해 옛 팔레스타인 전 지역을 통일 하고 이집트의 시나이 반도와 시리아의 골란 고원을 점령하였다. 그 후 시나이 반도는 이집트에 반환을 하였는데 시나이 반도를 반환하기 전 에 시내산에 대한 고증을 하였으나 시내산이 모세가 올라갔다는 시내 산이 아님을 확인하고 돌려 주었다는 이야기가 있다.

문제는 현재 사우디 아라비아에 있는 모세 산 즉 아랍어로 게벨 무사 (Gebel Musa)라고 하는 라오즈 산에 올라 가 보지 못한다는데 있다. 그 곳 정상이 사우디의 레이더 기지로 군사 요충지이기 때문에 아무나 접 근할 수 없는 것이다. 그렇지만 사우디의 모세 산 근처에는 이스라엘 백성이 머물렀을 것으로 추정되는 여러 가지 유물과 이드로의 집 등 성 경에 나오는 이름들이 아직도 많이 남아 있다는 점이 더욱 흥미를 갖게 한다. 또한 이스라엘 백성들이 지나갔다고 추정되는 지점의 홍해 바닥 에는 전차 등 당시 애굽 군대가 몰살한 흔적도 있다고 한다.

시내산이 현재 알려지고 있는 위치와 다를 것이라는 또 하나의 주장 은 현 시내산에는 출애굽 당시의 이스라엘 백성 2백만 명 이상이 머루 를 수 있는 넓은 지역이 없다는 것이다. 20세 이상의 군인이 603,550 명(민 2:32)이니까 출애굽한 전체 인구는 2백만 명 이상으로 본다.

💬 사우디 아라비아에 있는 모세 산이 공개되고 그곳에서 확실한 고증을 찾 게 되어 시내산을 찾는 순례객들이 진짜 시내산을 오를 수 있는 기회를 가질 수 있을지 기대가 된다.

028

가나안 땅은 언제 젖과 꿀이 흐르는가?

"내가 내려가서 그들을 애굽인의 손에서 건져내고 그들을 그 땅에서 인도하여 아름답고 광대한 땅, 젖과 꿀이 흐르는 땅 곧 가나안 족속, 헷 족속, 아모리 족속, 브리스 족속, 히위 족속, 여부스 족속의 지방에 데려가려 하노라"(출 3:8)

하나님께서 모세에게 약속하신 말씀이다.

젖과 꿀이 흐르는 가나안 땅은 출애굽한 이스라엘 백성들이 꿈을 안고 가는 땅이다. 그런데 막상 요단강을 건너 가나안으로 들어간 이스라엘 백성들은 그곳의 원주민 6족속들과 영토 전쟁을 벌려야 했다.

85세 된 갈렙까지도 '이 산지를 지금 내게 주소서'(수 14:12) 하면서 헤브론 땅을 차지하기 위한 전투를 하지 않을 수 없었다. 이런 가나안 땅을 정말 젖과 꿀이 흐르는 땅이라고 할 수 있을까?

가나안 땅을 젖과 꿀이 흐르는 땅이라고 부르는 것은 앞으로 그곳이 그렇게 될 것이라고 해석하는 사람들이 많다.

지금 사해 바닥에는 수 많은 광물질들이 있어서 이것이 개발되면 이스라엘에 큰 자원이 될 것이기 때문에 그 때에 젖과 꿀이 흐를 것이라고 보는 견해다. 이들은 앞으로 사해가 홍해 바다와 연결되도록 개발이 되면 사해 주변의 관광 자원도 풍부해 질 것이라고 본다. 사실 지금도 사해의 바다 밑 진흙은 피부에 좋다고 하여 여러 종류의 화장품들이 개발되고 있고, 사해 주변은 천혜의 휴양지로 발전하고 있다.

반면에 현재 이스라엘 땅이 젖과 꿀이 흐르는 땅이라고 생각하는 사람들도 있다. 그 동안 개간을 많이 하여 사막에 물이 흐르고 꽃이 피게 했으니 지금이야말로 젖과 꿀이 흐르고 있다고 생각하는 것이다. 출애굽 당시와 지금을 비교해 본다면 정말 젖과 꿀이 흐르고 있는 것이다.

또 한가지 재미있는 견해가 있다.

이는 출애굽한 백성들이 가나안 땅에 들어가는 순간 그 땅은 젖과 꿀이 흐르게 되었다는 것이다. 당시 가나안 땅에는 이미 소나 양, 염소가 있었으니 젖은 당연히 흐르고 있었다. 나머지는 꿀인데, 이스라엘 백성들이 시내산에서 율법을 받았을 때 그 말씀이 꿀이라는 것이다. 따라서 말씀을 받은 백성들이 발을 들여 놓는 곳마다 바로 꿀이 흐른다고 생각하는 것이다. 말씀을 소중히 여기는 이스라엘 백성들 만의 기발한 착상이 아닐 수 없다.

> 💬 그들은 하나님께서 이른 비, 늦은 비를 적당한 때에 내려주셔서 먹고 배부르게 될 것이라(신 11:13-15)는 약속의 말씀에 따라 하나님 말씀을 순종하면 젖과 꿀이 흐른다고 생각한다.

029

여호와와
야훼 중
어느 표현이
맞는 것인가?

"하나님이 모세에게 이르시되 나는 스스로
있는 자이니라 또 이르시되 너는 이스라엘
자손에게 이같이 이르기를 스스로 있는 자
가 나를 너희에게 보내셨다 하라"(출 3:14)

떨기나무 가운데서 모세를 부르신 하나님(출 3:4)께서 자신의 이름을
알려 주시는 장면이다. 하나님께서 자신의 자존성과 영원성과 절대성
을 나타내시는 자기 계시이다.

'나는 스스로 있는 자'라는 말은 '나는 나다(I am that I am.)'라는 말로
서 신약 요한복음에서 예수님의 7가지 자기 선언 '나는 ____이다(I am
that)'를 말씀 하실 때의 표현 방법과 같다.

'나는 나다"의 히브리어 표현은 '에흐예 아쉐르 에흐에'이다.

'에흐예'는 '하나님의 영이 수면에 운행하시니라'(창 1:2)에서의 존재
(히브리어 '하야')를 말하며, 이는 영원부터 영원까지 언제나 존재하시는
분임을 강조하기 위한 표현이다(계 1:4,8).

이 '에흐예'란 말에서 '여호와'란 말이 유래했다. 그런데 어떤 목사님
은 '야웨' 또는 '야훼'라고도 부른다. 어떤 표현이 맞는 것인가?

74

유대인들은 하나님의 거룩한 이름을 부르는 것이 두렵고 경망 된다고 생각하여 성경을 읽다가 여호와란 단어가 나오면 발음하지 않고 그냥 다음 단어로 넘어 가던가 아니면 그냥 '주님'(아도나이)이라고 하든가, 또는 '그 이름'이라고 간접 표현을 사용하여 읽었다.

그러다가 바벨론 포로에서 돌아온 후에는 '하나님의 이름'을 표기하는 것조차 주저하게 되었다. 그들은 이 이름이 나올 때 '나의 주'란 뜻의 '아도나이'로 불렀다.

개역개정판에서의 '여호와'를 표준새번역은 '주 하나님', 공동번역은 '야훼'로 번역하고 있으며 '야훼'를 '야웨'로 발음하기도 한다.

그러나 유대인들이 발음하지 않고 그냥 지내왔기 때문에 오늘날 어떤 발음이 더 정확하느냐 하는 것은 사실 아무도 모른다.

'여호와'는 영어의 'YHWH'와 상응된다. 6−10세기에 히브리 성경 재간행을 추진하던 맛소라학자들이 자음만 있던 성경 본문에 모음 부호를 붙이는 작업을 했다. 아도나이에서 사용하던 모음(a, o, a)을 YHWH에 붙이고 발음을 가급적 비슷하게 하도록 YahWeh로 표기하였다.

히브리어 '에흐예'를 음역하여 "Ehyeh"로 표기된 것을 독일어(Jehova, Jehovah)로 표기하고, 다시 영어 Jehovah로 표기의 변화가 일어났다.

따라서 '여호와'나 '야훼' 모두 원 발음을 나타내는 것은 아니고 편의상 그렇게 부르고 있는 것이다.

💬 예수님께서 가르쳐 주신 주기도문에서도 그냥 '그 이름을 거룩하게'라고 특별한 호칭을 사용하기 보다는 '그 이름'이라고 칭하신 것을 본 받는다면 우리도 그냥 '그 이름'이라고 불러도 좋을 것이다.

030

애굽에서 종살이 한 기간은 몇 년인가?

"이스라엘 자손이 애굽에 거주한 지 사백 삼십 년이라"(출 12:40)

하나님께서 아브라함과 언약을 체결하실 때 "네 자손이 이방에서 객이 되어 그들을 섬기겠고 그들은 사백 년 동안 네 자손을 괴롭히리니"(창 15:13)라고 400년 동안 애굽에서 종살이 할 것을 말씀하셨다. 그리고 이어지는 말씀에서 "네 자손은 사대 만에 이 땅으로 돌아 오리니…"(창 15:16)라고 하셨다.

그런데 이스라엘 자손들이 애굽 땅에서 나온 것은 430년이 되었을 때였다고 출애굽기 12장은 시작한다. 400년이 맞는지 또는 430년이 맞는지, 그리고 정말 4대 만에 나왔는지 궁금하다.

먼저 아브라함의 자손이 애굽으로 내려 간지 4대만에 가나안으로 돌아오는지를 보자. 출애굽기 6장 14절 이하에 모세의 족보가 나온다.

레위가 고핫을 낳고(출 6:16), 고핫은 아므람을 낳고(출 6:18), 아므람은 아론과 모세를 낳았다(출 6:20).

하나님께서 아브라함에게 말씀하신 대로 애굽으로 내려간 야곱의 아들 레위, 레위의 아들 고핫, 고핫의 아들 아므람, 아므람의 아들 모세

이렇게 해서 야곱이 이방에서 객이 된지 4대만에 애굽에서 나왔음을 알 수 있다.

애굽에서 종살이 한 기간에 대해서는 먼저 사도행전 7장에 나오는 스데반의 설교를 보자.

"… 그 후손이 다른 땅에서 나그네가 되리니 그 땅 사람들이 종으로 삼아 사백 년 동안을 괴롭게 하리라 하시고"(행 7:6)

스데반이 설교를 계속 했지만 '애굽 종살이 사백 년'이란 말에도 군중들이 그의 말을 계속 들은 것을 미루어 보면 애굽에서 종살이 한 기간을 400년으로 말한다 해서 틀렸다고 말하지는 않는다고 당시 유대인들이 생각한다고 이해할 수 있다. 그렇지 않으면 이 대목에서 벌써 스데반을 돌로 치는 소동이 일어났을 것이다.

한편, 사도 바울은 갈라디아서에서 "… 하나님께서 미리 정하신 언약을 사백삼십 년 후에 생긴 율법이 폐기하지 못하고…"(갈 3:17)라고 말씀하면서 애굽에 있던 기간이 430년이라고 한다. 즉 사도 바울은 창세기의 400년 보다는 출애굽기의 430년을 인용하고 있는 것이다.

따라서 이스라엘 자손들이 애굽에서 종살이 한 기간은 출애굽기의 기록대로 430년이 맞는다.

💬 400년이란 기간은 1세대를 100년으로 보고 4대를 400년으로 대략적으로 언급한 것 뿐이며, 4대 만에 종살이에서 풀려날 것이라는 4대를 강조한 것으로 보아야 한다.

031

출애굽
사건은
언제 일어났나?

"사백삼십 년이 끝나는 그 날에 여호와의
군대가 다 애굽 땅에서 나왔은즉"(출 12:41)

애굽에서 종살이 하던 이스라엘 자손들이 430년 만에 하나님의 인도
하심으로 애굽에서 떠나게 된다.

대부분의 성경 해석이나 성경 연대표에 보면 출애굽 시기를 B.C. 15
세기인 B.C. 1446년으로 말하고 있다. 초기 출애굽설이다.

그러나 우리는 종종 그 시기가 B.C. 13세기인 B.C. 1290년이라는
주장을 하는 문헌을 본다. 이른바 후기 출애굽설이다.

그렇다면 정확한 출애굽 시기는 언제일까?

후기 출애굽설(B.C. 13C)의 주장과 이에 대한 반론은 다음과 같다.

첫째는 이스라엘 자손들이 가나안으로 들어갈 때 통과했던 요단 동
편 지역에서 B.C. 13세기 이전의 정착촌이 발견되지 않는다는 고고학
자의 주장이다. 그러나 최근의 새로운 발굴은 이러한 주장을 뒤집어 놓
았다고 한다.

둘째는 가나안 지역에서 도시들이 파괴된 흔적이 B.C. 13세기 이후
의 파괴 층에서만 발견된다는 것이다. 즉 그전에 도시들이 파괴되었다
는 증거가 없다는 것이다. 이에 대한 반론은 가나안 정복이 가나안 족속

정복이지 도시 파괴 정복이 아니라는 것이다.

셋째는 출애굽 당시 애굽의 바로왕이 람세스 2세라면 그의 통치 기간 (B.C. 1304 −1237)이 후기 출애굽설을 지지한다고 본다. 이스라엘 자손들은 출애굽 전에 바로를 위해 비돔과 라암셋을 건축하고 있었다(출 1:11). 당시 애굽을 다스리던 람세스 왕의 이름을 위해 라암셋 성을 건축한 것이라는 주장이다.

B.C. 1446년은 어떻게 계산된 것일까?

열왕기상 6장 1절 "이스라엘 자손이 애굽 땅에서 나온 지 사백팔십 년이요 솔로몬이 이스라엘 왕이 된 지 사 년…" 말씀에 의하면 출애굽은 솔로몬 왕 즉위 4년부터 계산해서 480년 전이 된다. 솔로몬 왕이 성전을 건축하기 시작한 해가 출애굽 후 480년이라는 기록이다.

그렇다면 솔로몬 왕이 여호와를 위하여 전을 건축한 해는 언제인가?

다윗 왕조의 시작을 B.C. 1000년으로 보는 견해도 있지만 일반적으로 B.C. 1010년으로 본다. 다윗 왕의 재위 40년을 감안하면 솔로몬은 B.C. 970년에 즉위하였고 즉위 4년인 B..C. 966년에 성전을 건축하기 시작하였다. 여기에 480년을 계산하면 B.C. 1446년이 된다.

한편 고고학의 한계점은 여리고 성이 언제 무너졌는지 확실한 연대조차도 추정하지 못하고 아직도 뜨거운 논쟁거리로 삼고 있다.

💬 기원전 1400년대 출애굽 역사는 물론 기원전 1000년경 다윗 왕의 즉위 연대까지도 제대로 계산하지 못하고 있는 것이 인간의 한계임을 실감나게 하는 출애굽사건이다.

032

아론은
왜 금송아지를
만들었을까?

"아론이 그들의 손에서 금 고리를 받아 부어서 조각칼로 새겨 송아지 형상을 만드니 그들이 말하되 이스라엘아 이는 너희를 애굽 땅에서 인도하여 낸 너희의 신이로다 하는지라"(출 32:4)

십계명을 받느라 모세는 시내 산에서 40일을 금식하며 지냈다. 모세가 산에서 내려오지 않자 이스라엘 백성들이 아론에게 모세를 대신하여 자기들을 인도할 신을 만들라고 하자 아론이 그들의 요구대로 금송아지를 만든 것이다. 아론은 왜 금송아지를 만들었을까?

아론은 모세가 내려올 때까지 기다리고 싶었다. 그러나 이스라엘 백성들이 아론을 협박하기 시작한 것이다. 죽일 것 같은 그들의 협박을 못 이긴 아론은 나름대로 꾀를 낸 것이다. 금송아지를 만들기 위하여 백성들의 아내와 자녀들의 금 귀고리를 가져오라고 하였다.

이스라엘 백성들은 출애굽할 당시 애굽 사람들의 집에 들어가 은금 패물과 의복을 약탈하였다(출 12:35-36). 따라서 이스라엘 백성들은 종살이 하면서 가져보지 못한 금 귀고리를 하며 그것을 무척 귀하게 여기고 있었기 때문에 아론은 바로 이 점을 노린 것이다. 아내와 자식의 금 귀고리를 가져오라 하면 아무도 안 가져 오든지 아니면 적어도 며칠 동안은 공출하는 것을 망설일 것이기 때문에 시간을 벌 수 있을 것이라는 아론의 지연 작전이었다.

그런데, 우상을 만들고 싶은 이스라엘 백성들이 너무 빨리 금 귀고리를 가져 오는 바람에 아론이 수세에 몰려 금송아지를 만들고 만 것이다. 이 사건으로 이스라엘 백성 3천명 가량이 죽임을 당했다(출 32:28).

그런데 아론은 왜 아무런 책망도 받지 않았을까?

이에 대한 해답은 신명기를 봐야 한다.

"여호와께서 또 아론에게 진노하사 그를 멸하려 하셨으므로 내가 그때에도 아론을 위하여 기도하고"(신 9:20)

모세는 이스라엘 백성뿐 아니라 그의 형 아론을 위해서도 여호와 하나님께 기도한 것이다.

시내산에서 십계명 돌판 두 개를 두 손에 들고 내려오면서 금송아지와 춤추는 이스라엘 백성들을 보자 모세는 그 판들을 산 아래로 던져 깨뜨려 버렸다(출 32:19). 모세는 왜 그 귀중한 십계명 돌판을 던져 버렸을까?

십계명 중 제 이 계명이 우상을 만들지 말라는 명령이다. 금송아지는 우상이며 이것을 만든 것은 십계명을 어긴 것이다. 계명을 어긴다는 것은 곧 죽음을 의미한다.

> 💬 모세는 자기 손에 든 십계명을 던져 깨뜨림으로 계명을 감춘 것이다. 금송아지 앞에서 뛰노는 백성들이 계명을 어김으로 멸망 당하지 않기 위해서 계명 자체를 없애버린 사랑의 행동이었다.

033

모세는 여호와와 대면해서 말했나?

"사람이 자기의 친구와 이야기함과 같이 여호와께서는 모세와 대면하여 말씀하시며 모세는 진으로 돌아오나 눈의 아들 젊은 수종자 여호수아는 회막을 떠나지 아니하니라"(출 33:11)

여호와께서 모세와 대면하여 말씀하셨으면 모세는 죽어야 할 것이다. 출애굽기 33장 20절을 보자.

"또 이르시되 네가 내 얼굴을 보지 못하리니 나를 보고 살 자가 없음이니라"(출 33:20)

여호와의 얼굴을 보는 자는 살지 못한다고 말씀하시는데, 모세가 하나님과 얼굴과 얼굴을 마주보고 대화하였으니 죽어 마땅할 것이다.

위의 말씀을 '우리말 성경'(두란노)을 보면 '사람이 자기의 친구와 이야기함과 같이'란 말씀이 없다.

"여호와께서는 모세와 얼굴을 맞대고 말씀하셨습니다. 그런 후 모세는 진영으로 돌아오곤 했습니다. 그러나 모세를 보좌하는 청년 여호수아는 회막을 떠나지 않았습니다."(출 33:11, 우리말 성경)

마치 모세가 여호와와 얼굴과 얼굴을 대하고 이야기한 것처럼 이해하기 쉽다. 정말 모세가 여호와와 대면해서 말했을까?

82

모세가 여호와와 대면하여 말씀하였다는 것은 모세가 마치 하나님의 얼굴을 마주하며 대화하듯 하나님과 친밀하게 교제했다는 친밀감의 정도를 강조한 표현이다. 하나님과 모세의 관계가 얼마나 친밀한지를 보여 주고 있는 것이다. 모세는 하나님의 얼굴을 볼 수 없었다. 다만 하나님의 광채만 모세의 얼굴에 강하게 비쳤을 뿐이다. 그리고 모세의 얼굴은 하나님의 광채로 인하여 빛났다(출 34:29-35).

우리는 장차 하나님 앞에 나아가서 얼굴과 얼굴을 대하여 볼 것이다. "우리가 지금은 거울로 보는 것 같이 희미하나 그 때에는 얼굴과 얼굴을 대하여 볼 것이요 지금은 내가 부분적으로 아나 그 때에는 주께서 나를 아신 것 같이 내가 온전히 알리라"(고전 13:12)

사도 바울은 지금 우리는 거울로 보는 것 같이 희미하다고 말한다.

거울로 보는데 왜 희미하냐는 질문이 있을 수 있다.

그러나 사도 바울 당시의 거울은 청동 거울이었기 때문에 오늘날의 유리 거울처럼 반사가 잘되는 거울이 아니었다. 겨우 얼굴 형태를 알아보거나 좀 더 고급 제품이었다 하드라도 거울 면 자체가 울퉁불퉁하였기 때문에 현재 우리가 보는 거울처럼 깨끗하게 볼 수는 없었다.

요한계시록에서도 마지막 때에 우리는 하나님의 얼굴을 볼 것이라고 말씀하신다.

💬 "다시 저주가 없으며 하나님과 그 어린 양의 보좌가 그 가운데 있으리니 그의 종들이 그를 섬기며 그의 얼굴을 볼 터이요 그의 이름도 그들의 이마에 있으리라"(계 22:3-4)

034

모세는
40일 금식을
몇 번했나?

"모세가 여호와와 함께 사십 일 사십 야를 거기 있으면서 떡도 먹지 아니하였고 물도 마시지 아니하였으며 여호와께서는 언약의 말씀 곧 십계명을 그 판들에 기록하셨더라"(출 34:28)

모세가 시내 산에서 십계명을 받아 내려오다가 아론이 금송아지를 만든 것을 보고 십계명 돌판들을 산 아래로 던져 깨뜨려버린다(출 32:19). 십계명 돌판을 다시 주시기 위해서 하나님께서는 모세를 산으로 다시 올라 오라고 하신다.

"여호와께서 모세에게 이르시되 너는 돌판 둘을 처음 것과 같이 다듬어 만들라 네가 깨뜨린 처음 판에 있던 말을 내가 그 판에 쓰리니"(출 34:1)

십계명 돌판을 다시 받기 위해 모세는 40일 금식을 한다.

이 번 금식이 모세가 몇 번째 하는 40일 금식인가?

모세가 두 번 십계명을 받았으니 일반적으로는 모세가 40일 금식을 두 번했다고 생각한다.

출애굽기에는 모세가 처음 시내 산에 40일 머무를 때에는 금식 이야기가 나오지 않지만(출 24:18), 모세의 고별 설교가 있는 신명기에 보면 그때 모세가 40일 금식하였다고 말씀한다.

"그 때에 내가 돌판들 곧 여호와께서 너희와 세우신 언약의 돌판들을 받으려고 산에 올라가서 사십 주 사십 야를 산에 머물며 떡도 먹지 아니하고 물도 마시지 아니하였더니"(신 9:9)

돌판을 산 아래로 던져 버린 다음 날 모세는 아론과 그의 백성들을 위해 하나님께 용서의 기도를 드리려고 산에 올라 간다(출 32:30). 이 때 며칠을 산에 있었는지와 금식 여부에 대하여 출애굽기에는 아무 말씀도 없다. 다시 신명기를 보자.

"그리고 내가 전과 같이 사십 주 사십 야를 여호와 앞에 엎드려서 떡도 먹지 아니하고 물도 마시지 아니하였으니…"(신 9:18)

이렇게 모세는 40일을 금식하며 중보기도로 여호와 앞에 엎드려서 용서를 빌었던 것이다. 두 번째 40일 금식이다.

그리고 나서 모세는 또 다시 세 번째 40일 금식 하면서 십계명을 다시 받아 언약궤에 넣은 것이다(신 10:5). 어떻게 모세가 40일 금식을 3번씩 계속 하면서도 육체적으로 버틸 수 있었을까?

주의 큰 능력과 펴신 팔로 인도하심(신 9:29)을 믿으며, 하나님을 경외하여 그를 섬기며 의지하는 모세의 믿음(신 10:20)이 얼굴에 광채가 나게 한 것이다(출 34:29).

> 하나님과 가깝게 교제할 때 하나님께서 대면하며(신 34:10) 함께 하셨기 때문에 120일 금식을 한 모세는 120세까지 기력이 쇠하지 아니하였다(신 34:7).

035

5대 제사가
우리에게 주는
의미는?

"이는 번제와 소제와 속죄제와 속건죄와
위임식과 화목제의 규례라"(레 7:37)

하나님께서는 회막으로 모세를 부르시고 각종 제사법의 세부 지침을 주신다. 레위기 1장에서 7장까지 기록된 번제, 소제, 화목제, 속죄제, 속건제가 구약의 5대 제사이다.

이러한 제사는 헌신의 결단이나 봉사의 의지에 대한 고백과 찬양, 하나님과의 화목과 회복, 사죄의 간구, 회개와 배상 등으로 각각 요약 되나 기본적 본질은 인간의 죄를 용서 받고 하나님과의 바른 관계가 수립되기 위해서는 희생 제물의 피를 통한 속죄가 요청된다는 진리이다.

구약 시대의 제사법이 오늘날 우리와 무슨 관계가 있을까?

5대 제사에는 그리스도 사역의 예표적 의미와 우리가 취할 자세가 있음을 알 수 있다.

번제는 헌신과 복종을 의미하는데 이는 하나님을 향한 그리스도의 복종과 구속 사역을 위한 헌신과 겸손의 예표적 의미이다.

번제물은 하나님을 향한 사랑을 개인적으로 보여주는 방법이다. 번제는 신약 시대 예배의 기준이다.

소제는 봉사를 의미하는데 이는 그리스도께서 보여 주신 사역의 노고에 대한 예표적 의미이다.

곡물의 제사(소제)와 포도주의 제사(전제)로 표현되는 성품은 의로움, 순종, 근면 그리고 인내이다. 이것은 일상의 습관으로 하나님을 섬기는 방법이다. 매일같이 기도 드리는 것, 말씀을 읽고 묵상하는 것, 정기적으로 성만찬에 참여하는 것, 십일조를 드리는 것 등이다.

소제의 곡물은 예수님의 몸을, 전제의 포도주는 예수님의 피로 맺는 새 언약의 잔을 상징한다고 볼 수 있다. 소제의 목적은 삶의 필요를 거룩하게 채우시는 하나님께 감사하며 예배 드리는 것이다.

화목제는 화평과 평안을 의미하는데 이는 그리스도께서 이루시고자 하는 구속 사역의 최종 목적이다. 제사장과 제물을 가져온 사람이 함께 먹을 수 있는 유일한 제사다. 화목제가 상징하는 것은 친밀함, 풍성한 사랑, 감사, 관대함이다.

속죄제는 대속의 의미인데 이는 그리스도께서 죄인의 구원을 위하여 행하신 사역의 본질이다.

속건제는 충족과 만족의 의미인데 이는 그리스도 사역의 결과 성취된 하나님의 공의가 충족되는 예표적 의미이다.

속죄죄와 속건죄는 의무적으로 드려야 하는 회개, 대속, 씻음, 회복, 상환의 의미를 지닌다.

> 구약의 제사제도를 이해하는 열쇠는 '하나님을 사랑하는 방법'이다.
> 신약에서 말하는 제사는 날마다 예수님과 동행하는 예배의 삶이다.
> "… 너희 몸을 하나님이 기뻐하시는 거룩한 산 제물로 드리라 이는 너희가 드릴 영적 예배니라"(롬 12:1)

036

초막절에 드리는 제물의 숫자가 갖는 의미는?

"이스라엘 자손에게 말하여 이르되 일곱째 달 열닷샛날은 초막절이니 여호와를 위하여 이레 동안 지킬 것이라"(레 23:34)

7월 15일부터 7일간 초막절을 지키라는 말씀이다.

초막절은 이스라엘 자손들이 애굽 땅에서 나와 가나안을 향해 가면서 초막에 거주하던 일을 기억하게 하는 절기이다(레 23:43). 초막절을 수장절(출 23:16) 또는 장막절이라고도 부른다. 감람나무, 포도 등 토지 소산 거두기를 마치고 나서 초막절 행사에 들어간다(레 23:39).

토지 소산 거두기를 마쳤으니 하나님께 대한 감사가 넘칠 것이다. 이렇게 감사하는 마음을 갖고 초막절 행사를 시작하는 것이다. 7일 동안 화제를 드린다.

"너희 번제로 여호와께 향기로운 화제를 드리되 수송아지 열세 마리와 숫양 두 마리와 일 년 된 숫양 열네 마리를 다 흠 없는 것으로 드릴 것이며"(민 29:13)

둘째 날에는 수송아지 12마리와 숫양 2마리와 일 년 되고 흠 없는 숫양 14마리를 드린다. 수송아지 숫자는 매일 한 마리씩 줄어들면서, 일곱째 날에는 수송아지 7마리와 숫양 2마리와 일 년 되고 흠 없는 숫양

14마리를 드린다. 그리고 매일 숫염소 한 마리를 이에 더하여 속죄제로 드린다. 이렇게 드리는 제물의 숫자가 갖는 의미는 무엇일까?

수송아지는 모두 70마리, 숫양은 14마리, 일 년 된 숫양은 98마리, 숫염소는 7마리를 하나님께 드린다. 이들 숫자는 모두 7의 배수이다. 물론 7일 동안 드리는 짐승의 숫자도 모두 189마리로 7의 배수이다.

성경에서 숫자 7은 완전수이다. 수송아지 숫자가 13마리에서 한 마리씩 줄어들어 7마리, 완전 수로 된다. 완전을 향하여 나아가는 의미가 있다. 7일이나 7년은 모든 일을 완전하게 잘 마치고 안식하는 날이다.

초막절 기간 동안 제사장은 매일 아침 제단에 물을 붓는다. 이는 광야 생활 중 물이 없을 때 하나님께서 반석에서 생수를 주신 것의 기념이다.

예수님께서도 초막절 명절 끝날 곧 큰 날에 생수의 강 즉 성령님 이야기를 하셨다(요 7:37-39). 초막절은 예수님께서 모든 사역을 마치고 천국을 완성하심을 예표하는 절기이다. 솔로몬 왕이 성전을 봉헌한 날도 초막절이었다(왕상 8:2).

유대인들은 매년 초막절이 되면 자기집 베란다나 야외에 초막을 짓고 그 속에서 살면서 이 날을 기념한다. 그리고 마지막 날에는 물을 쏟아 붓고 초막을 허문다.

💬 그들은 초막절 마지막 날 '큰 구원의 날'에 메시야가 오실 것이라고 믿고 있다.

037

희년 제도는 지켜지고 있는가?

"너희는 오십 년째 해를 거룩하게 하여 그 땅에 있는 모든 주민을 위하여 자유를 공포 하라 이 해는 너희에게 희년이니 너희는 각각 자기의 소유지로 돌아가며 각각 자기의 가족에게로 돌아갈지며"(레 25:10)

하나님께서 희년에 대해 자세히 말씀하신다(레 25:8-55).

7년마다 안식년인데 이 안식년 7번 즉 49년 다음해가 희년이 된다.

희년은 돌아가는 기쁨의 해이다. 각각 자기 기업으로, 가족에게로 돌아가는 해이다. 그리고 땅도 하나님께로 돌아가는 해이다.

이런 기쁨의 희년 제도가 지켜지고 있는가?

희년은 자기가 유산으로 받은 땅을 팔았다면 무르기가 가능하며(본인이 능력이 안되면 가까운 친척이 대신 무르기 한다), 저마다 가족에게로 돌아가는 해이다. 물론 토지도 쉬는 해이다.

"너희 기업의 온 땅에서 그 토지 무르기를 허락할지니"(레 25:24)

"… 희년에 이르러는 그와 그의 자녀가 자유하리니"(레 25:54)

"그 오십 년째 해는 너희의 희년이니 너희는 파종하지 말며 스스로 난 것을 거두지 말며 가꾸지 아니한 포도를 거두지 말라"(레 25:11)

그러나 이 좋은 제도를 이스라엘 백성들은 한 번도 지키지 않았다. 종들을 풀어주지 않았고, 토지를 쉬게 하지 않았다.

이 때문에 그들이 바벨론으로 포로로 잡혀갔고 이스라엘 땅은 황폐화되어 강제로 쉼을 얻게 된 것이라고 역사가들은 말한다.

예수님께서 희년을 회복하러 오셨다.

"주의 성령이 내게 임하셨으니 이는 가난한 자에게 복음을 전하게 하시려고 내게 기름을 부으시고 나를 보내사 포로 된 자에게 자유를, 눈 먼 자에게 다시 보게 함을 전파하며 눌린 자를 자유롭게 하고 주의 은혜의 해를 전파하게 하려 하심이라 하였더라"(눅 4:18-19)

예수님의 메시야 취임사는 구약 이사야서 61장 1,2절 말씀을 인용하셔서 '은혜의 해' 즉 희년을 이루시려고 오셨다고 하신다.

이스라엘 사람들 중에는 빚을 탕감해 주고 하면서 희년 제도를 지켜보려고 노력하는 사람들도 있다고 한다. 이스라엘 땅은 모두 국가 소유이기 때문에 오늘날 토지 무르기는 큰 문제가 되지 않고 있다.

모든 기업의 주인은 하나님이시다. 우리는 그 기업을 소유하는 것이 아니라 단지 사용하는 것이다. 주님은 내가 가진 모든 것 되신다. 우리의 영원한 기업이시다.

💬 "내 심령에 이르기를 여호와는 나의 기업이시니 그러므로 내가 그를 바라리라 하도다"(애 3:24)

038

아론의
축도란?

"여호와는 네게 복을 주시고 너를 지키시기를 원하며 여호와는 그의 얼굴을 네게 비추사 은혜 베푸시기를 원하며 여호와는 그 얼굴을 네게로 향하여 드사 평강 주시기를 원하노라 할지니라 하라"(민 6:24-26)

위 축복은 제사장인 아론과 그의 아들들이 이스라엘 자손을 위하여 축복할 것을 말씀하신 내용이다. 제사장의 축복이지만 일반적으로 아론의 축복이라고 불린다.

예배를 마무리하면서 성도들은 고린도후서 13장 13절 말씀으로 목사님 축도를 받는다. 이때 아론의 축복으로 축도하여도 무방하다고 한다.

히브리어로 기록된 아론의 축복 3행시는 보기에도 아름답다.
24절 말씀이 3단어
25절 말씀이 5단어
26절 말씀이 7단어로 되어있다.
모두 합하면 15단어이다. 2단어씩 증가하는 것은 하나님 자녀들을 향한 하나님의 복이 점점 더 크게 확장되어 간다는 것을 시각적으로 청각적으로 느끼게 해준다.

여호와란 주어가 한번만 나와도 문장상 의미가 있는데도 불구하고 각행마다 여호와란 주어가 반복됨으로 축도가 제사장에 의해 선포되지만 복을 주시는 궁극적인 주체는 바로 여호와 되심을 3중으로 강조하고 있음을 알 수 있다.

또한 삼위 하나님의 복 주심이 완전하게 그리고 충만하게 이루어질 것을 나타내고 있다.

사용된 총 단어 수 15에서 3번 쓰인 여호와를 제외하면 12단어가 되는데 이는 이스라엘 12지파를 상징한다고 본다. 여호와의 복은 이스라엘 모든 지파에게 빠짐없이 부어질 것을 강하게 암시하고 있다.

여호와의 복 주심도 첫 행에서는 '복'이라는 포괄적이며 추상적인 용어가 사용되었으나, 두 번째 행에서는 '그의 얼굴을 네게 비추사…' 라는 구체적인 용어가 사용되어 복을 받을 사람에게 깊은 관심을 갖고 집중하여 은혜를 베풀어 주신다고 표현한 것이다.

그리고 마지막 세 번째 행에서는 '그 얼굴을 네게로 향하여 드사…'란 표현으로 복을 내리시는 하나님의 순간적 동작까지 실감나게 묘사하고 있다.

💬 여호와 하나님께서는 일회적인 복을 주시는 것이 아니라 일순간도 멈추지 않고 복을 주시며, 계속해서 환하게 비추시며, 계속해서 당신의 백성들을 향하여 얼굴을 드시는 지속적인 복을 점진적으로 더 크게 주신다.

039

모세를 비방하다 왜 미리암만 나병에 걸렸나?

"구름이 장막 위에서 떠나갔고 미리암은 나병에 걸려 눈과 같더라 아론이 미리암을 본즉 나병에 걸렸는지라"(민 12:10)

모세의 누이 미리암이 나병에 걸린 사건이다.

구약에서 미리암이라는 이름은 신약의 마리아와 같은 이름이다.

미리암이 아론과 같이 모세를 비방하다 혼자만 나병에 걸렸다.

"모세가 구스 여자를 취하였더니 그 구스 여자를 취하였으므로 미리암과 아론이 모세를 비방하니라"(민 12:1)

미리암과 아론이 모세를 사랑으로 걱정하고 충고한 것이 아니라 모세를 비방한 일로 하나님께서 진노하시고 미리암에게 나병이 생긴 것이다. 왜 미리암만 나병에 걸렸을까?

이에 대한 대답은 간단하다.

히브리어 성경을 보면 된다.

히브리어에는 동사의 변화가 있어서 동사만 보아도 누구의 행동인지 알 수 있다.

내가, 너(남자)가, 너(여자)가, 그들(남자)이, 그들(여자)이 이렇게 5가지 동사 변화는 행동의 주인공이 누구인지를 알려 준다. 즉, 동사에는 인칭과 성이 동시에 나타나 있는 것이다. 물론 완료냐 미완료냐 하는 시제와 수동태 능동태 등 여러 가지 변화도 같이 포함하고 있다.

따라서 '비방했다'의 행동이 어떤 형태의 동사를 취했느냐를 보면 누가 비방했는지를 알 수 있다.

히브리어 성경은 '여성 단수' 형태로 기록되어 있다. 이는 미리암이 모세를 원망한 것이다. 당시에 모세를 원망한 것은 곧 하나님을 원망한 것이 되므로 하나님께서 미리암에게 나병으로 벌을 주신 것이다.

미리암이 주도적으로 원망했음을 알 수 있는 또 하나의 단서는 민수기 12장 1절의 비방한 사람들의 이름에서 미리암이 제사장 아론보다 더 먼저 기록된 것이다.

모세 미드라쉬에는 미리암만 나병에 걸린 것이 아니라 아론도 잠시 나병에 걸렸다가 곧 나았다고 전하고 있다. 마치 모세가 시내 산에서 애굽으로 들어가 이스라엘 자손을 구하라는 하나님의 명령을 듣고 주저 주저하다가 하나님께서 이적을 베풀어 모세의 손에 잠시 나병이 생겼다가 본래의 살로 되돌아온 것과 같은 이야기이다.

"여호와께서 또 그에게 이르시되 네 손을 품에 넣으라 하시매 그가 손을 품에 넣었다가 내어보니 그의 손에 나병이 생겨 눈 같이 된지라" (출 4:6)

우리말 성경에 나병으로 번역된 것은 '감염성을 지닌 악성 피부병의 상처' 즉 '악성 피부병'이라고 하는 것이 더 정확한 표현이라고 본다.

> 💬 이렇게 보면 모세, 아론, 미리암 모두 악성 피부병에 걸린 경험을 갖고 있는 것이다.

040

제비 뽑기는
어떻게 하나?

"오직 그 땅을 제비 뽑아 나누어 그들의 조
상 지파의 이름을 따라 얻게 할지니라"(민
26:55)

가나안 땅을 정복하고 나서 그 땅을 12지파가 제비를 뽑아 나누어 가
지라는 말씀이다. 성경에 제비 뽑기가 처음 나오는 장면은 대속죄일에
두 마리 염소 중 광야로 보낼 염소를 결정하는데 제비를 뽑는다는 기록
이다(레 16:8).

아사셀 염소를 정할 때 어떤 방법으로 제비를 뽑아 결정했을까?

대제사장이 입는 에봇 위에 우림과 둠밈이 들어있는 흉패를 붙였다.

"흉패를 붙이고 흉패에 우림과 둠밈을 넣고"(레 8:8)

우림은 '빛'이라는 뜻이고 둠밈은 '온전함'이라는 뜻이다.

이들은 매끈한 돌이나 이와 유사한 모양으로 검정색과 흰색으로 구
별된다. 아마도 흰색을 뽑으면 긍정으로, 검정색을 뽑으면 부정으로 간
주했을 것이다.

모세가 여호수아를 후계자로 세울 때에도 여호와께서는 여호수아가
제사장의 우림의 판결로 여호와께 물으라고 말씀하셨다(민 27:21).

그러나 사울 왕이 여호와께 우림으로 물을 때에는 여호와께서 대답
하지 않으셨다(삼상 28:6).

아사셀 염소는 우림과 둠밈으로 제비를 뽑았을 것이다.

그러면 땅 분배 때는 어떻게 제비를 뽑았을까?

대제사장의 에봇에 있는 흉패에는 이스라엘 12지파의 이름을 새긴 12개의 보석이 달렸다(출 28:21).

분배할 땅을 정하고 흉패를 갖고 여호와께 물으면 그 땅을 가질 지파의 이름이 있는 보석이 반짝반짝 빛났다고 한다. 흉패에 있는 보석마다 지파 이름이 새겨있으니까 그 이름대로 땅을 분배한 것이다.

세례 요한의 아버지 사가랴처럼(눅 1:9) 성소에 들어가는 제사장을 제비 뽑을 때는 또 다른 방법을 활용했다고 한다.

제사장들이 원을 그리고 선 후에, 리더 제사장 옆에 선 제사장이 적당한 숫자를 임의로 부른다. 그와 동시에 모든 제사장들은 손가락으로 하나 또는 둘을 표시한다. 리더 제사장 반대쪽 옆에 선 제사장부터 수를 1부터 2, 3, 4… 하며 세어 가는데, 자기가 표시한 손가락 수만큼 숫자를 연이어 세어가는 도중에 앞서서 말한 숫자와 동일한 숫자를 세게 된 제사장이 제비에 뽑히는 방법이다.

처음에 숫자 15를 불렀다면 손가락을 한 개 표시한 제사장은 1이라고 하고, 그 다음 제사장이 손가락을 두 개 표시했다면 2, 3이라고 숫자를 두 번 센다. 그 다음 제사장도 자기가 표시한 손가락 수만큼 숫자를 증가 시켜 나간다. 그러다가 15를 세게 된 제사장이 뽑히는 것이다.

💬 "제비는 사람이 뽑으나 모든 일을 작정하기는 여호와께 있느니라"(잠 16:33)

97

041

십계명이란 단어가 성경에 있나요?

"여호와께서 그의 언약을 너희에게 반포하시고 너희에게 지키라 명령하셨으니 곧 십계명이며 두 돌판에 친히 쓰신 것이라"(신 4:13)

십계명이 성경 어디에 있느냐고 물어 보면 찬송가 제일 뒤에 있다고 대답하는 사람들도 있다. 물론 거기에도 십계명이 기록되어 있다. 그리고 주기도문과 사도신경은 성경 제일 앞에 있다.

십계명은 출애굽 한 이스라엘 백성들에게 하나님께서 두 개의 돌판에 직접 기록하여 모세를 통하여 주신 계명이다.

십계명의 내용은 출애굽기 20장에 있다. 10계명의 10하고 두 개의 돌판 2를 곱하면 20이 된다고 기억해 두면, 십계명이 출애굽기 20장에 나온다는 사실이 쉽게 기억된다.

십계명은 신명기에도 기록되어 있다. 가나안 땅에 들어갈 출애굽 2세의 이스라엘 백성들에게 하나님께서 이스라엘 백성과 맺은 언약이 무엇인지를 회상 시키는 모세의 두 번째 설교에 십계명에 대한 내용이 있다.

98

신명기에는 출애굽 과정이 요약되어 있다. 따라서 10계명을 반으로 요약 한다는 의미로 2로 나누면 5가 되는데, 이를 기억하여 신명기 5장에 십계명이 나온다고 하면 된다.

그런데 '십계명'이란 단어가 히브리어 성경에는 없다.

우리말 성경에는 십계명이란 단어가 출애굽기 34장 28절, 신명기 4장 13절, 신명기 10장 4절 이렇게 3번 나온다. 이 3구절의 말씀을 히브리어 성경에서는 모두 '열 마디 말씀'으로 표현하고 있다.

계명이란 단어가 있는데도 불구하고 하나님께서 사랑의 말씀으로 주셨는데 우리는 이것을 계명이라는 무거운 짐으로 생각하고 있다.

우리들은 십계명에 워낙 익숙하여 제1계명, 제2계명 하면서 성경에 구분되어 있는 단락에 따라 외우고 있는 것이다.

그런데 문제는 우상을 만들지 말라는 제2계명이다.

가톨릭에서는 이 계명을 제1계명에 붙여버렸다. 성모 마리아 상도 있고 많은 성인들의 상을 만드는 것이 우상을 만들지 말라는 계명에 저촉된다고 생각하여서 인지 제2계명을 독립된 계명으로 하지 않는다. 우리의 제3계명은 그들은 제2계명이 되고, 순차적으로 한 계명씩 차이나게 나간다. 그리고 제일 마지막 10계명을 가톨릭에서는 두 개의 계명으로 분리시켜서 10가지 계명을 만든 것이다.

십계명은 하나님께서 약속을 지키시겠다는 하나님의 은혜이다.

🗨 하나님의 백성들이 하나님을 사랑하는 방법 '열 마디 말씀'을 하나님께서 주셨다. 하나님을 바르게 사랑하는 원리를 깨달아 하나님 안에서 진정한 자유를 누리며 살아가야 한다.

042

유대인 자녀의 성년식은 어떻게 치르나?

"네 자녀에게 부지런히 가르치며 집에 앉
았을 때에든지 길을 갈 때에든지 누워 있을
때에든지 일어날 때에든지 이 말씀을 강론
할 것이며"(신 6:7)

유대인의 아버지는 자녀 교육을 아버지로서의 제일 가는 의무로 생
각한다. 특히 자녀들에게 말씀을 부지런히 가르친다.

유대인들은 자녀의 나이 4세부터 13세까지 모세오경을 외우게 한다.
10명 중 5명은 전부 다 외운다. 외우고 나면 묵상을 하게 한다. 묵상하
려고 하면 외우게 되어 있다. 말씀이 들어가면 의식화가 되고 마음에
새겨서 변화가 일어난다. 말씀의 의식화로 변하게 된다. 모세 5경을 다
외우게 되면 시편을 외우고 하면서 구약 전체를 암기하는 유대인들도
10%이상은 된다고 한다.

유대인이 된다는 것은 자녀들을 말씀의 아들로 만든다는 의무가 있
다고 생각하는 것이다. 이렇게 그들은 3천 5백 년 동안 말씀을 전수해
왔다.

자녀가 13세가 되면 성년식을 치른다. 성년식을 어떻게 치를까?

성년식을 하기 위해 아버지는 자녀를 데리고 회당에 가서 모세 5경을

외우게 하고 일가 친척들로부터 축하를 받게 한다. 이 때 참석자들이 축의금을 주는데 이 돈은 잘 저축하였다가 이 아이가 청년이 될 때 사업 미천으로 활용한다. 성년식 때부터 경제 개념을 심어주고 나중에 자립할 수 있는 기반을 마련해 주는 것이다.

만일 자녀가 모세 5경을 외우지 못한다면 회당에 갈 수 없으니까, 아버지가 자기 집 목욕탕에서 성년식을 거행한다.

유대인의 성인식은 진정한 하나님의 사람이 되는 예식이다.
진정한 유대인 부모의 사명은 말씀 전수이다.
유대인의 말씀 전수는 집에 앉았을 때든지(쉴 때라도), 길을 갈 때든지(일할 때도), 누워 있을 때든지(잠잘 때도), 일어날 때든지(이른 아침에도) 항상 부지런히 가르쳐서 말씀이 마음 판에 새겨지도록 하는 것이다.

💬 "또 아비들아 너희 자녀를 노엽게 하지 말고 오직 주의 교훈과 훈계로 양육하라"(엡 6:4)

043

테필린은
누가
만드나?

"너는 또 그것을 네 손목에 매어 기호를 삼
으며 네 미간에 붙여 표로 삼고"(신 6:8)

"이스라엘아 들으라"로 시작하는 신명기 6장 4절 이하의 말씀을 쉐
마라고 한다.

쉐마는 이스라엘 자녀들이 제일 먼저 배우는 성경 말씀이다.

쉐마 다음에 전도서를 배우고 그리고 창세기로 간다.

테필린은 기도할 때 사용하는 기도복이다. 손목에 매는 테필린에는
네 마디 말씀을 한 장에 기록하지만, 미간에 붙이는 테필린에는 말씀을
넣는 상자 속에 네 개의 작은 칸이 있어서 각각의 칸에 다음과 같은 네
가지 말씀을 넣는데 말씀 마다 갖는 주제가 있다.

첫 번째 말씀은 출애굽기 13장 1절에서 10절로 구원의 말씀이다.
Salvation(구원)이다.

두 번째 말씀은 출애굽기 13장 11절에서 16절로 봉헌의 말씀이다.
Offering(드림)이다.

세 번째 말씀은 신명기 6장 4절에서 9절로 섬김의 말씀이다.
Serving(섬김)이다.

네 번째 말씀은 신명기 11장 13절에서 21절로 축복의 말씀이다. Blessing(축복)이다.

이 네 마디 말씀을 영어의 약자로 보면 "SOS를 치면 Blessing이 온다" 이다. 무슨 일을 당하든지 우리를 구원해 주신 하나님께 봉헌하고 섬기면 축복이 온다는 말씀이다. 애굽의 종살이에서 구원해 주신 하나님께 감사하며 초태생은 하나님 것입니다 하는 고백과 함께 섬길 때 하나님께서 복을 주신다.

테필린 가격은 천차만별이다. 우리나라 전통 공예 작품과 같이 누가 만들었느냐에 따라 가격이 달라진다. 테필린은 제사장 가문에서만 만들 수 있는데 그 중에도 어느 지파가 만들었느냐에 따라 값이 달라지며 특히 제사장이 안수한 테필린의 가격은 더욱 값진 제품이 된다. 한 개의 테필린을 만드는데 몇 주가 걸린다. 현재 테필린을 만들 수 있는 제사장 후예는 손 꼽을 정도라고 한다. 다만, 교육용이나 장식용으로 일반인을 위한 모조품은 쉽게 구할 수 있다.

테필린을 왜 손목에 먼저 매고 그 다음에 미간에 붙이라고 하셨나?
사실 테필린을 미간에 붙이고 그 다음에 손목에 매면 좀 편하다. 그러나 손목에 먼저 매고 그 다음에 미간에 붙이려면 행동하기가 매우 거북하다. 그럼에도 불구하고 하나님께서는 손목에 먼저 매라고 하셨다.

💬 즉, 머리로 아는 지식보다 손으로 행하는 실천이 더욱 중요하다는 것이다. 말로만 믿는다고 말하는 것이 아니라 행동으로 보여주는 것이 신앙이다.

044

613가지 계명은 무엇인가?

"보라 내가 오늘 생명과 복과 사망과 화를 네 앞에 두었나니"(신 30:15)

하나님께서 생사화복을 주관하신다.

사망과 화를 면하고 생명과 복의 축복을 받기 위해서는 하나님의 계명을 잘 지켜야 한다.

유대인들은 성경에서 613가지 계명을 찾았다.

'하라'는 계명이 248가지, '하지 말라'는 계명이 365가지 이다.

이들 계명은 과연 어떤 것일까?

'하라'는 계명은 긍정의 법 조항들이다.

첫 계명을 창세기 1장 28절에서 시작한다.

"하나님이 그들에게 복을 주시며 하나님이 그들에게 이르시되 생육하고 번성하여 땅에 충만하라…"(창 1:28)

문화 명령이라고 한다. 또한 인류는 결혼에 의해 유지되어야 한다는 명령이다.

'하라'는 계명은 하나님, 토라, 성전, 제사장, 제사, 서원, 정결, 안식년, 절기, 가족 및 공동체 생활 등에 대한 계명들을 포함한다.

'하지 말라'는 계명은 창세기 32장 32절에서 시작한다.

"…이스라엘 사람들이 지금까지 허벅지 관절에 있는 둔부의 힘줄을 먹지 아니하더라"(창 32:32)

야곱은 고향으로 돌아 오는 길에 브니엘에서 천사와 씨름 하다가 허벅지 관절이 어긋나버렸다(창 32:25). 이 사건으로 말미암아 유대인들은 환도뼈 큰 힘줄을 먹지 못한다.

'하지 말라'는 계명은 우상 숭배, 성전, 제사장, 음식, 나실인, 농사, 재판, 성관계 등에 대한 계명들이 포함 되어있다.

유대인들은 우리 몸에 248개의 뼈마디가 있다고 하여 '하라'는 명령은 뼈마디를 움직여서 명령을 수행하라는 것으로 생각하였다. 그리고 우리 몸에는 숨길, 핏길, 대소변길 등 365개의 길이 있는데 이 길들이 막히면 안되니까 365개의 '하지 말라'는 계명이 주어졌다고 풀이한다.

유대인들이 입고 다니는 겉옷에는 술을 다는데(민 15:38-39) 이는 613개 가닥으로 되어 있다. 이렇게 하는 이유는 하나님과 언약관계에 있는 거룩한 백성으로서 613계명을 기억하며 죄를 짓지 않게 하기 위함이다.

613계명은 구전으로 내려오는 계명이 아니다. 대부분의 명령들이 출애굽기, 레위기, 신명기에 있지만 민수기에 있는 명령도 있다.

이 613계명이 10계명으로 압축되고 10계명을 다시 '하나님 사랑'과 '이웃 사랑'(막 12:30-31)으로 예수님께서 요약하셨다. 그리고 이 모든 계명은 '사랑'이라는 하나의 계명으로 대표된다.

💬 "새 계명을 너희에게 주노니 서로 사랑하라 내가 너희를 사랑한 것 같이 너희도 서로 사랑하라"(요 13:34)

045

야살의
책이란
어떤 책일까?

"태양이 멈추고 달이 멈추기를 백성이 그 대적에게 원수를 갚기까지 하였느니라 야살의 책에 태양이 중천에 머물러서 거의 종일토록 속히 내려가지 아니하였다고 기록되지 아니하였느냐"(수10:13)

아모리 족속 다섯 왕들의 군대와 싸울 때에 여호수아는 외쳤다.

"…태양아, 기브온 위에 머물러라! 달아, 아얄론 골짜기에 머물러라!"(수 10:12 새번역)

이에 태양이 거의 하루 종일 중천에 머물렀기 때문에 여호수아 군대가 하나님의 도우심으로 아모리 족속에게 큰 승리를 얻을 수 있었다는 이야기가 야살의 책에 기록되어 있다고 한다.

또한 다윗 왕은 사울과 그의 아들 요나단의 죽음을 슬퍼하여 조가를 지었는데 그것을 '활 노래'라하고 야살의 책에 기록하였다(삼하 1:18).

이런 이야기가 기록되어 있는 야살의 책은 어떤 책일까?

야살의 책은 '의로운 자의 책'이라 하여 이스라엘 역사상 의로운 자들의 행실이 적혀있는 책이다. 이 책은 지금 전해지지 않지만 이스라엘 역사 속에서 여러 시대에 걸쳐 기록되고 전해져 내려왔기 때문에 이스라엘 사람들은 잘 알고 있는 내용이라고 한다.

미리암의 노래(출 15:21), 드보라의 노래(삿 5장), 솔로몬 왕의 성전 봉헌식사(왕상 8:12-13) 등도 기록되어 있었다고 한다.

여호수아가 태양을 멈춘 이야기와 함께 흥미로운 이야기가 전해지고 있다. 우주선 달 착륙 작업을 시작한 1960년대에 NASA의 과학자들이 우주선의 탄도궤적을 계산하였다. 그들은 지금부터 100년 전은 물론 1,500년 전의 태양, 달, 그리고 별들의 위치를 컴퓨터로 추적하였는데 연대기적으로 하루에 해당하는 시간을 잃어버린 사실을 발견하였다.

이들은 여호수아가 태양을 멈추게 하였다는 성경 기록을 염두에 두었으나 여호수아서에는 거의 하루 종일이라 하였으므로 잃어버린 하루하고는 조금 차이가 나는 것이었다. 그러나 또 다른 성경 말씀을 찾아보다가 히스기야 왕 시대에 해 시계의 그림자가 십도 뒤로 물러갔다는 기록을 만났다(왕하 20:11). 십도는 40분이다. 즉 낮의 길이가 40분 길어진 것이다. 이 40분하고 여호수아 때의 거의 종일토록을 합하면 잃어버린 하루가 된다.

NASA의 이야기가 진실이 아니다는 이야기도 많이 떠 돌고 있고, 해와 달이 머물렀다는 것은 아모리 족속의 수호신인 해와 달이 꼼짝 못했다는 표현이라고 주장하는 사람들도 있다. 하지만 당시의 바벨론 방백들이 히스기야 왕에게 일어났던 기적들에 대해 물었다는 말씀과(대하 32:31), 이스라엘 반대편에 있는 뉴질랜드나 멕시코에서도 밤의 길이가 길어진 날이 있었다는 전설을 우리는 무시할 수 없다.

💬 "날아가는 주의 화살의 빛과 번쩍이는 주의 창의 광채로 말미암아 해와 달이 그 처소에 멈추었나이다"(합 3:11)

107

046

여러 민족의 어머니는 사라인데 이스라엘의 어머니는?

"그 때에 랍비돗의 아내 여선지자 드보라가 이스라엘의 사사가 되었는데 그는 에브라임 산지 라마와 벧엘 사이 드보라의 종려나무 아래에 거주하였고 이스라엘 자손은 그에게 나아가 재판을 받더라"(삿 4:4-5)

사사기는 이스라엘의 왕정시대가 시작되기 전에 이스라엘을 다스리던 재판관들의 이야기인데, 여기서는 여선지자 드보라가 사사로 등장하는 장면이다. 드보라라는 이름은 창세기 35장에 처음 등장한다.

"리브가의 유모 드보라가 죽으매 그를 벧엘 아래에 있는 상수리나무 밑에 장사하고 그 나무 이름을 알론바굿이라 불렀더라"(창 35:8)

리브가가 이삭의 아내가 되기 위해 메소포타미아 집을 떠날 때 동행하였던 유모(창 24:59)의 이름이 드보라이다. 아마도 리브가는 형을 피해 도망쳐서 고향집에 가 있는 야곱에게 유모 드보라를 보내서 형 에서의 동향을 알려 주었고 이제는 고향으로 돌아와도 좋겠다는 전갈을 갖고 야곱한테 갔었을 것이다. 그리고 야곱이 라반의 집을 떠나 집으로 돌아 오는 길에 드보라가 벧엘에서 죽자 야곱이 그녀를 장사한 것이다.

사사기에 나오는 드보라는 종려나무 아래에서 재판을 하였는데 이는 여성이기 때문에 집안에서 사람들을 만나기 보다는 공개적인 자리에서 공평하게 재판하기 위해서였다고 본다. 사람들은 드보라가 앉아서 재판하던 그 나무를 드보라의 종려나무라고 불렀다.

당시 이스라엘 자손은 여호와 보시기에 악한 일을 저지르고 있었기에 여호와께서는 철로 만든 전차 900대를 가진 가나안 족속의 왕 야빈과 그의 군대장관 시스라를 통해 20년 동안이나 이스라엘 자손들이 큰길로 다니지 못하고 이들을 피하여 오솔길로 다닐 정도로(삿 5:6) 가나안 족속들에게 심한 학대를 하게 하셨다.

이스라엘 자손들이 여호와께 회개하고 울부짖었더니, 여호와께서 여성 사사 드보라를 통해 이스라엘 자손에게 평화를 찾게 하신다.

여성 사사가 일으킨 싸움을 또 다른 여성인 헤벨의 아내 야엘이 마무리한다. 야엘은 자기 천막으로 도망쳐 온 시스라를 따뜻이 맞이하여 안심 시키고, 물을 달라는 시스라에게 우유를 주는 지혜를 발휘한다. 물보다는 우유가 전쟁에 지친 시스라를 더 빨리 잠들게 하기 때문이다. 잠이 든 시스라를 죽이기 위해 천막용 쐐기 못과 망치를 들고 천막 안으로 들어 간다. 만일 시스라가 깬다면 그녀는 천막을 정비하려고 한다는 핑계를 댈 수 있도록 주도 면밀한 준비를 한 것이다.

시스라가 여인 야엘의 손에 죽고 여성 사사 드보라의 지휘아래 가나안 왕 야빈이 멸망을 당하자, 드보라는 다음과 같은 노래를 불렀다.

"이스라엘에는 마을 사람들이 그쳤으니 나 드보라가 일어나 이스라엘의 어머니가 되기까지 그쳤도다"(삿 5:7)

💬 여러 민족의 아버지 아브라함(창 17:5)의 아내 사라는 여러 민족의 어머니(창 17:16)이지만, 여성 사사 드보자는 이스라엘의 어머니였다.

047

사사 입다는 자기 딸을 제물로 정말 바쳤을까?

"내가 암몬 자손에게서 평안히 돌아올 때에 누구든지 내 집 문에서 나와서 나를 영접하는 그는 여호와께 돌릴 것이니 내가 그를 번제물로 드리겠나이다 하니라"(삿 11:31)

암몬 자손이 이스라엘을 치려 하자 사사 입다가 일어났다.

그는 전쟁에 나가기 전에 여호와께 서원을 한다. 암몬 자손을 무찌르고 승리해서 돌아 올 때에 자기 집에서 제일 먼저 자기를 반갑게 맞이하는 것을 여호와께 번제물로 드리겠다는 서원이다. 그런데 무남독녀인 그의 딸이 자기를 제일 먼저 영접하는 것이 아닌가.

사사 입다는 자기의 서원대로 자기 딸을 제물로 정말 바쳤을까?

성경은 입다가 서원한 대로 자기 딸에게 그렇게 행했다고 전한다(삿 11:39). 사사 입다가 서원한 대로 행한 것은 그의 딸을 번제물로 바쳤다는 의미라는 것이 전통적 해석이다.

그러나 다른 이야기도 전해진다. 하나님의 영을 받은 사사(삿 11:29)가 이방인들이나 하는 인신제사를 드렸을리가 만무하다는 주장이다.

하나님께서도 그런 서원은 받아들이지 않으셨을 것이다.

그대신 사사 입다는 그의 딸을 평생 성전 봉사하도록 하였다는 해석인데, 이는 사사 입다가 딸을 죽였다는 말이 성경에 나오지 않는다는 배경에 무게를 둔 것이다.

결혼하지 않고 죽는 것을 수치로 여겼던 당시에 처녀였던 자기 딸을 결혼시키지 않고 처녀인 상태로 성전에서 봉사하게 한 것만으로도 하나님께 번제물로 드린 것과 같은 행동으로 보아야 한다는 것이다.

그런데 사사 입다는 왜 경솔하게 그런 서약을 했을까?

외출했다가 집에 들어오면 누구보다 항상 제일 먼저 반기는 것은 집에서 기르는 송아지나 개나 낙타이다. 그것들이 주인을 알아보고 반갑게 맞이하니까, 사사 입다는 그렇게 자기를 좋아하는 것 중에서 제일 좋은 것으로 하나님께 드리려고 생각한 것이다.

그런데 그만 자기 딸이 제일 먼저 반갑게 마중 나오고 만 것이다.

아버지한테서 자초지종 이야기를 들은 딸은 다음과 같은 제안을 했다고 전해진다.

예전에 야곱은 형을 피하여 도망 가는 길에 하나님께서 평안히 돌아오게 해 주신다면 하나님께서 주신 모든 것에서 십분의 일을 하나님께 드리겠다고 맹세하였지만(창 28:22), 12아들 중 한 명도 하나님께 드리지 않았다. 다만, 그 중 한 아들 레위가 제사장 족속이 된 것이다. 따라서 나도 처녀의 몸으로 성전에서 봉사하면 될 것이라는 제안이다.

💬 하나님께서 사사 입다를 이 사건 후로도 6년이나 더 사사로 쓰신 것을 보면(삿 12:7) 인신제사로 드려진 것보다는 성전에서 처녀로 평생을 봉사하도록 한 것이라는 해석도 수긍이 간다.

111

048

나오미 가족이 모압 땅에서 망한 이유는?

"내가 풍족하게 나갔더니 여호와께서 내게 비어 돌아오게 하셨느니라 여호와께서 나를 징벌하셨고 전능자가 나를 괴롭게 하셨거늘 너희가 어찌 나를 나오미라 부르느냐 하니라"(룻 1:21)

룻기를 흔히 이민 갔다가 쫄딱 망한 가족 이야기라고 한다.

베들레헴에 살던 엘리멜렉이 그의 아내 나오미와 두 아들을 데리고 모압 지방으로 간다. 엘리멜렉이 죽자 두 아들을 결혼 시켰는데, 십 년 후에 두 아들 역시 죽고 만다.

결국 두 이방 며느리와 나오미 이렇게 과부 3명만 남게 되었다.

왜 이렇게 나오미 가족이 이국 땅에서 망하게 되었을까?

전승과 성경 말씀으로 상상해 보면 당시 나오미 가족은 베들레헴에서 풍족하게 살고 있었다.

"내가 풍족하게 나갔더니…"(룻 1:21)

베들레헴에 흉년이 들자 사람들이 나오미 가족에게 도와 달라고 귀찮게 하자 나오미 가족은 그들을 도와 주기는커녕 소유하고 있던 땅을 팔고 그 많은 돈을 갖고 이웃 모압 지방으로 간 것이다. 이렇게 이웃을

몰라라 하고 혼자만 살겠다고 도망친 결과가 결국은 비참한 신세가 되고 말았다.

베들레헴에 흉년이 지나고 하나님의 은혜로 다시 풍년이 들기 시작하였다는 소식을 나오미가 듣고는 모압 지방을 떠나 베들레헴으로 향하고자 한다.

"… 여호와께서 자기 백성을 돌보시사 그들에게 양식을 주셨다 함을 듣고 이에 두 며느리와 함께 일어나 모압 지방에서 돌아오려 하여"(룻 1:6)

고향으로 가겠다는 오르바를 뒤로 하고 나오미는 룻만 데리고 베들레헴으로 향하면서 자기 신세 한탄을 한다.

나오미는 자기를 차라리 마라라고 부르라고 한다.

나오미란 말은 희락이란 뜻이고 마라는 괴로움이란 뜻이다.

"나오미가 그들에게 이르되 나를 나오미라 부르지 말고 나를 마라라 부르라 이는 전능자가 나를 심히 괴롭게 하셨음이니라"(룻 1:20)

자비로우신 하나님께서는 이런 나오미 가족을 회복 시켜주신다.

고향으로 돌아 온 나오미의 며느리 룻이 기업 무를자 보아스를 만나 예수 그리스도의 계보에 올라갔다.

💬 하나님께서는 룻의 가정을 통해 메시아를 준비하고 계셨던 것이다.
"… 보아스는 오벳을 낳았고 오벳은 이새를 낳고 이새는 다윗을 낳았더라"(룻 4:21-22)

049

기도하기를 쉬는
죄를 범하지
않기 위해서는?

"나는 너희를 위하여 기도하기를 쉬는 죄
를 여호와 앞에 결단코 범하지 아니하
고…"(삼상 12:23)

사무엘 선지자는 기도하다 쉬는 것이 죄라고 말하고 있다.

엘리야 선지자가 기도하니 삼 년 육 개월 동안 땅에 비가 오지 아니하
고 다시 기도하니 하늘이 비를 주었다.

다니엘 선지자는 기도하면 죽는 줄 알면서도 하루에 세 번씩 기도했다.

사도 베드로는 오로지 기도하는 일과 말씀 사역에 힘쓰겠다고 하면
서 그 외의 일을 담당할 일곱 집사를 선출했다.

사도 바울은 '쉬지 말고 기도하라'(살전 5:17)고 권면하고 있다.

기도하기를 쉬는 죄를 범하지 않기 위해서는 어떻게 해야 될까?

고아의 아버지 조지 밀러(1805-1898)는 5만 번 기도 응답을 받았다
고 한다. 평생 동안 하루에 2번 꼴로 기도 응답을 받은 것이다. 당일 기
도가 응답된 것도 있지만, 다음날이나 1주일 후, 한 달 동안도 기도했
으며 어떤 기도는 30년 넘게 기도한 후 응답 받은 것이 있다고 하니 기
도의 사람 조지 밀러야 말로 쉬지 않고 기도한 것이다.

러시아의 순례자들은 쉬지 않고 기도하기 위해 '예수 기도'를 숨쉬는 호흡과 일치시키기도 하였다. 우리의 행동이 바뀔 때마다 자리를 옮길 때마다 순간순간 기도하는 습관을 생활화해 보자. 네가 무엇을 원하느냐는 왕의 질문에 답하기 전에 하늘의 하나님께 곧 묵도한 느헤미야처럼.

유대인들은 식사할 때도 기도를 여러 번 한다. 식사 전 기도는 물론 식사를 하면서 다른 반찬을 먹을 때 마다 순간적인 감사의 기도를 드리는 것이다. 물론 식사 후에도 감사 기도를 드린다. 가족 대표로 드리는 식사 후 기도는 아이들의 기도 훈련시간이 되기도 한다.

'총알 기도'나 '화살 기도'도 있다. 길을 지나다가 어떤 사고를 목격한다든지 하면 그 즉시로 기도 드리는 것이다. 어떤 사람으로부터 기도 부탁을 받을 때에도 나중에 기도 드리는 것이 아니라 그 즉시로 먼저 기도 드리고, 나중에 개인 기도시간에 또 다시 기도하면 된다.

기도는 영적 호흡이요 하나님과의 대화이다.

우리는 숨 쉬듯 하나님 아버지와 자연스럽게 대화할 수 있다.

숨을 멈출 수 없는 것처럼 기도도 멈출 수 없다.

성경 말씀이 우리에게 보내신 하나님의 러브레터라고 한다면, 기도는 우리가 하나님께 보내는 사랑의 편지이다. 사랑하는 사람을 한시도 잊을 수 없는 것과 같은 마음으로 하나님을 사랑한다면 우리는 한시도 기도하지 않고는 못 베길 것이다. 기도 하기를 쉬지 않는 죄를 범하지 않기 위해서 우리는 하나님을 더욱 사랑하는 마음을 가져야 한다.

💬 "하나님을 사랑하는 것은 이것이니 우리가 그의 계명들을 지키는 것이라…"(요일 5:3)

050

사울 왕은
동굴 속 다윗을
왜 찾지 못했을까?

"사울이 온 이스라엘에서 택한 사람 삼천 명을 거느리고 다윗과 그의 사람들을 찾으러 들염소 바위로 갈새"(삼상 24:2)

사울 왕은 다윗을 찾으러 3,000명을 데리고 엔게디 광야로 간다(삼상 24:1). 사울 왕이 뒤를 보러 들어 간 굴의 안쪽에 다윗이 숨어 있었다. 사울 왕이 발을 가리려고 굴에 들어 갔다고도 한다. 발을 가린다는 것은 곧 옷을 내리고 뒤를 보는 것이다.

그런 자세의 사울 왕 뒤에서 다윗이 겉옷 자락을 가만히 베었다. 겉옷 자락이란 옷단 귀에 달린 술(민 15:38)을 의미하기 때문에 칼로 살짝 베드라도 느끼지 못 할 수 있다. 옷단 귀에 달린 술만 베임을 당하고 만 사울 왕은 얼마 후에 또 다시 3,000명을 이끌고 다윗을 찾아 나선다.

"사울이 일어나 십 광야에서 다윗을 찾으려고 이스라엘에서 택한 사람 삼천 명과 함께 십 광야로 내려가서"(삼상 26:2)

다윗은 십 광야 앞 하길라 산에 숨어 있었다. 그 곳에도 굴이 많이 있어서 어느 굴에 다윗이 숨었는지 찾기가 힘들지만 3,000명이나 되는 군사를 동원하였는데도 사울 왕은 왜 두 번씩이나 다윗을 찾지 못하였을까?

116

굴 속에 들어갔지만 들킬 위기에 처한 다윗이 살아난 전설 같은 이야기가 있다. 한번은 다윗이 거미같이 아무 쓸데없는 피조물을 만드신 하나님의 지혜를 의심하는 듯한 말을 했다. 거미들은 단지 아무 가치도 없는 거미줄을 만드는 일만 하다가 거미줄에 걸리는 곤충만 잡아 먹는데 이것이 무슨 중요한 일이냐 하는 말이었다.

다윗이 동굴 속에 피신해 있었는데 사울 왕과 그의 부하들이 마침 다윗 일행이 숨어 있는 동굴로 들어와 그들을 막 찾아낼 순간이었다.

이 때 하나님께서는 거미를 보내어 굴 입구에 거미줄을 치게 하셨고, 거미줄을 본 사울 왕 일행은 거미줄 안에는 아무도 없을 것이라고 생각하고는 굴 속 수색을 하지 않은 것이다.

이렇게 해서 하나님께서는 어떤 미물이라도 당신이 만드신 것은 다 쓸모가 있다는 것을 다윗에게 증명해 보이신 것이다.

다윗은 사울 왕을 죽일 수 있는 기회가 두 번이나 있었지만, 한 번은 옷 자락만(삼상 24:4) 그리고 또 한 번은 사울 왕의 머리 곁에 있는 창과 물병만(삼상 26:11) 가지고 왔다. 여호와의 기름 부음을 받은 자를 치지 않겠다는 다윗의 마음이 사울 왕을 살렸듯이, 여호와의 기름 부음을 받은 다윗도(삼상 16:13) 하나님께서 지켜 보호해 주신 것이다. 굴속 깊이 숨어 있기는 하였어도, 어떤 경우에는 거미나 말벌을 사용하시기도 하고 어떤 경우에는 사울 왕이나 그 병사들의 눈을 가리기도 하시면서 하나님께서 다윗을 지켜 주셨다. 다윗은 이 은혜를 시편 54편으로 노래하고 있다.

💬 "하나님은 나를 돕는 이시며 주께서는 내 생명을 붙들어 주시는 이시니이다"(시 54:4)

051

다윗 왕은 기름 부음을 몇 번 받았는가?

"이에 이스라엘 모든 장로가 헤브론에 이르러 왕에게 나아오매 다윗 왕이 헤브론에서 여호와 앞에 그들과 언약을 맺으매 그들이 다윗에게 기름을 부어 이스라엘 왕으로 삼으니라"(삼하 5:3)

이스라엘에서는 제사장이나 왕 또는 선지자로 임명할 때 기름 부음의 예식을 갖는다. 이는 하나님에 의해 위임을 받았음을 의미한다.

제사장들을 위임하기 위하여는 특별하게 구별된 기름을 사용한다(출 30:22-33).

"너는 아론과 그의 아들들에게 기름을 발라 그들을 거룩하게 하고 그들이 내게 제사장 직분을 행하게 하고"(출 30:30)

왕을 위임할 때도 기름을 머리에 붓는다.

"이에 사무엘이 기름병을 가져다가 사울의 머리에 붓고 입맞추며 이르되 여호와께서 네게 기름을 부으사 그의 기업의 지도자로 삼지 아니하셨느냐"(삼상 10:1)

선지자에게도 기름을 붓는다.

"… 엘리사에게 기름을 부어 너를 대신하여 선지자가 되게 하라"(왕상 19:16)

다윗도 왕으로 택함을 받았다는 상징으로 당연히 기름 부음이 있었는데, 다윗은 이 기름 부음을 몇 번 받았을까?

다윗 왕은 기름 부음을 세 번 받았다.

첫 번째 기름 부음은 목동 다윗이 앞으로 왕이 될 것이라는 선택됨의 기름 부음이다.

"사무엘이 기름 뿔병을 가져다가 그의 형제 중에서 그에게 부었더니 이 날 이후로 다윗이 여호와의 영에게 크게 감동되니라…"(삼상 16:13)

두 번째 기름 부음은 다윗이 유다 족속의 왕이 되었을 때이다.

"유다 사람들이 와서 거기서 다윗에게 기름을 부어 유다 족속의 왕으로 삼았더라…"(삼하 2:4)

세 번째 기름 부음은 통일 이스라엘 왕으로서 기름 부음을 받았다.

사울 왕이 죽자 유다 사람들이 다윗을 유다의 왕으로 세웠다. 다윗 왕은 7년 6개월을 헤브론에서 다스렸다. 그러나 북쪽 이스라엘 지역은 사울왕의 후계자가 다스리고 있었다. 그러다가 이스라엘의 장로들이 다윗을 이스라엘 왕으로 삼은 것이다. 다윗 왕은 이 때 통일 이스라엘의 왕이 된 것이다.

"헤브론에서 칠 년 육 개월 동안 유다를 다스렸고 예루살렘에서 삼십삼 년 동안 온 이스라엘과 유다를 다스렸더라"(삼하 5:5)

> 예수 그리스도께서도 왕으로서, 선지자로, 제사장으로 기름 부음을 받으셨다. 성령님의 기름 부음을 받으셨다. 그리스도는 '기름 부음을 받은 자'라는 뜻으로 구약의 메시아와 같은 단어다.

052

성경을 쓰기 위해 서기관들은 몇 번 목욕을 해야 했나?

"아하둡의 아들 사독과 아비아달의 아들 아히멜렉은 제사장이 되고 스라야는 서기관이 되고"(삼하 8:17)

다윗 왕이 온 이스라엘을 다스릴 떼 군사령관, 사관, 제사장, 서기관들과 대신들을 임명한다(삼하 8:15-18).

성경을 필사하는 역할을 담당하는 직책이 서기관이다.

서기관은 성경을 필사하다가 하나님이란 이름이 나오면 목욕을 하여 몸을 정결하게 하고 붓을 새것으로 바꾸어 썼다. 그리고 그 붓이 다른 경건치 못한 글씨를 쓰는데 사용될 것을 막기 위하여 거룩하신 하나님 이름을 쓰는데 사용된 붓은 부러뜨렸다.

구약에 여호와란 말이 6,823번 나오고 엘로힘(하나님)이란 말이 2,550번 나온다.

그러니까 서기관이 구약을 한 번 쓰기 위해서는 최소한 9,373번 목욕을 하고 적어도 9,373개의 깃털 붓을 부러뜨린 것이다.

성경을 쓰는 서기관 옆에는 혹시라도 잘못된 철자가 있는지를 점검해 주는 서기관이 2명 붙어 있어서 일점 일획도 틀리지 않도록 확인해 주었다.

성경은 양피지나 송아지가죽에다 기록하는데 일부러 송아지를 죽여서 가죽을 만드는 것이 아니라 죽은 송아지의 가죽을 말려서 활용했다. 거룩한 하나님의 말씀을 기록하는데 송아지를 잡느라 피를 흘려서는 안 되기 때문이다, 문제는 죽은 송아지를 찾는 일이 쉽지 않다는 것이다.

성경을 쓰다가 혹시라도 틀린 글자가 생기면 지우고 다시 썼지만, 하나님 이름을 잘못 쓰면 감히 하나님 이름을 지울 수 없어서 새로운 가죽종이에 다시 쓰기 시작하였다고 하니 얼마나 정성스럽게 성경을 썼는지 알 수 있다.

더욱 중요한 것은 기록하는데 집중하는 것이 아니라 그 말씀 자체를 소화하는데 더 신경을 쓰면서 기록한 것이다.

이렇게 하여 성경을 전부 기록하는데 3년이 걸린다.

💬 성경을 필사하는 현대의 성도들이 얼마나 심혈을 기울여 성경을 쓰고 있는지 그 마음 가짐을 다시 한 번 점검해 봐야 할 것이다.

053

솔로몬 왕이 만든 바다 크기는 정확한 표현인가?

"또 바다를 부어 만들었으니 그 직경이 십 규빗이요 그 모양이 둥글며 그 높이는 다섯 규빗이요 주위는 삼십 규빗 줄을 두를 만하며"(왕상 7:23)

솔로몬 왕이 성전을 건축하면서 바다를 부어 만든 양식이다.

직경이 10규빗이고 주위가 30규빗이라고 한다. 규빗은 길이의 단위로 성인의 팔꿈치에서 가운데 손가락 끝까지 약 45cm이다.

바다는 솔로몬 성전의 안뜰에 청동으로 만든 물두멍인데, 약 4.6KL 물이 있어서 제사장들이 몸을 씻는데 사용한다(대하 4:6). 바다와 같이 크다고 해서 바다라고 부른다.

직경이 약 4.5m인 둥근 바다를 만든 것이다.

그런데 이 말씀 중 직경이 10규빗인데 주위가 30규빗이라고 말하는 내용이 수학적으로 잘못된 계산이라고 하여 성경에 오류가 있다고 주장하는 사람들이 곧 잘 인용하는 구절이 되어 버렸다.

직경이 10규빗이니까 둘레를 31.4규빗 또는 적어도 31규빗이라고 해야 된다는 것이다.

과연 성경에 오류가 있는 것일까?

솔로몬 왕 시대가 기원전 10세기니까 파이(π)값을 정확히 몰랐겠지만 둘레를 30규빗이라고 한 것은 오차가 너무 크다는 주장이다.

원둘레와 지름과의 비율을 나타내는 값(π)을 역사적으로 보면 기원전 2000년경 바빌로니아인들은 3.125(3+1/8)를 사용했고 같은 시대 이집트인들은 3.16045(256/81)를 사용했다.

서기 130년 중국의 유휘가 3,072각형을 이용하여 3.14159까지 계산했다니 놀랄 만한 성과이다. 솔로몬 바다의 크기에서 사용된 원주율 값을 3이라고 한다면 오차가 너무 크다.

그러나 성경 말씀에는 한치의 오차가 없다.

"바다의 두께는 한 손 너비만 하고 그것의 가는 백합화의 양식으로 잔 가와 같이 만들었으니 그 바다에는 이천 밧을 담겠더라"(왕상 7:26)

바다의 모양이 백합화 양식이라는 것이다. 백합화는 잎이 밖을 향해 펼쳐 있다. 고급 찻잔을 상상해 보면 된다. 중심부 보다는 위쪽이 더 넓은 모양이다. 바다 모양이 백화화 양식의 찻잔처럼 생겼다.

따라서 직경이 10규빗이라는 것은 백합화 양식 찻잔 모양의 위쪽의 지름을 이야기하는 것이고, 둘레가 30규빗이라는 것은 조금 들어 간 찻잔의 가운데 둘레인 것이다. 이 경우 바다의 가운데 부분은 직경이 10규빗 미만이 되니까 둘레가 30규빗이 될 수 있다.

바다의 두께가 한 손 너비만 하다고 했으니 이 점을 감안하면 바다 가운데 부분의 직경을 계산해 볼 수 있다.

💬 성경에 오류가 있다고 주장하는 사람들에게 오히려 성경 말씀은 성경 말씀으로 풀어야 한다는 확실한 증거가 되는 사례이다.

054

스바의 여왕이
솔로몬의 지혜를
시험한 문제는
무엇인가?

"스바의 여왕이 여호와의 이름으로 말미암은 솔로몬의 명성을 듣고 와서 어려운 문제로 그를 시험하고자 하여"(왕상 10:1)

솔로몬의 지혜가 뛰어나다는 소문을 듣고 지금의 예멘지역인 멀리 스바에서 여왕이 많은 선물을 낙타에 싣고 예루살렘을 방문하였다. 스바의 여왕이 솔로몬의 지혜를 시험하는 문제를 내지만, 솔로몬은 스바의 여왕이 묻는 말에 몰라서 대답하지 못한 것이 없었다(왕하 10:3).

스바의 여왕이 무슨 질문을 하였고 솔로몬은 어떤 대답을 하였을까?

우리는 솔로몬의 지혜에 대하여 많은 말을 하나 성경에서 알 수 있는 이야기는 '솔로몬의 지혜'로 알려져 있는 명쾌한 판결 하나뿐이다. 한 아이를 놓고 서로 자기 아들이라고 주장하는 두 여인에게 솔로몬이 진짜 어머니를 찾아 준 것이다(왕상 3:25).

스바의 여왕은 더 어려운 문제들을 솔로몬에게 물어 보았다.

1. 한 여인이 그녀의 아들에게 '네 아버지가 내 아버지이고 네 할아버지가 내 남편이며 네가 내 아들이고 나는 네 누이라'고 말하는데 어떻게 된 사이냐?

2. 똑 같은 옷을 입은 똑 같은 키의 남자와 여자를 여러 명 세워 놓고 남녀를 구별해 보시오.
3. 할례자들과 무할례자들이 뒤섞인 여러 명의 남자들 중에서 할례자를 구별해 보시오.
4. 태어나지도 않고 죽지도 않은 자가 누구냐?
5. 단 한 번만 태양을 본 적이 있는 땅은 어디에 있느냐?
6. 톱으로 벤 백향목 나무가 있는데 어느 쪽 끝에 뿌리가 있었고 어느 쪽 끝에 가지가 붙었었는가?
7. 진짜 꽃과 똑 같은 조화가 많이 섞여 있는데 어떻게 구별하나?

참으로 어려운 문제들에 대한 솔로몬의 지혜로운 답변이다.
1. 롯의 딸과 그 아들 관계 2. 대야에 물을 담고 손을 씻으라고 하면 남자들은 그냥 씻는데 여자들은 옷 소매가 젖지 않도록 주의하면서 씻는다. 3. 언약궤를 열어 보였을 때 할례자들은 몸을 반쯤 굽혀 절을 했고 그때 그들의 얼굴은 쉐키나의 광채로 가득 찼다. 그러나 무할례자들은 그렇지 않았다. 4. 만군의 여호와 5. 홍해가 갈라지던 날 드러냈던 바다 밑 땅 6. 백향목을 물에 던져서 가라 앉은 쪽이 뿌리가 있던 쪽이고 수면 위에 떠 있는 쪽이 가지가 있던 부분이다. 7. 꽃들을 창가에 놓아서 벌이나 나비가 앉는 쪽이 진짜 꽃들이다.

💬 하나님께서 솔로몬에게 지혜와 총명을 심히 많이 주셨기 때문에 솔로몬의 지혜는 누구보다 더 뛰어났다.
"솔로몬의 지혜가 동쪽 모든 사람의 지혜와 애굽의 모든 지혜보다 뛰어난지라"(왕상 5:30)

055

엘리사는 엘리야보다 갑절의 영감을 받았나?

"엘리야가 겉옷을 가지고 말아 물을 치매 물이 이리 저리 갈라지고 두 사람이 마른 땅 위로 건너더라 건너매 엘리야가 엘리사에게 이르되 나를 네게서 데려감을 당하기 전에 내가 네게 어떻게 할지를 구하라 엘리사가 이르되 당신의 성령이 하시는 역사가 갑절이나 내게 있게 하소서 하는지라"(왕하 2:8-9)

엘리야 선지자는 하늘로 올라갈 것을 알았다. 그래서 제자인 엘리사에게 자기가 떠나기 전에 무엇을 해 줄지를 구하라고 하자, 엘리사는 엘리야보다 갑절의 영감(개역성경의 표현 '영감'을 개역개정판에서는 '성령이 하시는 역사'로 번역함)을 받게 해 달라는 주문을 한다.

불말과 불병거를 타고 하늘로 올라가면서 던져 준 엘리야 선지자의 겉옷을 받은 엘리사는 지도력과 권위의 합법적인 계승자가 된다. 그리고 첫 번째 기적으로 요단강을 가르고 다시 건너 온다.

엘리야 선지자의 성령이 하시는 역사가 엘리사 선지자 위에 머문 것을 선지자의 제자들이 본 것이다(왕하 2:14-15).

과연 엘리사는 엘리야보다 갑절의 영감을 받았을까?

갑절이란 말은 장자의 의미이다.

"··· 자기의 소유에서 그에게는 두 몫을 줄 것이니 ··· 장자의 권리가 그에게 있음이니라"(신 21:17)

엘리야 선지자의 장자가 된다는 것은 수제자가 된다는 의미이다.

엘리사가 엘리야 선지자의 겉옷을 받고 그 옷으로 요단강을 가르는 것을 본 제자들이 그에게로 나아가 땅에 엎드려 그에게 경배하였다(왕하 2:15). 엘리사 선지자가 지도자로 인정 받은 것이다. 갑절의 영감을 받고 수제자가 된 엘리사는 엘리야 선지자가 일으킨 기적도 2배 행하였다.

엘리야는 사르밧 과부를 축복하여 통의 가루와 통의 기름이 여러 날 떨어지지 않게 하였다(왕상 17:8-16).

엘리사는 여호와를 섬기다가 빚만 지고 숨진 선지자의 아내를 축복하여 기름병의 기름이 이웃에서 빌려온 빈 그릇에 다 차도록 하여 그 기름을 팔아 빚을 갚고 남은 것으로 생활하게 하였다(왕하 4:1-7).

엘리야는 사르밧 과부의 아들이 죽자 여호와께 부르짖어 살려낸다 (왕상 17:17-24).

엘리사도 수넴 여인의 아들이 죽자 여호와께 기도하여 살려낸다(왕하 4:8-37). 또한 엘리사는 죽은 후에도 죽은 자를 살려낸다.

"엘리사가 죽으니 그를 장사하였고 ··· 시체가 엘리사의 뼈에 닿자 곧 회생하여 일어섰더라"(왕하 13:20-21)

엘리야 시대에는 비가 3년 6개월 오지 않았다(약 5:17).

엘리사 시대에는 7년 동안 기근이 있었다(왕하 8:1).

💬 이상의 기록들은 엘리사 선지자가 엘리야 선지자보다 정말 갑절의 영감을 받았음을 확인시켜 주고 있다.

056

이스라엘에 여왕이 있었나요?

"아달랴가 호위병과 백성의 소리를 듣고 여호와의 성전에 들어가 백성에게 이르러 보매 왕이 규례대로 단 위에 섰고 장관들과 나팔수가 왕의 곁에 모셔 섰으며 온 백성이 즐거워하며 나팔을 부는지라 아달랴가 옷을 찢으며 외치되 반역이로다 반역이로다 하매"(왕하 11:13-14)

유대인들은 남자로 태어난 것과 자유인으로 태어난 것 그리고 유대인으로 태어난 것을 무척 자랑스럽게 생각한다.

그런 유대 나라에 여왕이 있었다니 상상하기가 쉽지 않다.

그러나 현재 이스라엘이 1945년 건립된 후 '나는 구세주의 오심을 완전한 믿음으로 믿는다'라는 고백을 한 골다 메이어(1898-1978)는 여성 수상으로 1969-1974년 동안 믿음으로 봉사하였다.

다윗 왕조가 남 유다와 북 이스라엘로 분열된 후 북 이스라엘에는 여왕이 없었지만 남 유다에는 여왕이 한 명 있었으니 그녀가 아달랴 여왕이다. 아달랴 여왕의 통치에 대한 이야기는 남아있지 않으나 그녀를 소재로 한 희곡은 몇 편 남아있다. 특히 17세기 프랑스의 3대 극작가 중의 한 사람인 장 라신이 쓴 3대 비극 중에 아달랴(Athalie)가 있다.

아달랴는 유다 여호람 왕의 왕비였으나 그 아들 아하시야 왕(왕하 8:25)이 죽자 왕권을 잡은 것이다(왕하 11:1).

아달랴는 6년을 통치하였으나 성전에서 6년 동안 숨어 지내던 아하시야의 아들 요아스가 제사장 여호야다의 도움으로 등극하는 바람에 죽임을 당했다. 아달랴의 행적은 남아있지 않고 오직 '반역이로다 반역이로다'라는 외침만 기록되어 있다.

한편 9세기 중엽 요한나라는 교황이 거리 미사를 하던 도중 아이를 낳아 그 자리에서 성난 군중들에게 죽임을 당했다고 한다. 요한나는 어렸을 때부터 똑똑하였으나 여자로서는 불리한 조건이 너무 많다고 생각하고 남장행세를 하였다. 일단 유명해지자 그녀는 로마 시민의 신임을 얻어 교황의 자리까지 올라간다. 교황 재임 중 임신하게 되었지만 그 사실을 감추고 무리하게 다니다가 변을 당한 것이다.

이후 역대 교황들은 미사 행렬 시 여자 교황이 길거리에서 죽임을 당한 장소를 불미스럽게 여기고 철저히 피해 다녔다고 전해진다. 17세기 초까지 가톨릭에서는 요한나 교황이 2년 수개월 동안 재임했던 사실을 인정했으나 어느 때부터인지 모르지만 이에 관한 기록이 없어졌다고 한다. 그러나 역사가들은 요한나의 교황 재임이 진실일 가능성이 높다고 생각하고 있다. 여자 교황에 대한 소설이나 영화, 연구서 등의 끊임없는 출간은 많은 사람들이 여자 교황에 대해 지대한 관심을 가지고 있다고 볼 수 있다.

💬 유다에 유일한 여왕이 있었던 것과 같이 교황 중에도 유일한 여자교황이 있었다는 이야기가 전해지고 있다.

129

057

열왕기와 역대기의 차이는 무엇인가?

"다윗의 아들 솔로몬의 왕위가 견고하여 가며 그의 하나님 여호와께서 그와 함께 하사 심히 창대하게 하시니라"(대하 1:1)

열왕기 상하에서 북 이스라엘과 남 유다 왕들의 행적에 대하여 읽고 나면 역대기 상하가 계속된다. 지루하리만큼 족보이야기가 계속되다가 사울 왕의 죽음에 이어 다윗 왕의 이야기로 역대상을 마감한다. 이후 역대하에서는 솔로몬 왕과 그 뒤를 잇는 남 유다 왕들의 이야기만 나온다. 이러한 역대기는 열왕기와 어떤 차이가 있을까?

제일 먼저 손 꼽을 수 있는 차이는 북 이스라엘 왕의 이야기가 역대기에는 나오지 않는다는 점이다. 아브라함과 다윗의 계보를 중요시하는 유대 민족에게는 남 유다의 역사만이 중요하게 생각된다. 이는 역대기가 기록된 배경을 보면 더욱 확실하다.

역대기는 바벨론 포로에서 돌아온 유대 민족을 위한 과거 역사 이야기를 들려주고 있다. 하나님의 선민인 조상들의 족보를 나열하여 유배에서 돌아 온 유대 백성들을 위로하고 유다가 어떻게 멸망하게 되었는지를 기록하여 경각심도 불러 일으키고자 한 것이다.

두 번째 차이는 기록 내용의 중심 사건들이다.

열왕기에는 정치적, 군사적인 면에서 본 왕들의 치적을 이야기하고 있는 반면에 역대기에서는 종교적인 면에서 본 유다 왕들의 행실을 기록하고 있다. 따라서 역대기에는 다윗 왕과 솔로몬 왕의 개인적인 실수인 죄 이야기는 나오지 않는다. 하나님을 예배하고 섬기는 백성만이 하나님의 축복을 누린다는 것을 보여주고 있다(대상 16장).

세 번째 차이는 기록 연대의 차이다.

역대기는 포로에서 귀환 한 다음에 기록되었으므로 주전 400년경에 기록된 것으로 본다. 역대기의 마지막 말씀(대하 36:22-23)이 에스라서의 시작 말씀(스 1:1-4)과 비슷하기 때문에 역대기의 기록자를 에스라로 보는 견해가 지배적이다. 반면에 열왕기는 바벨론 포로 귀환 이야기가 없는 것으로 보아 1차 포로 귀환 시기인 주전 538년 이전에 기록된 것으로 본다. 열왕기의 기록자를 남 유다 멸망을 목격한 예레미야 선지자로 보기도 하지만 확실치는 않다.

유대 왕정사는 크게 사울 왕, 다윗 왕 그리고 솔로몬 왕과 그 후대 왕들로 나눌 수 있다. 이들 왕들의 이야기와 기록 된 성경을 연관시켜 보려면 다음과 같이 쉽게 기억하면 된다.

사무엘상은 사울 왕 이야기, 사무엘하는 다윗 왕 이야기, 열왕기상은 솔로몬 왕 이야기, 열왕기하는 북 이스라엘과 남 유다 왕들의 이야기이다. 그리고 역대상은 다윗 왕 때까지, 역대하는 솔로몬 왕부터 유다 왕들의 이야기이다.

> 💬 열왕기는 역사가 하나님에 의해 주관됨을 보여 주는데(왕하 10:10), 역대기는 역사를 통해 하나님의 영광이 드러나는 것을 보여 주고 있다(대상 29:11).

058

언약궤는 지금 어디에 있나?

"제사장들이 여호와의 언약궤를 그 처소로 메어 들였으니 곧 본전 지성소 그룹들의 날개 아래라"(대하 5:7)

성경에서 언약궤의 이동과 그 위치에 대한 마지막 말씀이다.

출애굽하여 시내산에서 만들어진 언약궤가 솔로몬 왕이 만든 성전에 자리 잡는 이야기를 끝으로 언약궤의 이야기는 더 이상 성경에 언급되지 않고 있다. 그러면 현재 그 언약궤는 어디에 있을까하는 질문을 갖게 된다. 솔로몬 성전이 바벨론에 의해 무너졌을 때 언약궤는 어떻게 되었을까?

언약궤가 지금 어디에 있을까에 대한 답은 추측해 볼 수 밖에 없다.

솔로몬 성전이 무너질 당시 예루살렘에 있었던 예레미야 선지자가 언약궤를 어디엔가에 잘 감춰 놓았다고 전해진다.

첫 번째 장소는 현 예루살렘 황금돔 밑이다. 성전이 있던 자리에 이스람교도들이 황금돔을 세워 놓았는데 그 밑에 언약궤가 있을 것이란 생각 때문에 이스라엘 사람들은 눈에 거슬려도 황금돔을 깨 부수지 못하고 있다는 것이다. 혹시라도 언약궤가 상할까 해서.

132

두 번째 장소는 로마 베드로 성당 밑이다. 자기들의 정통성을 강조하기 위한 가톨릭의 주장이다.

세 번째 장소는 에디오피아의 어느 성당이다. 몇 년 전에 에디오피아에 있는 한 성당 신부가 보관 중인 언약궤를 공개하겠다고 신문 기자 인터뷰를 요청해서 소동을 일으킨 적이 있었다. 결국 인터뷰는 무산되고 말았지만 예레미야 선지자가 에디오피아로 갖고 갔을 것이라는 전설을 뒷받침할 수 있는 사건이었다.

이와 같이 언약궤가 예레미야 선지자와 같이 엮어 있는 것은 아마도 예레미야 3장 16절에 "… 사람들이 여호와의 언약궤를 다시는 말하지 아니할 것이요 생각하지 아니할 것이요 기억하지 아니할 것이요 찾지 아니할 것이요…"라는 말씀 때문에 예레미야 선지자가 숨겼다고 본다.

외경 마카비 2서 2:7-8는 예레미야 선지자가 언약궤와 분향단을 이스라엘의 회복의 날에 대비하여 감추어 놓은 것으로 기록하고 있다. 그 장소는 그 때까지 알려지지 않은 채 남겨져 있을 것이다.

지팡이와 만나는 증거판 앞에 두어야 하는데도 불구하고 처음에는 언약궤 속에 두 돌판과 같이 넣었다(히 9:4). 그런데 나중에 보니까 두 돌판만 남아 있었다(대하 5:10). 하나님의 말씀에 불순종한 것은 하나님께서 책임지지 않으신다는 교훈을 주는 사건이다.

그러나 진정한 언약궤는 하늘에 있는 하나님의 성전 안에 있다.

> 💬 "이에 하늘에 있는 하나님의 성전이 열리니 성전 안에 하나님의 언약궤가 보이며…"(계 11:19)

059

에스더 시대는 언제인가?

"이 일은 아하수에로 왕 때에 있었던 일이니 아하수에로는 인도로부터 구스까지 백이십칠 지방을 다스리는 왕이라"(에 1:1)

'죽으면 죽으리이다'(에 4:16)로 유명한 에스더의 이야기는 아하수에로 왕 때 일어난 일이라고 하면서 에스더서는 시작한다. 구약에서 에스더서가 에스라서와 느헤미야서 다음에 나오기 때문에 아하수에로 왕과 에스더 이야기가 어느 때 이야기인지 궁금하다.

아하수에로 왕이 수산 궁에서 즉위하였다(에 1:2)고 하니 수산을 수도로 한 바사(페르시아) 제국 때의 이야기이다.

대부분의 학자들은 아하수에로 왕이 바사의 크세르크세스(B.C.486-465) 왕이라고 본다.

크세르크세스 왕은 B.C.483년에서 480년까지 그리스와 전쟁을 하였는데 이 기간 중에 에스더를 왕후로 정하였다는 것이다. 아하수에로 왕은 재위 3년에 잔치를 베풀다가(에 1:3) 왕후 와스디를 폐위한 후, 재위 7년에(에 2:16) 에스더를 왕후로 삼았는데 이는 그 동안 그리스와 전쟁을 하느라 왕후 선정이 늦어진 것이다.

페르시아어의 이름을 헬라어로 음역하는 과정에서 '영웅들의 지배자'란 뜻의 크세르크세스 왕을 아하수에로 왕이라 부르는 것이다.

그렇다면 이 시기는 다리오 왕 다음이 된다. 다리오 왕은 그리스와 마라톤 전쟁을 하였으나 패전하였고, 아하수에로 왕이 그의 아버지 원수를 갚기 위해 그리스와 또 다시 전쟁을 하였지만 그 역시 패하고 만 사실이 그리스 전쟁 역사이다.

에스라서에서도 다리오 왕 다음에 아하수에로 왕이 나온다.

"바사왕 고레스의 시대로부터 바사왕 다리오가 즉위할 때까지 관리들에게 뇌물을 주어 그 계획을 막았으며 또 아하수에로가 즉위할 때에 그들이 글을 올려 유다와 예루살렘 주민을 고발 하니라"(스 4:5-6)

이어지는 7절은 '아닥사스다 때에…'로 시작한다. 즉 아하수에로 왕 다음에 아닥사스다 왕으로 이어지는 것이다.

다리오 왕 때의 이야기는 에스라서 6장에서 끝이 나고 에스라서 7장부터는 아닥사스다 왕 때 이야기가 나온다.

"이 일 후에 바사 왕 아닥사스다가 왕위에 있을 때에 에스라 하는 자가 있으니라…"(스 7:1)

에스라서 6장까지는 스룹바벨의 인도로 이스라엘 백성들이 유다로 귀환하여 성전 건축을 시작한 이야기이고 7장부터는 학자 겸 제사장인 에스라의 인도로 이차 귀환이 이루어지며 회개 운동을 시작하는 이야기가 계속된다.

💬 아하수에로 왕 때의 에스더 이야기는 에스라서 6장과 7장 사이에 일어났던 이야기이다.

060

성구 액자에
적합하지 않은
성경 구절은?

"네 시작은 미약하였으나 네 나중은 심히 창대하리라"(욥 8:7)

위 말씀은 사무실이나 식당 등에서 많이 볼 수 있는 성구로 대부분 액자 안에 들어 있다. 주로 축하한다면서 가져 오기 때문에 그냥 걸어 놓는 경우가 많다. 뿐만 아니라 어떤 사역을 새로 담당할 때나 회사의 개업식 때에 기도 맡으신 분들의 축복기도에 이 성경 말씀이 인용되는 경우도 많이 있다.

그런데 이 성구가 액자 속에 들어갈 가치가 정말 있는가 알아보자.

필자는 이런 액자를 볼 때마다 왜 걸었느냐고 물어 보지만, 어떤 경우에는 목사님이 갖다 주셨는데 웬 말이냐 하는 식으로 의아해 한다.

그러나 성경에 있는 구절이라고 다 하나님 말씀이 아닌 것을 우리는 알아야 한다.

특히 사탄이 하는 말도 있고, 혼자 독백 하듯이 하는 말도 있다.

욥기에는 욥을 정죄하는 세 친구들의 말이 많이 나온다.

본문이 나오는 말도 욥의 친구 수아 사람 빌닷의 말이다(욥 8:1).

'처음에는 보잘 것 없겠지만 나중에는 크게 될 것이다'라는 말은 굉장히 듣기 좋은 말 같고 또 그렇게 되기를 희망해야 될 말같이 들린다.

그러나 8장 4절 말씀을 보자.

"네 자녀들이 주께 죄를 지었으므로 주께서 그들을 그 죄에 버려두셨나니"(욥 8:4)

욥의 아들 일곱과 딸 셋이 모두 스바 사람의 칼에 다 죽고 말았는데(욥 1:15) 이 모든 일들은 욥의 자녀들이 주님께 죄를 범하였기에 당연히 벌을 받았다고 하는 빌닷의 말이다.

따라서 본문의 말은 '지금은 그 죄가 보잘 것 없이 미약하지만 점점 더 크게 될 것이다'라는 뜻이다.

이 점을 생각한다면 본문은 액자에 담아 둘 성구가 분명 아니다.

우리는 솔로몬 왕과 같이 무엇이 좋은 줄 분별하는 지혜를 구해야 한다.

💬 "나는 여러분의 사랑이 지혜와 모든 총명으로 더욱 풍성하게 돼서 최선의 것이 무엇인지 분별할 수 있게 되기를 기도합니다.…"(빌 1:9–10 우리말 성경)

061

욥은 말년에 정말로 갑절의 축복을 받았나?

"욥이 그의 친구들을 위하여 기도할 때 여호와께서 욥의 곤경을 돌이키시고 여호와께서 욥에게 이전 모든 소유보다 갑절이나 주신지라"(욥 42:10)

욥이 고난을 모두 통과한 후에 그를 비난했던 친구들을 위해 기도하니까, 여호와께서 욥에게 그전 소유보다 갑절이나 주셨다고 말씀하신다. 과연 욥이 갑절의 축복을 받았을까?

욥의 처음 소유는 양이 7,000마리, 약대가 3,000마리, 소가 500겨리, 암나귀가 500겨리였다(욥 1:3).

고난 후 욥의 소유는 양이 14,000마리, 약대가 6,000마리, 소가 1,000겨리, 암나귀가 1,000겨리이다(욥 42:12).

하나님께서 갑절의 축복을 주셨음이 확실하다.

그런데 욥의 자녀를 보면 처음에 아들 일곱과 딸 셋이 있었는데 자녀들이 욥의 고난 시작과 함께 다 죽고 말았다.

그리고 고난 후에 욥은 아들 일곱과 딸 셋을 다시 낳았다(욥 42:13).

이 기록만 보면 자녀 수에 있어서는 갑절의 축복을 받지 못한 것으로 이해하기 쉽다.

성경 주석 책에도 욥의 축복을 비교하는 표에는 자녀들의 숫자가 동일한 것으로 나타나 있다.

하나님께서는 분명히 갑절의 축복을 주셨다고 하셨는데, 무엇이 문제인가?

갑절의 축복을 받으면 아들이 7명에서 14명이 되어야 하고, 딸은 3명에서 6명이 되어야 한다.

그렇지 않으면 갑절의 축복이 아니다.

성경이 틀렸을까? 아니다. 성경 해석상의 차이이다.

천국에 있는 자녀들을 감안하지 않아서 그렇게 보이는 것이다.

천국에 있는 자녀들까지 합하면 분명히 욥은 자녀 수에 있어서까지도 갑절의 축복을 받은 것이다.

천국에 있는 아들 7명과 고난 후 얻은 아들 7명을 합하여 아들은 14명이 된다.

천국에 있는 딸 3명과 고난 후 얻은 딸 3명을 합하여 딸은 모두 6명이다.

천국은 분명히 존재한다는 사실이 이런 숫자 논리로도 쉽게 증명되고 있다.

💬 욥은 말년에 이전 모든 소유보다 확실히 갑절의 축복을 받았다.

062

시편에 나오는 셀라는 무슨 뜻인가?

"구원은 여호와께 있사오니 주의 복을 주의 백성에게 내리소서(셀라)"(시 3:8)

위의 성경 말씀을 봉독하는데 '셀라'하면서 말씀 본문과 함께 봉독하는 경우가 있다. 방송에서도 이렇게 읽는 것을 들었다. 그러나 이 '셀라'라는 단어는 읽지 말아야 한다.

셀라가 무슨 뜻이기에 읽지 말아야 하는가?

'셀라'는 반주의 변화나 음악적 표현이다.

본문 말씀을 읽으면서 '백성에게 내리소서'하고 크게 뒷부분을 높여서 읽으면 된다.

마치 악보에 '점점 크게'라고 표시 되어 있는 것처럼 읽는다.

'셀라' 이외에도 시편에서 자주 나오는 용어는 다음과 같은 것들이 있다.

'마스길'(시 32편)은 교훈적 성곡집이라는 말이다.

'힉가욘'(시 9:16)은 '묵상, 사색'이란 뜻으로 음악 연주 기호이다.

'믹담' (시 16편)은 애가라는 뜻이다.

'마할랏'(시 53편)은 '질병, 슬픔' 이라는 뜻으로 슬프고도 장엄한 곡조로 연주하라는 뜻이다.

'영장'(시 4편 참조)은 노래하는 지휘자인데 개역개정 판에서는 영장이란 표현이 없고 인도자라고 기록되어 있다.

시편은 크게 5권으로 나누어진다.
오세 5경에 맞추어 5권으로 구성한 것이다.
제1권은 1-41편까지로 순종이 강조된다.
제2권은 42-72편까지로 안정한 상태로 들어간다.
제3권은 73-89편까지로 불안정한 상태로 반전된다.
제4권은 90-106편까지로 새로운 안정을 추구한다.
제5권은 107-150편까지로 찬양이다.
이스라엘 백성의 삶은 순종에서 시작하여 찬양으로 끝나야 한다는 것을 말하고 있다. 시는 히브리인들의 삶이다. 삶의 기쁨과 고난을 표현한 것이다.

한 인생, 한 민족의 신앙의 여정이 시편 1-150편에 정리되어 있다. 신앙인으로서 우리의 인생도 순종에서 시작하여 찬양으로 끝나야 한다.

💬 히브리어 성경은 시편을 '찬양'으로 부른다. 70인역 성경은 '손을 치며 부르는 노래'라고 시편을 말한다. 우리도 이렇게 기쁜 마음으로 시편을 노래해 보자.

063

꿀 송이처럼
단 말씀이란?

"주의 말씀의 맛이 내게 어찌 그리 단지요
내 입에 꿀보다 더 다니이다"(시 119:103)

달고 오묘한 그 말씀은 생명의 말씀이다.

다윗 왕은 꿀과 꿀 송이보다 더 단 여호와의 말씀을 많은 금보다 더 사모하라고 말씀한다.

"금 곧 많은 순금보다 더 사모할 것이며 꿀과 송이꿀보다 더 달도다"(시 19:10)

에스겔 선지자도 말씀을 적은 두루마리를 먹으니 달기가 꿀 같았다고 하였다.

"내게 이르시되 인자야 내가 네게 주는 이 두루마리를 네 배에 넣으며 네 창자에 채우라 하시기에 내가 먹으니 그것이 내 입에서 달기가 꿀 같더라"(겔 3:3)

과연 말씀이 꿀 송이처럼 달까?

말씀을 왜 꿀보다 더 달다고 하느냐 하는 질문은 유대 교육법을 알아야 만 이해가 된다. 유대인들은 글자를 처음 배우는 아이들에게 알파벳 한 글자씩 써있는 과자를 만들고 그 속에 꿀을 넣는다.

아이가 글자를 정확하게 발음하거나 발음한 글자를 찾게 되면 그 과

자를 먹을 수 있다. 아이는 글자가 있는 과자를 먹을 때 마다 단 맛을 느끼는 것이다. 말씀이 달다는 것을 어릴 때부터 체험하게 하고 있다.

뿐만 아니라 성경 말씀이 적힌 두루마리 끝에 꿀을 발라 놓는다.

말씀을 읽는 아이가 말씀 읽기 전에 그 꿀을 먹을 수 있다. 말씀 읽는 것을 싫어한다면 꿀을 먹을 수 없다. 때문에 말씀을 읽는다는 것은 단 맛을 맛 볼 기회인 것이다.

말씀에는 하나님의 숨결이 그 속에 스며들어 있다.

이 순간에 주어지는 특정한 말씀 가운데 금보다 더 귀한 참된 행복을 찾을 수 있다. 아름답고 귀한 생명의 말씀은 마음에 용서와 평안을 준다. 우리는 말씀을 사모하며 영적 미각, 신령한 미각을 지녀야 한다. 거룩함이란 영적 감각을 통해 감지된다.

은혜 받은 심령은 하나님의 계명을 정금보다 더 소중히 여기며, 송이 꿀보다 더 달게 여길 수 밖에 없다. 주의 말씀을 이야기하고 의논하며 또 그 말씀에 설복 당할 때 우리는 마치 꿀을 맛보듯이 달콤하고 즐거움을 느낀다.

하나님의 말씀은 맛있는 음식 같아서, 말씀을 전파하는 입에서는 꿀이 떨어진다. 주의 사자가 옥에 갇혀있던 사도들에게 나타나서 옥에서 끌어내며 말하였다.

"가서 성전에 서서 이 생명의 말씀을 다 백성에게 말하라 하매"(행 5:20)

💬 우리도 꿀 송이 보다 더 단 생명의 말씀을 전해야 한다. 생명의 말씀이 널리 울리고 퍼지도록 하여 모든 사람들이 값없이 복을 받도록 해야 한다.

064

시편 119편은
몇 절로
되어있나?

"주의 말씀은 내 발에 등이요 내 길에 빛이
니이다"(시 119:105)

시편 119편을 '말씀장'이라고 한다.

시편 119편은 2-3개의 절을 제외하고는 구절 구절마다 말씀을 뜻하
는 다음과 같은 열 가지 동의어가 한 개씩은 꼭 나온다.

증거, 법도, 법, 율례, 계명, 판단, 말씀, 규례, 율법, 도.

물론 번역상의 차이로 판단을 심판으로, 증거를 교훈으로 번역하기
도 하지만 이런 단어들은 모두 같은 뜻이다.

시편 119편에서 볼 수 있는 아름다운 표기가 있다. 다만 영어나 우리
말 번역에서는 나타나지 않고 히브리어 원어로서만 볼 수 있다.

시편 119편을 보면 8절씩 단락을 이루고 있는데, 각 8절 마다 시작하
는 히브리어 알파벳이 모두 같다. 마치 색색으로 수 놓은 것 같은 아름
다운 모습의 시적 표현이다.

즉 1-8절은 히브리어 첫 글자인 알레프(א)로 시작하며, 9-16절은
두 번째 글자인 베트(ב)로 시작한다.

이렇게 첫 글자를 활용하여 외우기 쉽게 아름다운 모양으로 노랫말
을 엮는 기법을 답관체(acronym, 머리글자로 된 말) 형식이라 부른다.

144

답관체 형식으로 기록된 말씀은 시편 34편처럼 22절까지 있으면서 히브리어 알파벳 22자가 모두 활용된 경우도 있고, 시편 9편과 10편처럼 두 편이 합하여 답관체 형식을 이루는 경우도 있다.

시편 25편은 22절까지 있으나 한 절에 히브리어 알파벳이 두 개도 나오고 마지막 글자 타브(ㄲ)는 21절에 있다. 시편 37편 같은 경우는 40절까지 있는데 히브리어 알파벳 22개가 몇 절을 건너 뛰면서 나온다.

그런가 하면 시편 111편이나 112편은 각기 10절씩 있으나 히브리어 알파벳으로 시작하는 단어 22개를 모두 포함하고 있다.

시편 이외에도 답관체 형식을 취하는 말씀이 두 군데 더 있다.

잠언 31장 10절부터 현숙한 여인에 관한 말씀이 31절까지 모두 22절 나오는데, 여기서도 모든 절의 말씀 첫 글자가 히브리어 알파벳 22자를 순서대로 활용하였다.

예레미야애가는 5장까지 있다.

1장은 22절, 2장도 22절, 3장은 66절, 4장은 22절, 5장도 22절까지.

절 수를 보아 짐작되는 것과 같이 1장, 2장, 4장은 각 구절의 첫 자가 22개의 히브리어 알파벳 순으로 되어있다.

3장은 시편 119편과 같은 구조로 되지만 히브리어 한 글자 당 3절씩 계속된다는 점이 다르다. 한 글자당 3절씩 이어져서 모두 66절까지다.

다만 5장만은 22절까지 있는데도 불구하고 알파벳 글자를 활용하지 않았다. 아마도 예레미야 선지자가 슬픈 애가를 읊다가 너무 슬픈 나머지 5장에 와서는 답관체에 연연하지 않고 회복을 위한 기도를 급하게 드린 것 같다.

💬 히브리어 알파벳이 모두 22자니까 시작하는 문자가 한 글자당 8절씩 나오면, 8 x 22 = 176이 된다. 따라서 시편 119편은 모두 176절까지이다.

065

유비쿼터스 하나님이란?

"내가 주의 영을 떠나 어디로 가며 주의 앞에서 어디로 피하리이까 내가 하늘에 올라갈지라도 거기 계시며 스올에 내 자리를 펼지라도 거기 계시니이다"(시 139:7-8)

무소부재(omnipresence)는 전지(omniscent), 전능(omnipotent)하심과 함께 하나님의 3대 특징이다. 모든 공간과 장소의 제한을 초월하시는 무소부재의 하나님 또는 하나님의 편재성이라고도 한다. 하나님께서는 우리의 모든 행위를 살펴보시므로 어떠한 죄악이든 하나님 목전에서 숨기지 못한다(렘 16:17).

IT기술의 발달로 현대는 유비쿼터스 시대가 되었다. 유비쿼터스(ubiquitous)란 말은 언제 어디에나 계시는 하나님의 편재성을 표현하는 라틴어였다. 예전의 신학용어가 이제는 IT용어로 변용되어 시간과 공간에 제약 받지 않고 사람, 컴퓨터, 사물이 자유롭게 네트워크에 접속할 수 있는 환경을 의미하게 되었다.

Anytime(언제), Anywhere(어디서), Anydevice(어떤 기기), Anynetwork(어떤 네트워크), Anyservice(어떤 서비스)가 가능한 5 Any 시대이다.

그러나 성경은 분명 하나님께서 유비쿼터스 하나님이시라고 말씀하고 있다.

하나님께서는 결코 멀리 계시지 않는 분이시다.

"여호와의 말씀이니라 나는 가까운데 있는 하나님이요 먼 데에 있는 하나님은 아니냐"(렘 23:23)

하나님께서는 또한 하늘 보좌에 계신다.

"여호와께서는 그의 성전에 계시고 여호와의 보좌는 하늘에 있음이여 그의 눈이 인생을 통촉하시고 그의 안목이 그들을 감찰하시도다"(시 11:4)

"오직 은밀한 것을 나타내실 이는 하늘에 계신 하나님이시라…"(단 2:28)

우리는 어디를 가든지 하나님의 손을 피할 수 없다.

"그들이 파고 스올로 들어갈지라도 내 손이 거기에서 붙잡아 낼 것이요 하늘로 올라갈지라도 내가 거기에서 붙잡아 내릴 것이며"(암 9:2)

"여호와의 말씀이니라 사람이 내게 보이지 아니하려고 누가 자신을 은밀한 곳에 숨길 수 있겠느냐 여호와가 말하노라 나는 천지에 충만하지 아니하냐"(렘 23:24)

💬 우리에게 은혜 주시는 하나님께서는 가장 가까이는 우리의 마음(갈 4:6)부터, 가장 멀게는 하늘 보좌에 이르기까지 능력의 말씀으로 만물을 붙드시며(히 1:3) 천지에 충만하신 유비쿼터스 하나님이시다.

066

솔로몬 왕이
자신을
예루살렘 왕이라고
지칭한 이유는?

"다윗의 아들 예루살렘 왕 전도자의 말씀
이라"(전 1:1)

전도서는 다윗 왕의 아들 솔로몬 왕의 설교이다.

'전도자'는 설교자, 교사, 총회의 인도자란 뜻이다.

여기서 솔로몬 왕은 자신을 예루살렘 왕이라고 지칭한다.

솔로몬 왕은 이스라엘 온 땅을 통치하였으므로 당연히 이스라엘 왕
이라고 말했어야 하는데, 왜 자신 스스로 예루살렘 왕이라고 불렀는가?

솔로몬 왕이 자기 자신의 이름을 밝히지 않고 전도서 1장 1절에서
'다윗의 아들', '예루살렘 왕', '전도자'라고 소개 한 이유를 다음과 같이
해석한다.

'다윗의 아들'이라고 말하는 것은 좋은 배경과 좋은 상황 속에서 그가
삶을 시작하고 누렸다는 고백이다.

'예루살렘 왕'이라는 소개는 자신이 평화의 도성에 왕으로 최고의 지
위에 오른 사람이라는 말이다.

'전도자'는 자기의 삶에서 체험으로 얻은 인생의 가장 깊은 진리를 여
러 사람을 모아 놓고 공개적으로 고백하는 사람이다.

다윗 왕은 처음엔 유다 2지파만의 왕이었다가 7년 6개월 후 이스라엘 10지파까지 합하여 12지파를 모두 통치하게 되며 이 때 수도를 예루살렘으로 옮긴다(삼하 5:5).

솔로몬 왕은 예루살렘에 7년 동안 성전을 건축하여 완공하였다(왕상 6:38). 뿐 만 아니라 자기 자신을 위한 왕궁을 13년 동안 건축하였다(왕상 7:1).

이렇게 예루살렘에 하나님을 위한 성전을 건축한 솔로몬이 자신을 특히 '예루살렘 왕'이라고 소개한 것은 다윗 언약의 계승자이며 하나님의 신정 통치의 대리자로서 인생 문제의 근원적인 것을 말한다는 신적 권위를 강조한 표현이다.

💬 솔로몬 왕은 자신의 특권으로서 '다윗의 아들', 자기가 누리는 지위에 대해서는 '예루살렘 왕', 자신의 소명에 대해서는 '전도자'라고 자신을 소개 한 것이다.

067

전도서 1장2절에 헛되다는 말씀이 몇 번 나오는가?

"전도자가 이르되 헛되고 헛되며 헛되고 헛되니 모든 것이 헛되도다"(전 1:2)

솔로몬 왕은 잠언, 전도서, 아가서를 기록했다.

아가서는 그가 청년 때에, 잠언은 그가 중년 때에 그리고 전도서는 그가 노년 때에 기록했을 것이라 한다. 부귀영화를 다 누리고 나서 생각해 보니 해 아래에서 하는 수고가 모두 헛된 것임을 깨달은 것이다.

전도서 시작에 그는 헛되다는 말을 몇 번 반복하고 있는 것일까?

우리 말 성경은 '헛되다'란 말이 5번 나온다.

무의미하고 허무한 삶에 대한 자기의 체험을 토로한 것이다.

그런데 우리말에는 복수 개념이 잘 표시되지 않는다. 히브리어 성경에는 '헛되고'가 복수로 되어 있다. 즉, 우리말의 표현 '헛되고'는 히브리 원어로 '헛되고 헛되고'를 의미한다.

'헛되고'가 두 번 나오니까 헛되다는 말이 모두 7번 기록된 것이다.

창세기 1장에서 하나님께서는 천지만물을 지으실 때 마다 '보시기에 좋았더라'란 말씀을 7번 하신다. 그러나 솔로몬 왕은 '헛되다'라는 말을 7번하고 있는 것이다. 과연 모든 것이 헛된 것일까?

150

요한복음에서 사도 요한은 예수님의 기적을 7가지 기록하고 있다.

가나 혼인잔치(요 2:1-11), 왕의 신하의 아들을 고치심(요 4:46-54), 38년 된 병자 고치심(요 5:2-15), 5병2어(요 6:1-15), 바다를 잠잠케 하심(요 6:16-21), 맹인 고치심(요 9:1-12), 죽은 나사로 살리심(요 11:1-44)의 기적 7가지가 소개되어 있다.

사도 요한은 요한계시록에서 '복이 있는 자' 7가지를 말하고 있다.

"이 예언의 말씀을 읽는 자와 듣는 자와 그 가운데에 기록된 것을 지키는 자는 복이 있나니…"(계 1:3)

"…지금 이후로 주 안에서 죽는 자들은 복이 있도다…"(계 14:13)

"보라 내가 도둑 같이 오리니 누구든지 깨어 자기 옷을 지켜 벌거벗고 다니지 아니하며 자기의 부끄러움을 보이지 아니하는 자는 복이 있도다"(계 16:15)

"… 어린 양의 혼인 잔치에 청함을 받은 자들은 복이 있도다…"(계 19:9)

"이 첫째 부활에 참여하는 자들은 복이 있고…"(계 20:6)

"…이 두루마리의 예언의 말씀을 지키는 자는 복이 있으리라…"(계 22:7)

"자기 두루마기를 빠는 자들은 복이 있으니…"(계 22:14)

💬 모든 것이 헛되다고 7번 외친 솔로몬 왕의 마지막 고백은 사람의 본분을 깨달은 것이다.
"…하나님을 경외하고 그의 명령들을 지킬지어다 이것이 모든 사람의 본분이니라"(전 12:13)

068

아가서는
어떻게
읽어야 하나?

"왕이 나를 그의 방으로 이끌어 들이시니 너는 나를 인도하라 우리가 너를 따라 달려가리라 우리가 너로 말미암아 기뻐하며 즐거워하니 네 사랑이 보도주보다 더 진함이라 처녀들이 너를 사랑함이 마땅하니라"
(아 1:4)

'솔로몬의 아가라'(아 1:1)로 시작하는 아가서는 사랑의 신성함과 순결함을 노래하고 있다.

남녀의 순결한 사랑에 대한 도덕적 교훈을 제시함으로 지나친 금욕주의는 물론 쾌락주의를 다 같이 배제하고 있다. 이는 또한 신랑 되시는 그리스도와 신부 되는 교회의 영적인 거룩한 사랑과 연합의 모형을 제시한다.

사랑하는 자 솔로몬(아 2:2)과 사랑 받는 자 술람미 여인(아 6:13)과의 사랑을 노래하는 아가서를 읽을 때 어떤 구절이 솔로몬의 노래이며 어떤 구절이 술람미 여인의 노래인지 구별이 잘 안 된다. 또 친구들의 노래(아 1:8)도 포함되어 있다.

위의 아가서 1장 4절만 하더라도 그냥 읽으면 이해하기가 쉽지 않다.

그러면 아가서는 어떻게 읽어야 하나?

1장 2절에서 2장 13절까지는 다음과 같이 나누어 노래해야 한다.

사랑 받는 자 : 1장 2절에서 4절 '왕이 나를 그의 방으로 이끌어 들이시니 너는 나를 인도하라 우리가 너를 따라 달려가리라'까지 노래함.

친구들 : '우리가 너(히브리 원문에는 남성 단수임)로 말미암아 기뻐하며 즐거워하니 네 사랑이 포도주보다 더 진함이라'

사랑 받는 자 : '처녀들이 너를 사랑함이 마땅하니라'하고 이어지는 5절에서부터 7절까지를 노래함.

친구들 : 1장 8절

사랑하는 자 : 9-11절

사랑 받는 자 : 12-14절

사랑하는 자 : '내 사랑아 너는 어여쁘고 어여쁘다 네 눈이 비둘기 같구나'(15절)

사랑 받는 자 : '나의 사랑하는 자야 너는 어여쁘고 화창하다 우리의 침상은 푸르고'(16절)

사랑하는 자 : '우리 집은 백향목 들보, 잣나무 서까래로구나'(17절)

사랑 받는 자 : '나는 사론의 수선화요 골짜기의 백합화로다'(2장 1절)

사랑하는 자 : '여자들 중에 내 사랑은 가시나무 가운데 백합화 같도다'(2절)

사랑 받는 자 : '남자들 중에 나의 사랑하는 자는…'(3절 이하로 13절까지 계속)

이와 같이 역할을 분담하고 돌아가면서 자기가 맡은 부분을 노래한다면 아가서 전체가 더 쉽게 이해될 것이다.

유대인들은 유월절 마지막 제8일에 아가서를 읽으며 구원해 주신 하나님의 사랑을 노래한다.

069

66장으로 된 이사야서의 내용은 무엇인가?

"유다왕 웃시야와 요담과 아하스와 히스기야 시대에 아모스의 아들 이사야가 유다와 예루살렘에 관하여 본 계시라"(사 1:1)

성경 중에서 제일 장수가 많은 책이 이사야서다.

이사야서는 무려 66장이나 된다. 창세기가 50장으로 이사야서와 분량은 거의 같다. 이사야서에는 무슨 이야기가 있을까?

이사야 선지자는 남 유다의 4왕 웃시야, 요담, 아하스, 히스기야 왕의 통치 기간에 걸쳐 60년간 사역하였다. 그는 유다왕 요아스의 손자로서 아하스 왕의 6촌인 왕족이라고 한다.

60년간 사역하였으니 그 사역 내용이나 하나님으로부터 받은 예언의 말씀이 무척 많이 기록되어 있다.

66장으로 된 이사야서는 성경이 구약 39권, 신약 27권으로 되어 있는 것과 맥을 같이 한다.

구약이 39권이듯 이사야서 1장에서 39장까지는 구약적 의미를 내포하고 있으며, 신약이 27권이듯 이사야서 40장부터 66장까지 27장은 신약적 의미를 내포하고 있다.

154

전반부인 1장에서 39장까지는 죄를 지적하고 죄를 많이 꾸짖는 내용이다. 후반부인 40장부터 66장까지는 하나님께서 범죄한 이스라엘을 완전히 멸망하시지는 않고 붙들어 주시고 위로해 주시는 내용이다.

메시아의 예언과 하나님의 은혜와 구원의 말씀이 많이 기록되어 있으므로 이사야서를 '이사야 복음' 또는 '제5복음'이라고 부른다. 이사야란 이름 자체가 '여호와는 구원이시다'라는 뜻이다.

나사렛 회당에서 예수님께서 하신 첫 번째 설교 내용도 이사야서 61장이다.

"예수께서 그 자라나신 곳 나사렛에 이르사 안식일에 늘 하시던 대로 회당에 들어가사 성경을 읽으려고 서시매 선지자 이사야의 글을 드리거늘 책을 펴서 이렇게 기록된 데를 찾으시니 곧"(눅 4:16-17)

"주의 성령이 내게 임하셨으니 이는 가난한 자에게 복음을 전하게 하시려고 내게 기름을 부으시고 나를 보내사 포로 된 자에게 자유를, 눈 먼 자에게 다시 보게 함을 전파하며 눌린 자를 자유롭게 하고 주의 은혜의 해를 전파하게 하려 하심이라 하였더라"(눅 4:18-19)

누가복음 4장 18-19절 말씀이 이사야 61장 1-2절 말씀이다.

💬 이사야서는 예수님의 탄생에서부터(사 7:14) 십자가에 달리시는 모습(사 53장), 부활(사 25:8), 재림(사 11장, 33장)과 장차 메시아 왕국이 회복되는 것까지(사 66장) 말씀하고 있다.

070

천사들에도 계급이 있는가?

"웃시아 왕이 죽던 해에 내가 본즉 주께서 높이 들린 보좌에 앉으셨는데 그의 옷자락은 성전에 가득하였고 스랍들이 모시고 섰는데…"(사 6:1-2)

이사야 선지자가 스랍 천사들을 본 환상이다. 거룩하다 거룩하다 거룩하다 하면서 삼위일체 하나님을 찬양하는 모습이다.

스랍 중의 하나가 핀 숯을 이사야 선지자의 입술에 대자 이사야의 악이 제하여졌고 죄가 사하여졌다(사 6:6-7).

창세기 3장에서 에덴 동산을 지키는 천사 그룹들에 이어 성경에 언급되는 또 다른 천사들이다. 그룹들과 스랍들 천사중 누가 더 높은 계급인가? 천사들에도 계급이 있는가?

주후 500년경 시리아의 한 신비신학자가 디오니시우스라는 이름으로 저술(일반적으로 위디오니시우스 저술이라 칭함)한 4개의 저서 중 천상의 위계에 대한 서술이 있다. 토마스 아퀴나스도 신학대전에서 천사의 계급을 구분하였다. 가톨릭의 천사론에서도 천사의 계급이 언급된다.

첫째, 스랍들(seraphim, 熾品天使)은 예배자를 돕는다. 불타는 자들, 불을 만드는 자들, 온기를 전달하는 자들이다. 많은 섬광과 불길에 의해서 정화하는 능력을 갖는다.

둘째, 그룹들(cherubim, 智品天使)은 하나님의 거룩을 보존한다. 지식이 충만하다. 하나님의 광채를 보는 능력을 의미한다. 그룹들은 속죄소를 덮고 있다(출 25:20, 왕상 6:27, 히 9:5).

셋째, 왕권들(thrones, 座品天使)은 지극히 높으신 분 앞에 영원히 항상 머무는 일에 완전히 몰두한다(골 1:16).

넷째, 주권들(dominions, 主品天使)은 통치한다.

다섯째, 권위자들(authorities, 力品天使)은 virtues라고도 한다. 능력을 발휘한다.

여섯째, 권세들(powers, 能品天使)은 하나님의 군대로 완전무장하고 지키고 있다.

일곱째, 통치자들(principalities, 權品天使)로서 인간의 도시나 나라들을 수호하는 천사들이다.

여덟째, 천사장들(archangels, 大天使)로 미가엘, 가브리엘, 라파엘이 있다. 미가엘은 악령과 싸우는 천사장이며(단 10:13, 유 1:9, 계 12:7), 가브리엘은 좋은 소식을 전한다(눅 1:19, 눅 1:30). 라파엘은 성경에는 나오지 않지만 구약 외경 토비트에 나오며 치유를 담당한다(토비트 3:17).

아홉째, 일반 천사들(angels, 天使)이다. 하나님과 인간 관계를 이어주는 하나님의 사자로서 임무를 담당한다.

우리는 거룩한 천사들의 비밀을 알 수 없으며 이해하지도 못한다.

💬 영적 세계에 존재하는 천사들은 세상이 있기 전에(욥 38:7), 거룩하게(유 1:6 참조) 하나님께서 창조하셨으며 예수님께서도 천사들의 존재를 확증하셨다(마 18:10, 26:53).

071

루시퍼는
언제
타락했나?

"너 아침의 아들 계명성이여 어찌 그리 하늘에서 떨어졌으며 너 열국을 엎은 자여 어찌 그리 땅에 찍혔는고"(사 14:12)

아침의 아들 새벽 별 계명성이 하늘에서 떨어졌다.

하나님께서 그에게 어떤 다른 피조물보다도 높은 지위를 허락하셨기 때문에 그는 하나님의 보좌 앞으로 나아갈 수 있었다. 그러나 어느 날 그는 교만해졌다.

"네가 네 마음에 이르기를 내가 하늘에 올라 하나님의 뭇 별 위에 내 자리를 높이리라 내가 북극 집회의 산 위에 앉으리라 가장 높은 구름에 올라가 지극히 높은 이와 같아지리라 하는도다"(사 14:13-14)

계명성은 하늘에 올라가 하나님과 같이 되고자 하였다.

하나님께서는 교만해진 그를 던져버리셨고 루시퍼(계명성은 루시퍼를 번역한 이름)는 마귀가 되었다.

"그러나 이제 네가 스올 곧 구덩이 맨 밑에 떨어짐을 당하리로다"(사 14:15)

"하나님이 범죄한 천사들을 용서하지 아니하시고 지옥에 던져 어두운 구덩이에 두어 심판 때까지 지키게 하셨으며"(벧후 2:4)

"또 자기 지위를 지키지 아니하고 자기 처소를 떠난 천사들을 큰 날의 심판까지 영원한 결박으로 흑암에 가두셨으며"(유 1:6)

언제 이런 일이 일어 났을까?

유대 전승에 따르면 하나님께서는 천지창조 이전에 천사들을 먼저 만드셨다.

어느 날 하나님께서 천사들에게 인간을 만드실 계획을 말씀하셨다. 인간을 하나님보다는 조금 못하게 만들지만 천사들은 인간을 섬기는 위치가 된다는 것이다.

"그를 하나님보다 조금 못하게 하시고 영화와 존귀로 관을 씌우셨나이다"(시 8:5)

"모든 천사들은 섬기는 영으로서 구원 받을 상속자들을 위하여 섬기라고 보내심이 아니냐"(히 1:14)

이러한 계획을 전해들은 루시퍼는 인간 창조를 극구 반대하였지만 그 뜻을 이루지 못하자 그만 반란을 일으켰다. 이 때 하늘에 있던 천사 삼분의 일이 루시퍼 편을 들었다고 한다.

💬 루시퍼는 하나님의 자리를 탐냈지만 반란에 실패하고 하나님으로부터 던져짐을 당했다. 그리고 그 반란에 참여했던 타락한 천사들은 지옥으로 떨어져 흑암에 가둠을 당했다.

072

피라미드는 여호와를 위한 징조인가?

"이것이 애굽 땅에서 만군의 여호와를 위하여 징조와 증거가 되리니 이는 그들이 그 압박하는 자들로 말미암아 여호와께 부르짖겠고 여호와께서는 그들에게 한 구원자이자 보호자를 보내사 그들을 건지실 것임이라"(사 19:20)

노아의 손자 가나안이 저주를 받고(창 9:25) 아프리카로 갔다고 한다. 일견 저주 받은 민족이요 저주 받은 땅이다. 그리고 애굽은 성경에 등장할 때마다 이스라엘에게 당하기만 하는 것 같다. 가나안 땅에 기근이 들 때마다 그들은 애굽으로 피하여 양식을 얻곤 하였고, 야곱이 온 가족을 이끌고 애굽으로 내려가서 그 자손들이 큰 민족을 이루어 다시 가나안 땅으로 돌아오게 된 것도 애굽 덕분인데도 말이다.

그러나 이사야 선지자는 여호와께서 애굽을 치실지라도 치시고는 고칠 실 것이라(사 19:22)고 희망의 메시지를 전하고 있다.

이 희망의 메시지를 위한 표적으로 여호와께서는 애굽 땅에 무엇을 세우셨을까?

성경은 애굽 온 땅에 하나님을 섬기기 위한 제단과 기둥들이 세워질 것을 말씀한다.

"그날에 애굽 땅 중앙에는 여호와를 위하여 제단이 있겠고 그 변경에는 여호와를 위하여 기둥이 있을 것이요"(사 19:19)

이러한 약속의 말씀을 기억시키시기 위해 애굽 땅에 거대한 피라미드가 세워졌다고 생각하기도 한다. 피라미드가 하나님의 능력과 지혜를 전시하는 물리적 장치라는 것이다. 이집트 피라미드의 설계는 인간의 능력 범위를 훨씬 뛰어 넘는 초자연적인 구조물로 판단되고 있다.

기자에 있는 세 피라미드 중 제일 큰 것은 쿠푸 왕의 피라미드이다.

230만 개의 돌이 소요되었고, 돌들의 무게가 평균 2-2.5톤이며 가장 큰 돌은 15톤이나 된다. 현재 높이는 137m이지만 원래 높이는 10m 더 높았다고 한다. 피라미드 한 개를 건설하는데 10만 명의 노동력이 동원되어 20년 걸렸을 것으로 본다.

피라미드의 위치가 이 세상의 중앙이 된다고 한다.

피라미드를 중심으로 수직선을 그으면 수직선 좌측 육지의 면적과 우측 육지의 면적이 같을 뿐 아니라 수평선을 그어보아도 수평선 위의 육지 면적과 수평선 아래의 육지 면적이 똑 같은 위치에 피라미드가 서 있다는 것이다.

피라미드가 보여주는 원주율, 황금비율, 태양까지의 거리, 지구 자전축 등 다양한 수학적 조화들은 오직 온 우주의 창조주이신 하나님께서만 설계하실 수 있다고 본다.

💬 애굽을 당하기만 하고 재앙과 심판의 나라로 생각하기 쉬우나, 그날에 하나님께서는 애굽과 앗수르와 이스라엘에 복을 주신다는 약속의 말씀(사 19:25)으로 우주적 구원 계획을 드러내신다.

073

하나님께서는 왜 인간을 창조하셨을까?

"이 백성은 내가 나를 위하여 지었나니 나를 찬송하게 하려 함이니라"(사 43:21)

우리는 하나님의 영광을 위하여 하나님에 의해, 하나님을 위해 지음을 받았다.

"… 내가 내 영광을 위하여 창조한 자를 오게 하라 그를 내가 지었고 그를 내가 만들었느니라"(사 43:7)

그러나 모든 사람이 죄를 범하였기 때문에 하나님의 영광에 이르지 못하였다(롬 3:23). 그럼에도 불구하고 우리는 하나님의 은혜로 값 없이 의롭다 하심을 얻었다(롬 3:24).

'예수님께서 왜 이 땅에 오셨을까?'하는 단순한 질문을 놓고도 신학자들은 의견이 분분하다.

한쪽에서는 우리를 구원하려고 오셨다고 하면서 영혼 구원을 강조하는 구원론을 앞세운다.

다른 한쪽에서는 우리의 잃어버린 하나님의 형상을 회복시켜 하나님 앞에 바로 서게 하려고 예수님께서 오셨다고 주장한다.

성경의 어느 한쪽 면만 가지고 너무 강한 주장을 하게 되면 균형을 잃게 된다.

162

하나님께서는 하나님의 영광을 위하여 우리를 창조하셨는데, 아담의 타락으로 말미암아 우리는 그 영광을 잃고 영적으로 죽은 상태가 되었다. 그리고 예수님께서 오셔서 십자가의 대속으로 우리를 구원하여 살리셨다(엡 2:1).

예수님의 피가 믿음으로 말미암는 화목제물이 되셨다(롬 3:25).

죄와 허물로 죽었던 우리가 하나님과 화목하게 되어 하나님의 자녀, 하나님의 상속자가 된 것이다(롬 8:17).

이렇게 하나님 앞에 바로 설 수 있게 된 우리는 무엇을 하든지 창조 목적에 부합되게 하나님의 영광을 위하여 행하여야 한다.

"그런즉 너희가 먹든지 마시든지 무엇을 하든지 다 하나님의 영광을 위하여 하라"(고전 10:31)

하나님의 영광을 위하여 창조된 우리들은 하나님의 영광을 세세토록 찬양하여야 한다.

"이는 만물이 주에게서 나오고 주로 말미암고 주에게로 돌아감이라 그에게 영광이 세세에 있을지어다 아멘"(롬 11:36)

하나님의 통치를 받는 우리들은 즐거워하고 크게 기뻐하며 우리 주께 영광을 돌려야 한다(계 19:7).

> 하나님께서 인간을 창조하신 목적이 이사야서에 나오는 말씀인데 외우기가 쉽다. 1234를 거꾸로 하면 된다. 4321. 즉 이사야서 43장 21절 이다.

074

이스라엘을 망하게 한 앗수르, 바벨론은 어떤 나라인가?

"이스라엘은 흩어진 양이라 사자들이 그를 따르도다 처음에는 앗수르 왕이 먹었고 다음에는 바벨론의 느부갓네살 왕이 그의 뼈를 꺾도다"(렘 50:17)

북 이스라엘이 앗수르에 의해 B.C. 722년에 망하고, 남유다는 B.C. 586년에 바벨론에 의해 망한다. 하나님께서 이스라엘 백성들을 통치하시는데 도구로 사용하신 앗수르와 바벨론은 어떤 나라인가?

먼저 북이스라엘을 망하게 한 앗수르에 대해 알아 보자.

앗수르는 하나님께서 쓰신 진노의 막대기와 몽둥이였다(사 10:5).

앗수르는 티그리스강 상류의 북부 메소포타미아 지역에서 형성된 국가다.

함의 아들 구스가 낳은 세상의 첫 용사 니므롯(창 10:8)이 시날 땅의 바벨(창 10:10) 등에서 그의 나라를 시작하였으며, 앗수르 땅으로 가서 성읍을 세우는데 니느웨가 언급된다(창 10:12).

앗수르는 셈의 아들의 이름이다(창 10:22). 니므롯이 앗수르 땅까지 쳐들어 간 것 같다. 성경에 셈의 아들 앗수르의 이야기 더 이상 나오지

않는다. 후에 아브라함이 후처에서 낳은 손자가 앗수르 족속(창 25:3)
이라는 족보만 나온다.

요나 선지자의 회개하라는 외침에 니느웨는 하나님께 엎드려 화를
면하고(욘 3:10) 그 후에 오히려 북이스라엘을 멸망시킨다.

그러나 요나 선지자의 외침이 있은지 150년 후에 니느웨는 결국 나
훔 선지자의 경고(나 1:1)대로 멸망의 길로 가고 만다. B.C. 612년에 바
벨론에 의해 무너진다.

앗수르를 무너뜨린 바벨론은 도시와 제국 구별 없이 성경에서 언급
되고 있다. 역시 니므롯이 세운 도시 바벨론은 세계에서 가장 오래된
도시라고 추측된다. 창세기 11장의 바벨탑 사건은 언어가 혼잡하게 되
고 온 지면에 흩어지는 결과를 가져왔다(창 11:9).

옛 바벨론의 함무라비 왕(B.C. 1792–1750)이 유명한 법전을 편찬하
였다. B.C. 1000년경 앗수르에 의해 합병되었다가 B.C. 625년에 신
바벨론 제국이 탄생했다.

느부갓네살 2세(B.C. 605–562) 때 바벨론은 최고의 전성기를 맞이했
다. 이 기간에 예루살렘 성전이 무너지고 남유다가 망한 것이다.

바벨론은 B.C. 539년 또 다른 하나님의 도구인 고레스왕에 의해 정
복 당하고 바사(페르시아)제국이 일어난다. 그리고 바사는 B.C. 331년
에 헬라의 알렉산더 대왕에 의해 막을 내린다.

💬 비록 앗수르와 바벨론이 이스라엘을 망하게 하였지만 하나님께서는 패역
한 이스라엘을 용서하시고 돌아오게 하실 것이라는 예언의 말씀을 예레미야
선지자에게 주신다(렘 50:20).

075

맛소라
학자들의
업적은?

"그 때에 왕의 지혜자가 다 들어왔으나 능히 그 글자를 읽지 못하며 그 해석을 왕께 알려 주지 못하는지라"(단 5:8)

히브리 글자는 모음이 없이 자음만 22개 있는 글자다.

70년 예루살렘 멸망 후 이스라엘 민족이 세계 각지에 디아스포라로 살면서 점차 히브리 성경 읽는 방법을 잃어 버리게 된다. 이를 안타깝게 생각한 학자들이 읽는 법을 전수할 방법을 연구한 것이다. 이들 맛소라 학자들은 기원 후 600 – 750년경에 히브리 성경에 모음 부호들과 강세 표시들을 고안하였다. 구전으로만 전해오는 읽는 방법을 원음 그대로 보전하기 위해서 맛소라 학자들이 모음 부호와 강세 표시를 만든 것이다.

히브리어 성경에는 맛소라 학자들이 정리한 난외주가 있어서 성경의 이해를 돕고 있다.

예를 들면 창세기 18장 22절에 아브라함이 여호와 앞에 서 있었다고 말씀하지만 이에 해당하는 난외주에는 '여호와가 아브라함 앞에 서 있었다'라는 주석이 있다.

이 장면을 그려 보면 아브라함이 여호와 앞에 서 있는 것이 아니라 사랑 많으신 여호와께서 아브라함을 떠나지 못하시고 아브라함 앞에 그대로 서 있었다라고 보아야 더 좋은 설명이 된다.

난외주는 소맛소라 난외주와 대맛소라 난외주로 구별된다. 소맛소라는 필사본의 양쪽 여백에 기록되어 있는 맛소라 난외주들이다.

본문의 단어나 문장의 다른 해석이 가능한 경우를 표기하여 설명하기도 하고 그 낱말이 성경에 몇 번 사용되는지를 기록해 놓아서 참고하기 쉽게 해 주고 있다. 또한 필요에 따라 대맛소라의 어떤 부분을 참고할 것인지에 해당되는 목록 번호가 붙어있다.

예로서, 창세기 1장 1절에 '창조하셨다'라는 '베레쉬트'란 단어가 구약 전체에 5회 사용되고 있음을 난외주에 기록한 것이다. 그리고 사용 사례는 대맛소라 첫 번째 목록을 보라고 하는 색인 번호로 연결된다.

대맛소라는 필사본의 위 아래 여백에 기록되어 있는 난외주들을 말한다. 어떤 사본의 경우에는 대맛소라가 별권으로 독립되어 있다. 대맛소라에는 병행 본문이 발견되는 절의 일부가 소개되기도 한다.

이 외에도 필사본의 마지막에 한꺼번에 자료를 모아 놓은 끝맛소라도 있는데, 필사본의 여백이 부족하여 기록하지 못한 다른 자료들을 끝맛소라에 기록한 경우이다.

맛소라 학자들이 여러 사본에 흩어져 있던 맛소라를 정리한 덕분에 성서의 완전함이 철저하게 지켜져 왔다. 특히 난외주를 공부함으로써 후대 학자들은 표준적인 전승에 해당하는 정통에 쉽게 접근할 수 있게 되었다.

💬 맛소라 시대는 자음 본문과 모음 부호 및 강세 표시 등과 관련된 티베리아 전승이 완성된 950년경 종결된다. 그러나 본문에 대한 올바른 이해 및 올바른 발음과 관련된 구두 전승의 문제를 해결하기 위한 맛소라 연구는 지금도 활발히 진행되고 있다.

076

다니엘을
왜 세 번째
통치자로
삼았는가?

"이에 벨사살이 명하여 그들이 다니엘에게
자주색 옷을 입히게 하며 금 사슬을 그의
목에 걸어 주고 그를 위하여 조서를 내려
나라의 셋째 통치자로 삼으니라"(단 5:29)

벨사살 왕이 귀족 1,000명을 위하여 큰 잔치를 베풀고 술을 마시다
가 왕궁 촛대 맞은편 석회벽에 글자를 쓰는 손가락을 보았다(단 5:1-5).
기록된 글자를 아무도 해석하지 못하였으나 다니엘이 부름을 받고 왕
앞에 나아가 그 풀이를 하고, 뜻 풀이 덕분에 다니엘은 나라의 셋째 통
치자가 된다.

바로의 꿈을 풀이한 요셉은 애굽 온 땅의 총리가 되었고(창 41:41),
유다인 모르드개는 아하수에로 왕의 다음이 되었는데(에 10:3) 다니엘
은 세 번째 통치자가 되었다. 왕 다음의 두 번째 통치자가 아니고 왜 세
번째 통치자인가?

어느 주석 책에 의하면 왕과 왕비 다음 자리니까 세 번째가 되었다고
하는데 수긍이 가지 않는다. 그렇다면 요셉도 모르드개도 다 세 번째가
되어야 한다.

다니엘이 세 번째 통치자가 되었다는 기록은 성경의 역사적 신빙성을 더욱 공고히 해주고 있는 중요한 기록이다.

성경에 나오는 벨사살 왕의 이름이 바벨론 왕의 역사에 나오지 않기 때문에 이 기록 자체에 의심을 갖는 성서 비평가들을 오히려 곤란하게 만드는 성경 기록이 이 대목이다.

성경에서는 벨사살 왕이 느부갓네살의 아들인 것처럼 해석하기 쉬우나 벨사살 왕은 사실 느부갓네살의 손자이며 바벨론 마지막 왕인 나보니드 왕의 아들이다. 따라서 바벨론 왕의 족보에는 벨사살 왕의 이름이 나오지 않고 그의 아버지인 나보니드 왕의 이름까지만 나온다.

성경에 벨사살 왕을 느부갓네살의 아들이라고 부른 것은 '아들'이란 단어에 '자식, 자손'의 뜻이 있어서 아들로 통칭한 것이다. 다니엘서 5장 10절에 나오는 '왕비'라는 표현도 벨사살 왕의 부인으로의 왕비가 아니라 벨사살 왕의 어머니인 나보니드 왕의 왕비를 말하고 있다.

나보니드 왕은 정치에 관심이 없어서 자기 취미대로 살아가고 있었고 정치는 그의 아들 벨사살에게 위임하였다고 한다.

다니엘이 셋째 통치자가 된 그 밤에 벨사살 왕이 죽임을 당한다(단 5:30). 벨사살 왕은 바벨론 왕의 족보에 들어가지 못하고, 역사적 기록으로 볼 때는 나보니드 왕으로 바벨론 제국이 막을 내린다.

💬 따라서 정치는 벨사살 왕이 하고 있었지만 상왕인 자기 아버지가 살아 있기에 나보니드 왕이 첫째 통치자이고, 벨사살 왕이 둘째 통치자 그리고 다니엘이 셋째 통치자가 되는 셈이다.

077

다니엘이 사자 굴에 들어갔을 때 나이는?

"이에 왕이 명령하여 다니엘을 끌어다가 사자 굴에 던져 넣는지라 왕이 다니엘에게 이르되 네가 항상 섬기는 너의 하나님이 너를 구원하시리라 하니라"(단 6:16)

다니엘이 사자 굴에 들어 갔을 때의 나이를 물어 보면 대체적으로 젊은 다니엘을 상상한다.

다니엘이 사자 굴에 들어갔어도 사자에게 먹히지 않고 살아나는 장면을 그린 그림을 보면 다니엘의 얼굴이 힘센 젊은 청년 같기도 하여 마치 사자가 다니엘이 무서워서 가까이 하지 못하는 것 같은 장면을 보여주고 있다.

사자 굴에 들어 갔을 때 다니엘의 나이는 몇 살쯤 되었을까?

다니엘이 메대와 바사 나라의 총리 셋 중 한 명이 되어 뛰어나게 고관들을 다스리니까 다른 총리들과 고관들이 다니엘을 시기하였다(단 6:4).

왕 이외의 어떤 신에게도 기도하지 못하게 한 왕의 특별 조서를 알고도 하루 세 번씩 기도하던 다니엘은 기도하던 습관을 멈추지 않았다(단

170

6:10).

다니엘을 시기하던 무리들은 왕의 명령을 거역하고 기도한 다니엘을 사자 굴에 넣으라고 왕에게 조른다. 신하들의 성화를 견디다 못한 다리오 왕은 할 수 없이 다니엘을 사자 굴에 넣으면서도 다니엘이 기도하는 하나님께서 다니엘을 구해 주실 것이라고 말한다.

다음 날 왕이 새벽에 급히 사자 굴로 가서 다니엘이 살아 있음을 확인한 왕은 다니엘을 참소한 사람들을 대신 사자 굴에 던져 넣고, 온 백성이 다니엘의 하나님 앞에서 떨며 두려워해야 한다는 조서를 내리고(단 6:24-26) 하나님을 찬양하였다.

다니엘이 유다 왕 여호야김 삼년에 바벨론 왕 느부갓네살의 군대에 의해 잡혀갔을 때는 소년이었다(단 1:1-4).

이 때가 B.C. 605년이다.

느부갓네살 왕은 B.C. 562년까지 다스렸고, B.C. 538년 바벨론이 망하였을 때 다니엘의 나이는 86세 정도가 된다. 다니엘이 19세 소년으로 잡혀갔다고 보는 계산이다.

다니엘이 B.C. 536년 고레스 왕 원년까지 왕궁에 있었으니(단 1:21) 다니엘은 바벨론에서 70년을 지내며 성경에 언급되지 않은 왕을 포함하여 모두 8명의 왕을 섬긴 것이다. 그리고 다니엘은 88세에 힛데겔 강가에서 환상을 본다(단 10:1-4).

💬 바벨론이 망하고 메대 사람 다리오가 왕이 되어서도 다니엘을 중용하니까 시기를 당하고 사자 굴에 던져진 것이다. 86세의 노인이 힘이 없음에도 사자 굴에서 살아날 수 있었던 것은 오직 하나님의 은혜였다.

078

유대 백성들은
포로생활 70년 만에
귀국하였나?

"곧 그 통치 원년에 나 다니엘이 책을 통해
여호와께서 말씀으로 선지자 예레미야에
게 알려 주신 그 연수를 깨달았나니 곧 예
루살렘의 황폐함이 칠십 년 만에 그치리라
하신 것이니라"(단 9:2)

메대 족속 아하수에로의 아들 다리오가 바벨론 나라의 왕이 된 첫 해
(단 9:1)에 다니엘 선지자가 예레미야서를 읽다가 예루살렘이 70년 만
에 회복되리라 하신 말씀(렘 25:11)을 깨닫는다.

예루살렘을 향하여 하루에 세 번씩 기도하며(단 6:10) 하나님 말씀을
읽던 다니엘이 깨달은 것처럼 예루살렘이 황폐된 후 70년 만에 회복되
었는지?

B.C. 722년에 북 이스라엘이 망한지 150년이 못되어 남 유다도 바
벨론의 침략을 몇 번 받다가 B.C. 586년에 결국 망하고 만다.

바벨론의 느부갓네살 왕이 예루살렘을 처음 함락시키고 유대인들을
포로로 잡아간 때가 기원전 605년이다. 이 당시 다니엘과 세 친구들 등
많은 유대인들이 잡혀갔다(단 1:1-6).

제2차 포로는 여호야긴 왕과 함께 잡혀간다(대하 36:10). 이 때가

B.C. 597년이다. 페르시아의 고레스 왕 원년에 예루살렘 성전을 건축하라는 조서가 내려진다(스 1:2).

이 때가 기원전 535년이다.

따라서 바벨론 포로 70년간(605 - 535 = 70년)의 예언이 이루어진 것이다(렘 29:10).

한편 남 유다 왕국이 멸망한 해를 기준으로 바벨론 포로 기간 70년을 계산해 볼 수도 있다.

남 유다는 B.C. 586년에 느부갓네살 왕에 의해 완전히 멸망한다. 1차 포로를 잡혀 간 후에도 유다가 바벨론 나라에 충성하지 않고 애굽을 의지하다가 결국 망하고 만 것이다.

스룹바벨이 고레스 왕의 귀환 명령에 따라 약 5만 명의 유대 백성을 이끌고 귀환하여 예루살렘 성전 재건에 힘쓴다. 이 때 재건된 성전을 스룹바벨 성전이라고 부르는데, 이 성전이 완공된 때가 B.C. 516년이다.

이렇게 계산해 보아도 예레미야 선지자의 예언을 다니엘이 깨달은 대로 유대 백성들이 70년 만에 귀환한 것이 된다.

다니엘 선지자는 1차 포로로, 에스겔 선지자는 2차 포로로 바벨론에 잡혀갔다. 그리고 예레미야 선지자는 예루살렘 멸망과 함께 애굽으로 갔다고 한다.

💬 3차에 걸쳐 바벨론으로 잡혀간 유대 민족은 70년 만에 스룹바벨(스 2:2), 에스라(스 7:6), 느헤미야(느 2:8)의 인도로 3차에 걸쳐 유다로 돌아 온다.

079

요나는
고래 뱃속에
들어갔을까?

"여호와께서 이미 큰 물고기를 예비하사
요나를 삼키게 하셨으므로 요나가 밤낮 삼
일을 물고기 뱃속에 있으니라"(욘 1:17)

흔히들 '고래 뱃속에 들어갔던 요나'라는 이야기를 많이 한다. 성경
동화책에 보면 그림에도 고래 뱃속에 앉아있는 요나 모습을 볼 수 있
다. 교회학교에 다니면서 예수님께서도 요나가 고래 뱃속에 들어 갔던
이야기를 하셨다는 말씀도 들었던 기억이 뇌리에 남아있다.

과연 요나는 고래 뱃속에 들어 간 것일까?

이 이야기를 전설이라고 단정 짓는 사람들도 있다. 하지만 요나 선지
자 이야기는 성경 요나서 말고도 성경에 또 언급되고 있다.

"이스라엘의 하나님 여호와께서 그의 종 가드헤벨 아밋대의 아들 선
지자 요나를 통하여 하신 말씀과 같이 여로보암이 이스라엘 영토를 회
복하되 하맛 어귀에서부터 아라바 바다까지 하였으니"(왕하 14:25)

요나 선지자는 아밋대의 아들로 소개되고 있다. 요나서에서도 요나
는 아밋대의 아들로 나온다(욘 1:1).

따라서 요나 선지자는 실존 인물이다. 예수님께서도 요나를 언급하
셨다. 그러면 고래 이야기는 어떻게 된 것일까?

교회학교 다닐 시절에 '요나와 고래' 이야기를 들었을 때 필자는 고래가 등으로 물을 뿜어 내는데 요나까지 물과 함께 바다로 뿜어져 나가지 않았을까 걱정을 하기도 하였다.

다시 한번 신구약 성경 말씀을 보자.

"여호와께서 이미 큰 물고기를 예비하사 요나를 삼키게 하셨으므로 요나가 밤낮 삼 일을 물고기 뱃속에 있으니라"(욘 1:17)

"요나가 밤낮 사흘 동안 큰 물고기 뱃속에 있었던 것 같이 인자도 밤낮 사흘 동안 땅 속에 있으리라"(마 12:40)

요나서와 마태복음에도 고래란 단어가 나오지 않는다.

고래란 단어는 히브리어 성경 창세기나 헬라어 성경 마태복음에 없는 표현인데, KJV(흠정역 성경)에서 예수님의 부활 비유 말씀인 마태복음 12장 40절을 '고래'라고 번역한 것이다. 물론 영어로도 고래(whale)라 표기되어 있다. KJV에서는 창세기 1장 21절의 '큰 물고기', 욥기 7장 12절의 '바다 괴물'을 모두 '고래'로 번역한다. 다른 성경에서는 큰 물고기나 바다 괴물, 상어 등으로 번역하고 있다.

💬 그러나 개역개정에 고래란 단어는 없고 단지 큰 물고기라고 표현하고 있다.

080

유대인들은 어떻게 엘리야를 기다리는가?

"보라 여호와의 크고 두려운 날이 이르기 전에 내가 선지자 엘리야를 너희에게 보내리니"(말 4:5)

구약의 마지막 말씀은 엘리야 선지자가 와서 아버지의 마음을 자녀에게 돌이키게 하고 자녀들의 마음을 아버지에게로 돌이키게 하여 하나님의 저주를 피하게 한다(말 4:6)는 말씀이다.

유대인들은 이 말씀에 따라 엘리야 선지자를 기다린다.

그러나 예수님께서는 세례 요한이 바로 이 엘리야라고 말씀 하신다.

"… 오리라 한 엘리야가 곧 이 사람이니라"(마 11:14)

예수님과 세례 요한 모두가 '회개하라'고 외쳤다. 회개하고 마음을 하나님께로 돌이켜야만 하나님의 진노를 피할 수 있다고 말씀한 것이다.

그렇지만 예수님을 믿지 않는 유대인들은 아직도 엘리야 선지자를 기다리고 있다. 유대인들이 어떻게 엘리야 선지자를 기다리고 있을까?

유대인들은 유월절 식사를 할 때 4개의 포도주 잔과 큰 빈잔 한 개를 식탁에 놓는다.

첫 번째 잔을 마시기 전에 그 집의 가장은 식구들에게 유대 민족은 하나님께서 선택한 민족이니까 구별된 삶을 살아야 한다는 설명을 한다. 구원의 잔이다.

두 번째 잔을 마시기 전에는 출애굽 당시 10가지 재앙에서 건져 주신 하나님을 이야기 한다. 하나님께서는 유대 민족을 지금도 보호해 주신다는 것을 상기시킨다. 교육의 잔이다.

세 번째 잔은 섬김의 잔이다. 양의 피를 문설주에 바르고 죽음의 천사가 넘어 간 유월절 사건을 이야기 한다.

네 번째 잔을 마시기 직전에 어린 아이 한 명을 문 밖으로 내 보내면서 말한다.

'애야 일어 나거라. 문 열어 봐라. 엘리야가 왔느냐?'

'안 왔어요'하고 아이가 대답하면

다같이 '엘리야 온다. 엘리야 온다. 엘리야 온다. 내년에는 온다'를 슬프게 합창한다.

네 번째 잔은 찬양의 잔이다. 오랫동안 불렀던 찬양을 부른다.

이렇게 출애굽 사건을 재현함으로 그들은 공동체 의식을 더욱 공고히 한다. 말씀의 생활화가 그들의 신앙인 것이다.

유대인들은 엘리야 선지자가 와서 마실 잔을 준비해 놓고 기다리고 있다. 어떤 교회에서는 기도할 때나 회의할 때 빈 의자를 하나 더 놓는다. 주님께서 앉으실 자리이다. 마치 엘리야의 잔으로 큰 빈 잔을 준비하는 것처럼 주님께서 앉으실 자리를 만들어 둔다.

💬 예수님의 제자들은 세례 요한이 엘리야 선지자인줄 확실히 알았는데도 불구하고(마 17:13) 유대인들은 아직도 엘리야를 기다리고 있는 것이다.

3장

이 땅에 오신 예수 그리스도

사복음서 숲 속 이야기 37가지

081

예수님은
서기 0년에
태어나셨나?

"아브라함과 다윗의 자손 예수 그리스도의
계보라"(마 1:1)

신약성경의 첫 번째 책인 마태복음은 예수님의 계보와 탄생이야기로 시작한다. 유대 민족의 조상 아브라함과 유대 민족이 제일 자랑스럽게 여기는 다윗 왕의 족보를 따라 예수님께서 태어나셨음을 강조하고 있다.

예수님의 탄생은 구약성경과 신약성경을 구분 시킬 뿐 아니라 역사의 전환점이 되기도 한다. 예수님의 탄생 이전의 역사는 B.C. 라는 연대를 사용하고 예수님 탄생 이후의 역사를 이야기할 때는 A.D. 라는 연대를 사용한다.

B.C.는 Before Christ 즉 그리스도 이전이라는 말의 약자이고, A.D.는 Anno Domini 즉 그리스도 기원 또는 주님 후 시간을 말한다.

그렇다면 예수님께서 탄생한 해가 A.D. 0년인가?

6세기에 교황 요한 1세는 매년 마다 바뀌는 부활절 날짜를 미리 계산해 보라고 수도사에게 이야기 하였다. 디오니시우스 엑시구스 수도사는 당시의 연도를 예수님 탄생 후 525년이 된다고 하여 A.D. 525년 이라고 정하면서 예수님 탄생한 해를 A.D. 1년 이라고 하였다.

A.D.는 1년부터 시작한다. 그리고 B.C.도 1년부터 시작한다.

숫자 0이란 존재와 가치가 크게 인식되지 않았던 중세였다.

따라서 A.D. 0년이나 B.C. 0년은 존재하지 않는다.

그런데 예수님 탄생 연도 계산에 착오가 있었음을 역사가들이 발견하게 되었다. 헤롯 왕이 죽기 전에 두 살부터 그 아래 사내아이들을 죽였으니(마 2:16) 헤롯 왕 죽기 2년 전쯤에 예수님께서 탄생하셨다고 본다.

그리고 예수님 가족은 헤롯 왕의 박해를 피하여 애굽으로 피난 가셨다가(마 2:14) 헤롯 왕이 죽은 후 이스라엘로 들어오신다(마 2:21).

문제는 헤롯 왕이 언제 죽었는지 그 사망 연도가 정확하지 않다는데 있다. 어떤 역사가들은 헤롯 왕이 기원전 4년에 죽은 것으로 보고 예수님께서 기원전 5, 6년에 탄생하신 것으로 추측하기도 한다.

다른 역사가들은 기원 1년 전에 헤롯 왕이 죽었다고 보고 예수님께서 기원전 4년에 탄생하신 것으로 말한다.

대영박물관에 보관되어 있는 로마시대의 기록에 의하면 헤롯 왕이 기원전 4년에 죽은 것으로 기록되어 있는데 이 기록 조차도 기원전 1년을 잘못 기록한 것이라는 주장을 펴고 있다.

💬 예수님의 죽음과 마찬가지로 탄생하신 정확한 년도도 확실히 알 수 없는 것이다.

082

예수님의 족보 이야기는 숫자 7과 어떤 조화를 이루는가?

"그런즉 모든 대 수가 아브라함부터 다윗 까지 열네 대요 다윗부터 바벨론으로 사로 잡혀 갈 때까지 열네 대요 바벨론으로 사로 잡혀 간 후로부터 그리스도까지 열네 대더 라"(마 1:17)

　　예수님을 믿는 자들을 여러 가지 어려운 질문으로 괴롭히는 것을 취 미로 삼고 있던 어떤 무신론자가 하루는 성경을 읽어 보기로 했다. 그 리스도인들이 모든 대답을 '성경에서 이렇게 말씀한다' 하면서 성경을 인용하는 것을 못 마땅하게 여긴 그는 자신도 성경을 읽고 모순된 것들 을 찾아 보고자 했던 것이다.

　　그는 창세기 1장 1절을 히브리어로 읽다가 깜짝 놀랐다. 창세기 1장 1절이 히브리어 단어 7개로 된 문장이라는 것 외에도 숫자7과 연관해 서 많은 사실을 발견한 것이다. 이 학자가 이번에는 마태복음에 나오는 예수님 족보에서도 7과 관련된 사실을 많이 발견했다. 이러한 사실을 발견한 그는 성경이 성령님의 감동으로 쓰여지지 않고는 도저히 이러 한 숫자적 패턴을 가질 수 없다고 결론 내리고, 무신론자에서 크리스천으로 회심하였다. 그가 소련에서 태어나 독일로 피난하였다가 미국으로 이민 가서 하버드 대학교 수학교수가 된 이반 페닌(Ivan Panin, 1855-1942)이다.

마태복음 1장은 11절, 17절, 25절까지로 크게 3단락으로 나눠진다.

마태복음 1장 1절에서 11절까지는 헬라어로 49개 단어인데 이는 126개 자음과 140개 모음 모두 266글자이고, 이 중 명사가 42개이다. 남자 이름이 56번 나오고 여자 이름의 글자 수는 14이다.

도시 이름은 바벨론 하나만 나오는데 바벨론이란 글자도 7자이다.

1절에서 17절까지에 명사가 56개 있다.

18절부터 1장 마지막 절인 25절까지는 161단어이며 여기에 서로 다른 단어는 77개가 있다. 주의 사자가 요셉에게 한 이야기는 28단어이며 위에서 언급된 모든 숫자는 7의 배수이다.

예수님의 족보에 여성이 5명 등장한다. 그런데 다말, 라합, 룻, 마리아는 이름이 나오지만 밧세바는 이름이 나오지 않고 '우리야의 아내'(마 1:6)라고만 되어있다.

이들 여자 이름(다말, 라합, 룻, 마리아)의 글자수가 14인데, 만일 밧세바란 이름이 등장한다면 족보의 숫자적인 조화가 깨어지게 된다.

유월절은 니산월 14일이다(출 12:6, 레 23:5). 유월절 어린 양으로 오신 예수님(고전 5:7)은 아브라함의 14대, 14대, 14대 손으로 오셔서 우리를 죄에서 구원하셨다.

💬 예수님의 족보를 완전수 7과 구원을 뜻하는 숫자 14(역시 7의 배수)가 아름답게 칠하고 있다

083

아기 예수님은 애굽 어디로 피난 가셨나?

"그들이 떠난 후에 주의 사자가 요셉에게 현몽하여 이르되 헤롯이 아기를 찾아 죽이려 하니 일어나 아기와 그의 어머니를 데리고 애굽으로 피하여 내가 네게 이르기까지 거기 있으라 하시니 요셉이 일어나서 밤에 아기와 그의 어머니를 데리고 애굽으로 떠나가"(마 2:13-14)

아기 예수님께 경배한 동방박사들이 헤롯에게 그 위치를 알려주지 않고 고국으로 돌아가 버리자 헤롯은 베들레헴과 그 근처 지역의 아기 중 두 살 이하의 사내 아이를 모두 죽이고 만다. 그러나 이 사건이 일어나기 전에 아기 예수님 가족은 천사의 지시로 이미 애굽으로 피난 가셨던 것이다.

아기 예수님 가족이 애굽 어디로 피난 가셨을까?

아기 예수님과 함께 요셉 가족은 출애굽 하던 이스라엘 백성들이 살던 고센 지역을 지나 나일강을 따라 알 쿠시아 마을까지 피난을 갔다고 본다. 알 쿠시아는 카이로에서 룩소(나훔 3장 8절에 나오는 노아몬)로 가는 길의 중간 지점이다. 알 쿠시아에는 애굽에서 제일 큰 알 무하락 수도원이 있다. 이곳에는 마리아 기념교회를 비롯하여 여러 개의 예배장소가 있는데 아기 예수님이 계시던 장소는 특별히 보존하고 있다.

요셉 가족이 알 쿠시아까지 가면서 잠시 머무른 곳이나 휴식한 장소, 아기 예수님이 기적을 일으킨 장소 마다 기념물이나 기념교회가 있고 이에 따른 전설이 전해지고 있다.

구 카이로에 있는 아부사르가 교회는 애굽에서 가장 오래된 교회인데, 요셉 가족이 수 개월간 머무른 곳이라 한다. 지금도 제단 지하에는 이를 기념하는 피신 장소가 구분되어 있다. 이 교회 본당 내부는 모두 12개의 기둥들로 받쳐져 있는데, 각 기둥마다 십자가와 예수님의 열 두 제자 성상이 새겨져 있지만 유독 한 기둥에만 십자가나 제자의 성상이 없다. 이는 예수님을 배반한 가룟 유다를 상징한다고 한다.

나폴레옹 군사들이 잘라버리려고 내려친 첫 도끼 자국에서 피가 흘렀다는 마리아 나무가 있던 자리에는 곱틱교회의 성 조지 교회가 있다.

아기 예수님 가족은 헤롯이 죽은 후에 이스라엘로 돌아와서 갈릴리 지방 나사렛이란 동네로 가셨다(마 2:23). 예수님께서 베들레헴에서 나셨지만 나사렛 예수라 칭하는 이유가 여기에 있는 것이다.

💬 카이로에서 약 400Km 떨어진 곳까지 요셉 가족이 피난을 갈 수 있었던 것은 동방박사들이 아기 예수님 탄생 축하 선물로 가져온 황금, 유향, 몰약 때문이었을 것이다. 이 선물로 요셉 가족의 여행 경비가 충당 되었을 것으로 본다.

084

신약에 있는
구약 인용 말씀은
왜 다른가?

"그는 선지자 이사야를 통하여 말씀하신 자
라 일렀으되 광야에 외치는 자의 소리가 있
어 이르되 너희는 주의 길을 준비하라 그가
오실 길을 곧게 하라 하였느니라"(마 3:3)

세례 요한이 광야에서 '회개하라 천국이 가까이 왔느니라'고 전파하
는 광경은 750여 년 전 이사야 선지자의 예언이 이루어진 것이라는 말
씀이다.

"외치는 자의 소리여 이르되 너희는 광야에서 여호와의 길을 예비하
라 사막에서 우리 하나님의 대로를 평탄하게 하라 …"(사 40:3)

이 말씀을 마가복음, 누가복음, 요한복음에서는 다음과 같이 인용하
고 있다.

"… 광야에 외치는 자의 소리가 있어 이르되 너희는 주의 길을 준비
하라 그의 오실 길을 곧게 하라 …"(막 1:3)

"… 광야에서 외치는 자의 소리가 있어 이르되 너희는 주의 길을 준
비하라 그의 오실 길을 곧게 하라"(눅 3:4)

"… 주의 길을 곧게 하라고 광야에서 외치는 자의 소리로라 하니라"
(요 1:23)

역시 마태, 마가, 누가의 공관복음은 그 내용이 같게 기록되어 있지만 요한복음은 조금 다르다. 마태와 누가가 마가의 기록을 참고하였다고 보지만 요한은 독자적인 관점으로 기록하였다.

그러나 4복음서 모두 이사야서에 기록된 내용과는 일치하지 않는다.

구약 이사야서를 인용하였는데 신약에서 왜 다른 표현이 되는가?

비단 이 말씀뿐 만 아니라, 신약에서 인용된 많은 구약 말씀이 구약에 기록된 말씀과 서로 똑 같지 않음을 볼 수 있다.

그러나 70인역 성경으로 본 이사야 40장 3절 말씀은 다음과 같다.

"광야에서 외치는 이의 소리가 있다. '너희는 주님의 길을 예비하고, 그의 길을 곧게 하여라'"(사 40:3 70인역)

> 💬 이는 구약에 히브리어 언어로 기록되어 있는 것을 신약에서 그대로 인용하여 번역한 것이 아니고, 구약이 헬라어로 번역된 70인역 성경을 신약 저자들이 인용하여 기록하였기 때문이다.

085

예수님께서는 어떻게 율법을 완전하게 하시나?

"내가 율법이나 선지자를 폐하러 온 줄로 생각하지 말라 폐하러 온 것이 아니요 완전하게 하려 함이라"(마 5:17)

구약 시대의 불완전한 구원 계시가 신약 계시로 승화 발전된 것과 같이, 예수님께서는 신약 시대의 복음으로 구약의 율법도 승화시키셨다. 예수님께서 오심으로 신약 복음의 새 법이 율법을 폐한 것이 아니라 오히려 율법을 완전하게 하신 것이다.

예수님께서는 어떻게 율법을 완전하게 하셨는가?

예수님께서는 구약의 '동해 보복법'을 사랑의 법으로 승화시키셨다.

'눈은 눈으로, 이는 이로'라는 동해 보복법은 출애굽기 21장 23절에서 25절의 말씀에 근거한 율법이다.

"그러나 다른 해가 있으면 갚되 생명은 생명으로, 눈은 눈으로, 이는 이로, 손은 손으로, 발은 발로, 덴 것은 덴 것으로, 상하게 한 것은 상함으로, 때린 것은 때림으로 갚을지니라"(출 21:23-25)

이러한 동해 보복법에 대해서 예수님께서는 다음과 같이 사랑으로 대하라고 말씀 하신다.

"또 눈은 눈으로, 이는 이로 갚으라 하였다는 것을 너희가 들었으나 나는 너희에게 이르노니 악한 자를 대적하지 말라 누구든지 네 오른편 뺨을 치거든 왼편도 돌려대며 또 너를 고발하여 속옷을 가지고자 하는 자에게 겉옷까지도 가지게 하며 또 누구든지 너로 억지로 오 리를 가게 하거든 그 사람과 십 리를 동행하고 네게 구하는 자에게 주며 네게 꾸고 자 하는 자에게 거절하지 말라"(마 5:38-42)

이혼에 대한 율법도 예수님께서는 사랑으로 완전하게 하신다.

신명기 24장 1절은 "…이혼 증서를 써서 그의 손에 주고 그를 자기 집에서 내보낼 것이요"라고 이혼 증서를 써 주고 이혼하라는 율법이다.

그러나 예수님께서는 이혼하고 다른데 장가드는 자는 간음하는 것이 라고 말씀하시면서 이혼을 절대 금하셨다.

"그런즉 이제 둘이 아니요 한 몸이니 그러므로 하나님이 짝지어 주신 것을 사람이 나누지 못할지니라 하시니"(마 19:6)

이렇게 율법을 완전하게 하신 예는 이 외에도 성경에 많이 기록되어 있다. 주님께서는 율법을 폐하러 오신 것이 아니라 오히려 율법을 완전 하게 하시려고 오셨다.

그리스도가 율법의 마침이시라는 말씀은 율법을 폐하셨다는 것이 아 니고, 율법의 완성이시고 율법의 끝이시라는 것이다. 우리는 율법에 의 해서 의인이 되는 것이 아니다.

💬 "그리스도는 모든 믿는 자에게 의를 이루기 위하여 율법의 마침이 되시니 라"(롬 10:4)

189

086

예수님의
멍에는
왜 가벼운가?

"수고하고 무거운 짐 진 자들아 다 내게로
오라 내가 너희를 쉬게 하리라 나는 마음이
온유하고 겸손하니 나의 멍에를 메고 내게
배우라 그리하면 너희 마음이 쉼을 얻으리
니 이는 내 멍에는 쉽고 내 짐은 가벼움이
라 하시니라"(마 11:28-30)

예수님께서는 수고하고 무거운 짐을 진 자들 모두에게 쉼을 얻기 위
해 자신에게 오라고 초청하신다. 자기가 문제를 만들어 스스로 힘들어
하는 수고하는 자들과, 제도나 이웃 등 타인에 의해 무거운 짐을 지고
지쳐있는 자들 모두에게 예수님의 멍에를 메라고 하신다. 우리는 그 멍
에가 무엇인가를 묻기 전에 예수님의 멍에가 왜 가벼운가를 먼저 이해
하여야 한다.

멍에는 소 두 마리가 함께 일하도록 하여 힘을 배가 하고 서로 이끌도
록 하기 위해 만들어진 것이다. 따라서 예수님께서 '나의 멍에를 메고'
라는 말씀에는 '나와 함께 멍에를 메고'라는 뜻으로 예수님과 함께 멍에
를 메는 그림을 상상해야 한다.

엘리야 선지자를 만날 때 엘리사는 열두 겨릿소를 앞 세우고 밭을 갈

고 있었다(왕상 19:19). 즉 소 두 마리씩 멍에를 멘 소 떼 24마리로 밭을 갈고 있었던 것이다. 겨릿소가 되면 경험이 적은 소라도 옆의 소가 가는 대로 따라 가면서 배우면 된다.

예수님과 함께 멍에를 메고 겨릿소의 형태가 되면 예수님께서 인도하시는 대로 따라만 가면 되는 것이다. 쉽고 가벼울 수 밖에 없다.

예수님께서는 전혀 다른 멍에를 제공하신다. 예수님의 거룩한 마음의 신비에 더 깊이 들어가서 위로와 새 힘의 근원을 찾도록 하신다.

우리 조상과 우리도 능히 메지 못하던 멍에를 메게하지 말라고 사도 베드로는 말씀한다(행 15:10).

기도할 때도 예수님과 멍에를 같이 메면 쉼을 얻을 수 있다.

기도란 자신을 예수님과 하나로 묶는 것이다. 용서와 화해와 자유와 자비를 구하며 그분을 통하여 온 세상을 하나님께 올려 드리는 것이다. 우리의 모든 고뇌와 아픔을 예수님의 온유하고 겸손하신 마음과 연결시키는 것이다. 우리의 모든 슬픔을 치유의 근원이 되시는 예수님께 가지고 가면 된다.

우리는 예수님과 함께 멍에를 메고 보조를 맞추며 살아야 한다.

예수님의 멍에를 메는 것은 그분의 제자가 되는 것이다. 제자는 그분을 주님으로 모시고 따르는 것이지만 그분을 사랑하고 찬양도 해야 한다.

💬 예수님의 온유하심은 약함이나 여림이 아니라 하나님의 무한하신 자원을 마음대로 쓰실 수 있는 능력이다.

087

바리새인과 사두개인은 누구인가?

"바리새인과 사두개인들이 와서 예수를 시험하여 하늘로부터 오는 표적 보이기를 청하니"(마 16:1)

바리새인과 사두개인들은 예수님 사역에 상당히 비우호적이었다. 기회만 있으면 예수님을 못살게 굴었다. 그들은 어려운 질문을 하여 예수님을 골탕 먹이려 하였으나 번번히 실패하자 드디어 예수님을 죽일 거짓 증거를 찾기 시작한 것이다(마 26:59).

이렇게 예수님의 말씀에 책잡으려 하고 못 마땅하게 생각한 바리새인과 사두개인들은 과연 누구인가?

바리새인의 '바리새' 어원은 '분리된 사람들'을 의미하는 아람어 '페리샤야'로 히브리어로는 '파루쉬'이다. 바리새주의는 마카비 시대인 주전 165년에 유대인들을 헬라 문화에 동화시키려는 정책에 반대하고 출애굽기 19장 5-6절에 반영된 이상, 곧 이스라엘 민족은 하나님 말씀을 잘 듣고 언약을 지키는 하나님의 거룩한 백성이어야 한다는 이상을 성취하려는 중산층 평신도 성결운동이요 부흥운동이었다. 그들은 특별히 불결로부터의 분리, 즉 정결과 성결을 강조했는데 여기서 바리새인이라는 명칭이 기원되었다. 세리나 죄인들에게서 자신들을 구별했을

뿐 아니라 율법을 모르는 유대인 군중들을 저주 받은 자라 하여 분리하였다(요 7:49).

바리새인들은 이스라엘의 영적 지도자로서 백성에게 모세의 율법을 가르쳤다. 그러면서 모세 율법에 수많은 인본주의적인 전통을 덧붙여서 하나님의 계명을 부담스러운 짐으로 만들어 놓았다. 그들은 백성에게 엄격한 영적 기준을 제시했지만, 그들 자신도 그 기준대로는 살지 못했다. 율법을 지키는 삶의 모범을 보이지 못했기 때문에 예수님께서 그들에게 호된 질책을 하신 것이다.

사두개인의 '사두개' 어원은 '의로운 사람'이라는 히브리어 '싸다크'이다. 사두개파는 다윗 통치 시에 아비아달과 더불어 대제사장직을 분담했던 사독에게서부터 내려왔다(삼하 8:17).

그러나 예수님 당시의 사두개인들은 유대 공동체의 세속 정치 집단으로서 영이나 천사도 믿지 않았고, 죽은 사람의 부활도 믿지 않았다(마 22:23).

당시 이스라엘에는 바리새파와 사두개파 이외에 에세네파가 있었다.

에세네파는 지역 정치와 그들 공동체를 차단시키고 유대 지역의 광야에 머물면서 은둔 생활을 하는 경건한 신비주의자들이었다. 입회 조건이 매우 까다로웠고, 하나님과의 거룩하고 친밀한 관계를 추구하며 금욕적인 삶을 살았다. 세례 요한도 에세네파에 속했을 것으로 본다.

💬 바리새인은 회당을 중심으로 한 종교지도자이자 교사로 중류층이었다. 사두개인은 성전을 중심으로 한 제사장이며 사회 권력과 정치력을 움켜쥐었던 귀족 계급층이었다. 바리새인과 사두개인들은 예수님께서 누구신지 진정으로 알지 못했다.

088

우리는 무엇을 믿는가?

> "시몬 베드로가 대답하여 이르되 주는 그리스도시요 살아 계신 하나님의 아들이시니이다"(마 16:16)

'너희는 나를 누구라 하느냐?'는 예수님의 질문에 수제자 베드로가 대답한 고백이다.

누가 우리에게 '당신은 무엇을 믿습니까?'라는 질문에 1분 이내의 요약된 답을 해보라고 한다면 믿는 성도들 누구나가 공통으로 대답할 수 있는 신앙 고백이 바로 사도신경이다.

성경에 나오지 않는 사도신경은 언제부터 사용하게 되었을까?

사도신경이 처음부터 지금 우리가 사용하는 형태로 탄생한 것은 아니다. 그러나 이와 비슷한 형식의 다양한 고백문들이 주후 150년 이전부터 사용되어 왔다는 것을 초기 기독교 문서들을 통해 알 수 있다.

순교자 저스틴의 165년경 신앙고백문이나, 서머나 장로회의의 180년경 기록, 히폴리투스가 215년에 쓴 질문 형식의 '사도적 전통' 고백문들이 남아 있다.

지금 사용하는 사도신경과 정확히 같은 형태의 고백문이 6세기말이나 7세기 초에 남부 프랑스에서 사용되었다고 본다.

그리고 공인된 본문은 710-724년 문서에서 발견된다.

따라서 초기에는 다양한 형태의 사도신경이 사용되다가 8세기에 이르러서는 공통된 본문을 사용하게 되었고 9세기에 가톨릭 교회에서 공식적으로 정착되었다고 본다.

그러나 사도신경이 성경에 나오지 않기 때문에 동방 정교회에서는 처음에 사도신경의 사용에 부정적이었다. 동방 정교회가 사도신경을 정통 신조로 받아들이긴 했지만 지금도 공예배에서는 사용하지 않는다. 또한 공회(영어로 Catholic Church)의 정의에 대한 이견과 사도신경의 우리말 번역이 정확하지 않다고 하여(특히 예수님께서 지옥에 내려 가셨다는 영문 표현이 우리말에는 없다) 사도신경을 예배 순서에 포함시키지 않는 교단도 있다.

사도신경에는 하나님께서 어떤 분이신가, 그리스도는 누구인가, 그리스도의 생애와 사역은 어떠하였나에 대한 고백에 이어 우리가 믿는 성령님, 거룩하고 보편적인 교회, 죄 용서, 부활, 영생에 대한 성경의 가르침이 잘 요약되어 있다.

십계명은 성부 하나님께서 친히 써 주셨고, 주기도문은 성자 예수님께서 직접 가르쳐 주셨고, 사도신경은 성령님께서 우리에게 성경에 말씀하고 있는 바를 가르치시고 잘 생각나게 하시고 있다.

> 마르다의 다음과 같은 고백이 우리의 신앙고백이 되어야 한다.
> "… 주는 그리스도시요 세상에 오시는 하나님의 아들이신 줄 내가 믿나이다"
> (요 11:27)

089

예수님께서는 어떤 교회를 세우시기 원하시는가?

"또 내가 네게 이르노니 너는 베드로라 내가 이 반석 위에 내 교회를 세우리니 음부의 권세가 이기지 못하리라"(마 16:18)

제자들에게 '너희는 나를 누구라 하느냐?'는 예수님의 질문에 '주는 그리스도시요 살아 계신 하나님의 아들이니이다'(마 16:16하)라고 베드로가 고백하자, 예수님께서는 '내가 이 반석 위에 내 교회를 세우리라'고 말씀하신다.

이 말씀을 놓고 가톨릭과 개신교가 지금까지 싸우고 있는 중이다.

가톨릭에서는 반석인 베드로 위에 교회를 세우신다고 예수님께서 말씀하셨다고 하여 베드로의 유해 위에 로마의 베드로 성당을 세웠다. 그리고 베드로를 제1대 교황으로 추대하였으며 지금까지 교황이 그리스도의 대리자로서 역할과 권위를 갖고 가톨릭 교회를 지휘한다.

반면에 개신교에서는 반석을 '베드로의 신앙 고백'이라고 보고 예수님께서 베드로의 고백 위에 교회를 세우셨다고 말한다.

과연 예수님께서는 어떤 교회를 세우시기 원하고 계시는가?

교회는 세상에 나타나기 전에 이미 하나님의 마음 속에 영원 전부터 있었다.

우리들 눈에 '보이지 않는 교회'는 하나님의 눈에만 보이는 교회다. 이 땅의 교회는 이 눈에 보이지 않는 교회가 '보이는 교회'의 형태로 드러난 것이다.

성경은 오직 두 가지 차원의 교회에 관해 말씀한다.

교회의 보편성과 지역성이다. 보편 교회란 지상의 모든 교회를 말하고, 지역 교회란 지역성을 갖는 교회를 뜻한다. 성경적 교회는 지역 교회이다. 각 지역에 흩어져 있는 교회다.

모든 교회는 하나이다.

교회는 거룩한 교회다.

교회는 공교회다.

사도신경에서 '공회' 또는 '공교회'란 말은 영어 catholic church를 번역한 말이다. 보편적 교회다.

예수님께서 원하신 교회는 예수님 자신이 하시던 일을 계속하는 교회다. 복음 선포와 가르치심 그리고 기도하며 치유하신 사역들을 교회가 하면 된다. 이럴 때 교회는 그리스도의 몸이 된다. 뿐만 아니라 우리는 그리스도의 살아있는 몸으로, 남은 고난에 동참하는 교회가 되어야 한다(골 1:24).

주님께서는 모든 시대의 모든 교회들에게 성령님께서 하시는 말씀을 들으라고 7번 말씀하신다(계 2:7, 11, 17, 29, 3:6, 13, 22).

💬 교회는 하나님과 그리스도와 성령님의 사역으로 세워졌고, 예수님께서는 지금도 교회를 모으시고, 보호하시고, 보존하신다.

090

변화산에서 베드로는 왜 초가집을 짓자고 하였나?

"베드로가 예수께 여쭈어 이르되 주여 우리가 여기 있는 것이 좋사오니 만일 주께서 원하시면 내가 여기서 초막 셋을 짓되 하나는 주님을 위하여, 하나는 모세를 위하여, 하나는 엘리야를 위하여 하리이다"(마 17:4)

예수님께서 베드로, 야고보, 요한과 함께 높은 산에 오르셨다.

이곳에서 예수님의 얼굴이 해 같이 빛나시며 옷이 빛과 같이 희어지게 변형되셨기 때문에(마 17:2) 이 산을 변화산이라 부른다. 변화산이 이스라엘 북쪽에 있는 헬몬산이냐, 다볼산이냐 아니면 감람산이냐 하는 논란이 있다. 현재는 다볼산에 엘리야교회와 변화교회가 있다.

변형되신 예수님께서 율법을 대표하는 모세와 선지자를 대표하는 엘리야와 더불어 말씀하시는 광경을 목격한 베드로가 이곳에 초막 셋을 짓겠다고 한다. 그 많은 집 중에서 왜 하필 초막집일까?

변화산에서 내려올 때 예수님께서는 자신이 죽었다가 살아나시기 전에는 본 것을 아무에게도 이르지 말라고 하신다(마 17:9).

198

이 말씀에 순종한 사도 베드로는 입을 꽉 다물고 있다가 생의 마지막(벧후 1:14)에 그의 크신 위엄을 친히 본 비밀을 이야기 한다. 사도 베드로가 거룩한 산 변화산에서 보고 들은 이야기(마 17:5)를 자신이 기록한 베드로후서 편지에 남긴 것이다.

"지극히 큰 영광 중에서 이러한 소리가 그에게 나기를 이는 내 사랑하는 아들이요 내 기뻐하는 자라 하실 때에 그가 하나님 아버지께 존귀와 영광을 받으셨느니라"(벧후 1:17)

베드로가 초막집 이야기를 한 것은 마태복음 17장 1절의 '엿새 후'란 구절에서 힌트를 찾을 수 있다.

엿새 후와 초막집이란 말씀은 초막절 절기와 관련이 있다.

"…일곱째 달 열닷샛날은 초막절이니 여호와를 위하여 이레 동안 지킬 것이라"(레 23:34)

초막절 기간동안 이스라엘 백성들은 이레 동안 초막에 거주한다(레 23:42).

초막절 절기와 관련된 예수님의 또 다른 이야기가 성경에 나온다.

초막절 마지막에는 물을 붓는 유대 관습이 있다. 때문에 예수님께서 초막절 끝날에 생수의 강에 대한 외침을 하신다.

"명절 끝날 곧 큰 날에 예수께서 서서 외쳐 이르시되 누구든지 목마르거든 내게로 와서 마시라 나를 믿는 자는 성경에 이름과 같이 그 배에서 생수의 강이 흘러나오리라 하시니"(요 7:37-38)

💬 초막에 거주하다 변화산에 오른 베드로는 초막 이미지가 아직 머리 속에 있었던 것이다.

091

성경의
장과 절은
언제
구분되었나?

"(없음)"(마 17:21)

마태복음 17장 21절에는 '(없음)'이라고 되어 있다. 기록된 말씀이 없다는 것이다.

그런데 어떤 성경에는 난외 주가 있다. '기도와 금식이 아니면 이런 유가 나가지 아니하느니라'라는 말씀이 21절에 기록되어 있는 다른 성경도 있다는 주석이다.

신구약 성경에는 원래 장과 절의 구분이 없었다.

특히 성경이 몇 몇 성직자들의 전유물일 때는 장 절의 구분이 필요하지 않았다. 그러다가 성경이 점차 대중적으로 퍼지기 시작하자 장과 절의 구분이 시도되기 시작했다. 공중 예배 때나 공개 토론을 할 때는 대중들이 특정 구절을 쉽게 찾게 하기 위해 장 절의 필요성이 더욱 요구된 것이다.

또한 성경을 적당한 단위로 끊어 읽음으로써 그 내용 파악은 물론 본문 이해의 효율성을 높이기 위하여 장 절이 구분되었다.

200

유대인들은 회당에서 구약을 읽을 때 주제별로 문단을 나누어 구분했다. 이러한 흔적은 1947년 사해에서 발견된 쿰란 사본에서 확인해 볼 수 있는데 이는 기원전 1세기에서 기원후 1세기 사이에 사용되던 것이어서 구약의 문단 구분이 오래 전부터 되었음을 알 수 있다.

6세기에 이르러서는 구약성경의 절 구분에 해당하는 표시들이 성경 본문에 첨가되었다. 이 후 영국 켄터베리 대주교였던 스티브 랭턴 (1150-1228)이 구약을 숫자 형태로 장을 구분하였다. 1330년에는 필사본 히브리어 성경에 그리고 1516년에는 인쇄본 히브리어 성경에도 적용하였다. 1571년에는 절 표시까지 된 히브리어 성경이 인쇄되었다. 이 때의 절 구분은 16세기 라틴어로 된 불가타역 성경의 구분을 참조하였다.

1205년 스티브 랭턴은 신약성경에 대하여 장의 구분을 완성하였다.
신약성경의 절 구분은 파리에서 발간 된 1551년 판 성경책을 효시로 본다. 인쇄업자였던 로버트 스테파누스(1503-1559)가 자기가 인쇄한 성경이 더 잘 팔리기 위하여 절을 구분하였다고 한다.
개역개정판은 구약이 929장 23,214절이며 신약은 260장 7,957절로 모두 1189장 31,171절로 되어 있다.

💬 장 절의 구분은 정착된 전통으로서 큰 효용과 권위를 갖지만, 상대적 한계나 미진함도 충분히 인식하여야 한다. 헬라어 역본의 장 절 표기는 히브리어 본문과 현대 번역본의 그것과 늘 일치하는 것이 아니고, 성경의 정경 역사에 기인한다.

092

우리는 예수님과 함께 한 시간도 깨어 있을 수 없을까?

"제자들에게 오사 그 자는 것을 보시고 베드로에게 말씀하시되 너희가 나와 함께 한 시간도 이렇게 깨어 있을 수 없더냐"(마 26:40)

예수님께서 잡히시기 전에 마지막 기도를 겟세마네 동산에서 드리시는 장면이다.

"… 내 아버지여 만일 할 만하시거든 이 잔을 내게서 지나가게 하옵소서 그러나 나의 원대로 마시옵고 아버지의 원대로 하옵소서…"(마 26:39)

십자가 형벌의 잔이 지나가게 해달라는 마음의 고민을 하나님께 세 번 기도 드리신다. 중요한 것은 마지막 부분의 '그러나'로부터 시작되는 기도이다. '그러나 나의 원대로 마시고 아버지의 원대로 하옵소서'

우리가 본 받아야 할 기도의 모본이다.

하지만 우리는 우리의 원하는 바를 너무도 강력하게 하나님께 요구만 하고 있다. 우리가 먼저 알아야 할 것은 하나님 아버지의 뜻이다.

하나님 아버지의 뜻을 알기 위해 우리는 삼위일체 하나님과 함께 하는 시간을 가져야 한다. 어떻게 하면 우리가 깨어 예수님과 시간을 보낼 수 있을까?

분주한 하루를 보낼 때 '그래도' 우리는 예수님의 음성을 들어야 한다. 하루에 일정한 시간을 정해 놓고 기도하며 묵상하고, 묵상하며 기도 하면서 예수님과 함께 하는 시간을 보내는 습관을 가져야 한다.

하루에 10분 시간을 따로 정해서 예수님과 함께 하는 시간을 갖는 것으로 시작하면 좋을 것이다. 그러다 보면 10분이 20분이 되고 20분이 30분이 된다. 한 시간의 시작이 10분부터이다.

하나님을 사랑한다는 것은 하나님의 뜻을 행하고 하나님을 섬기고자 열망하는 것이다. 곧 하나님을 영화롭게 하기를 열망하고 모든 일을 통해 그분을 기쁘시게 하고자 열망하는 사랑이다. 이런 사랑이 내 안에 정말 있는지 돌이켜 보고 회개하고 그러면서도 그런 사랑을 갖게 해달라고 하나님께 간구하는 것을 기도의 시작으로 삼아도 좋을 것이다.

우리는 아침에 깰 때 자동으로 그 시간을 알려주도록 시계에 깨기 원하는 시간을 설정해 놓는다. 시계가 울린다는 것은 그 시간이 되었다는 것을 깨우쳐 주는 문명의 이기를 활용하기 때문이다. 하나님과 함께하는 시간도 이런 방법을 활용할 수 있다.

💬 각자의 시계에 하나님과 함께하는 시간이 되었다고 알려 주는 시간도 설정해 보자. 하루에 한번으로 시작하지만 두 번, 세 번으로 늘려도 좋을 시간이다.

093

부활절 날짜는 어떻게 계산하나?

"그가 여기 계시지 않고 그가 말씀 하시던 대로 살아나셨느니라 와서 그가 누우셨던 곳을 보라"(마 28:6)

예수님께서 무덤에 계시지 않고 살아나셨다. 부활하신 것이다.

안식일 다음날 부활하셨는데(마 28:1) 그 날이 언제일까?

우리는 예수님께서 부활하신 일요일을 주의 날이라고 기념하면서 주일예배를 드린다. 그리고 부활절은 매년 다른 날 기념되는데, 부활절을 정하는 기준이 있다.

부활절 날짜를 어떻게 정할까?

예수님께서 일요일에 부활하셨기에 부활절은 일요일(주일)에 지켜왔다. 이러한 전통은 춘분 지난 후 보름달 다음 주일을 부활절로 한다는 325년 니케아 공의회의 결정에 따른 것이다.

부활절 날짜는 춘분인 3월 21일 다음날인 3월 22일에서 4월 25일 사이인 5주간 중에 오는데. 매년 그 날짜가 다르기 때문에 교회에서는 부활절 날짜를 미리 계산하는 수도사가 있어야 할 정도로 그 계산이 복잡하다.

204

부활절의 주기는 570만년 가량이 되므로 그 날을 예측하기가 쉽지 않다. 따라서 많은 수학자들이 부활절 날짜를 쉽게 계산하는 공식을 만들어 보려고 노력하였다. 그 중 1965년 영국인 토마스 오베이언이 발표한 부활절 계산 공식은 다음과 같다.

1. 계산 하고자 하는 연도를 X라 하면, X를 19로 나누어 나머지를 A라 한다(몫은 무시).

2. X를 100으로 나누어 몫을 B, 나머지를 C라 한다.

3. B를 4로 나누어 몫을 D, 나머지를 E라 한다.

4. 8 x B + 13을 25로 나누어 몫을 G라 한다(나머지는 무시).

5. 19 x A + B – D – G +15를 30으로 나누어 나머지를 H라 한다.

6. A + 11 x H 를 319로 나누어 몫을 M이라 한다.

7. C를 4로 나누어 몫을 J, 나머지를 K라 한다.

8. 2 x E + 2 x J – K – H + M + 32를 7로 나눈 나머지가 L이다.

9. H – M + L + 90을 32로 나누어 몫을 N이라 한다.

10. H – M +L + N +19를 32로 나누어 나머지를 P라 한다.

여기까지 계산해서 얻어진 N과 P가 부활절인 N월 P일인 것이다.

2013년도를 X라하고 위의 계산식을 따라가면 2013년도 부활절이 3월 31일이 됨을 알 수 있다.

부활절 날짜 계산이 이와 같이 복잡한 이유는 춘분이라는 태양력에 만월이라는 태음력을 같이 사용하여 일요일을 계산하기 때문이다.

💬 태음력의 235개월이 태양력의 19년과 매우 비슷하기 때문에 이 둘의 일치를 고려한 계산식이 도출된 것이다. 여기에 윤달과 윤년을 감안하기 때문에 부활절 계산 공식이 단순하지만은 않은 것이다.

094

70인역 성경은 언제 만들어졌나?

"선지자 이사야의 글에 보라 내가 내 사자를 네 앞에 보내노니 그가 네 길을 준비하리라 광야에 외치는 자의 소리가 있어 이르되 너희는 주의 길을 준비하라 그의 오실 길을 곧 게 하라 기록된 것과 같이"(막 1:2-3)

위의 말씀은 구약 말라기 3장 1절과 이사야 40장 3절 말씀을 함께 인용한 말씀이다.

신약 성경을 읽다 보면 구약을 인용한 구절이 많이 나온다. 그런데 해당되는 구약 말씀을 찾아보면 내용이 비슷하기는 하지만 일치하지는 않는다.

마태복음 3장에서 세례 요한이 유대 광야에서 외친 말씀이 이사야서 말씀과 일치하지 않는 것은 신약에서 인용한 구약 말씀이 70인역 성경을 참고했기 때문이다.

그러면 70인역 성경은 언제 만들어졌을까?

B.C. 332년 그리스의 알렉산더 대왕이 애굽 점령을 기념하기 위해 세운 알렉산드리아 도시에는 유대인들이 많이 살고 있었다.

알렉산더 대왕이 죽자 애굽에는 톨레미왕조가 시작된다. 톨레미 2세

(B.C. 284-246)는 알렉산드리아에 대학을 세우고 도서관에 당시 유대인들이 갖고 있는 성경을 헬라어로 번역하여 소장하고자 하였다. B.C. 30년에 망한 톨레미왕조의 마지막 왕이 그 유명한 클레오파트라 7세이다. 모세 오경은 B.C. 250년경에 나머지 부분은 그 후 약 200년에 걸쳐 번역되었다. 12지파에서 6명씩 뽑은 72명의 번역자가 각자 독방에 들어가서 72일 동안 모세 5경 번역을 시작했다. 그 중 2명은 번역 도중에 세상을 떠났지만 나머지 70명의 번역이 모두 똑 같았었다는 전설에서 유래하여 70인역 성경이라 부르고 이를 LXX(70을 표시하는 그리스어)라는 약자로 표기한다.

히브리어로 된 유대인의 구약을 가장 먼저 번역한 70인역 성경에는 히브리 정경 외에 몇몇 다른 책들도 포함하고 있는데, 유대교와 개신교에서는 이를 외경으로 취급하고 있다. 그러나 그리스 정교회에서는 70인역 성경을 표준 역본으로 인정하고 있다. 당시에 헬라어는 세계 공용어였으며 70인역 성경은 그리스 세력권에 있던 사람들이 성경을 쉽게 접할 수 있는 기회를 만들어 준 것이다.

예수님께서 승천하시기 전에 제자들에게 하신,

"또 이르시되 내가 너희와 함께 있을 때에 너희에게 말한 바 곧 모세의 율법과 선지자의 글과 시편에 나를 가리켜 기록된 모든 것이 이루어져야 하리라 한 말이 이것이라 하시고"(눅 24:44) 라는 말씀에서 모세의 율법과 선지자의 글(역사서와 예언서)과 시편(시가서) 이라고 구약을 분류하신 것도 70인역 성경의 영향이었다.

💬 유대인들은 구약을 모세 오경, 예언서, 성문서로 구분하는 반면에 70인역 성경은 구약을 모세 오경, 역사서, 시가서, 예언서로 구분하고 있다.

095

사탄의 예수님 시험 3가지가 주는 의미는?

"광야에서 사십 일을 계시면서 사탄에게 시험을 받으시며 들짐승과 함께 계시니 천사들이 수종들더라"(막 1:13)

세례 요한에게 세례를 받으신 후 성령 충만하신 예수님께서는 광야에서 40일간 금식하신다. 공생애를 시작하시기 전에 40일 금식 기도로 준비하신 것이다. 이 때 사탄 마귀가 예수님을 시험한 내용이 마태복음(마 4:1-11)과 누가복음(눅 4:1-13)에 기록되어 있다.

"그 때에 예수께서 성령에게 이끌리어 마귀에게 시험을 받으러 광야로 가사 사십 일을 밤낮으로 금식하신 후에 주리신지라"(마 4:1-2)

마귀는 예수님께 '돌들로 떡 덩어리가 되게 하라', '성전 꼭대기에서 뛰어 내리라', '내게 엎드려 경배하라'는 세 번의 시험을 하였다.

예수님께서는 이 때마다 신명기에 기록된 말씀으로 시험을 이기셨다.

"… 사람이 떡으로만 사는 것이 아니요 여호와의 입에서 나오는 모든 말씀으로 사는 줄을…"(신 8:3)

"… 너희의 하나님 여호와를 시험하지 말고"(신 6:16)

"네 하나님 여호와를 경외하며 그를 섬기며…"(신 6:13)

마귀의 이러한 시험은 에덴동산에서 하와가 선악과를 보고 유혹에 넘어간 것과 같은 맥락이다.

"여자가 그 나무를 본즉 먹음직도 하고 보암직도 하고 지혜롭게 할 만큼 탐스럽기도 한 나무인지라…"(창 3:6)

'먹음직하다'는 것은 '돌들로 떡이 되게 하라'는 물질적인 시험이다.

'보암직하다'는 것은 '절하면 천하 만국과 그 영광을 주겠다'는 신앙적인 시험이다.

'탐스럽기도 하다'는 것은 '성전 꼭대기에서 뛰어 내리면 하나님의 사자들이 지키게 하시리라'는 하나님 시험으로 정신적인 시험이었다.

사도 요한은 이 세상의 모든 것이 육신의 정욕과 안목의 정욕과 이생의 자랑이니(요일 2:16) 이 세상이나 세상에 있는 것들을 사랑하지 말라고 말씀한다.

돌이 떡이 되게 하는 시험은 육신의 정욕을 건드린 것이다.

천하 만국과 그 영광을 보여주며 경배하면 이 모든 것을 주겠다고 한 것은 안목의 정욕을 부추긴 것이다.

성전 꼭대기에서 뛰어내리고 천사들이 받아 주어 많은 사람들에게 나는 다르다고 보여주는 것은 말할 수 없이 큰 이생의 자랑이다.

예수님께서 시험을 당하신 이유는 시험 받는 자들을 도우시기 위함이었다. 우리로 하여금 육신의 정욕, 안목의 정욕, 이생의 자랑을 이기게 하심이다.

💬 예수님과 함께 할 때 우리는 예수님의 도우심으로 어떠한 유혹에도 능히 승리할 수 있다(히 2:18).

096

사복음서의 차이점은 무엇인가?

"요한이 잡힌 후 예수께서 갈릴리에 오셔서 하나님의 복음을 전파하여 이르시되 때가 찼고 하나님의 나라가 가까이 왔으니 회개하고 복음을 믿으라 하시더라"(막 1:14-15)

복음은 하나님께서 인간의 구원을 위해 예수 그리스도를 통하여 알려주신 기쁜 소식이다. 복음의 핵심은 하나님의 아들 예수 그리스도이시다.

"이 복음은 하나님이 선지자들을 통하여 그의 아들에 관하여 성경에 미리 약속하신 것이라"(롬 1:2)

신약성경 처음 네 권을 사복음서라고 한다.

마태복음은 12제자 중 레위라고도 하는 세리 마태가 유대인들을 위하여 기록하였다. 마가복음은 베드로의 영적 아들이며(벧전 5:13) 바나바의 생질인 마가(골 4:10)가 로마인을 위하여 기록하였다. 누가복음은 바울의 동역자로 사랑을 받는 의사 누가(골 4:14)가 이방인을 위하여 기록하였다. 요한복음은 예수님의 사촌으로 추정되며 사랑하시는 제자인 요한이 헬라적 사고에 익숙해 있던 교인들을 위하여 기록하였다.

사복음서는 모두 예수님을 묘사하고 있는데 그 특징은 다음과 같다.

마태복음은 왕으로 오신 메시야를 강조한다. 따라서 왕의 족보가 먼저 나온다. 마가복음은 종으로 오신 하나님의 아들 예수 그리스도를 주제로 한다. 종은 족보가 없다. 누가복음은 인자로 세상에 오셔서 구원하시는 구세주를 강조한다. 역사적 인물임을 강조하기 위해 예수님의 족보가 기록되어 있다. 요한복음은 하나님의 아들이신 예수 그리스도와 예수님의 신성과 구약 예언의 성취자이심을 강조한다.

사복음서의 시작과 끝은 카이구조 즉 수미쌍관을 이룬다.

마태복음은 임마누엘 '… 하나님이 우리와 함께 계시다'(마 1:23)로 시작하여 '… 볼지어다 내가 세상 끝날까지 너희와 항상 함께 있으리라 하시니라'(마 28:20)로 끝난다.

마가복음은 '하나님의 아들'(막 1:1)로 시작하여 백부장의 '하나님 아들 고백'(막 15:39)으로 마무리 된다. 하나님의 아들은 '하늘로 올려지사 하나님 우편에'(막 16:19) 앉아 계신다.

누가복음은 '찬양'으로 시작하여(눅 1:46 마리아의 찬양) '찬양'으로 끝난다(눅 24:53 하나님을 찬송).

요한복음은 '세상 죄를 지고 가는 하나님의 어린 양'(요 1:29)께서 '내양을 먹이라'(요 21:17)고 말씀 하신다.

요한복음은 예수님에 대한 사건들을 더 깊은 영적인 복음으로 해석하여 기록한 반면에 마태, 마가, 누가의 공관복음은 예수님의 생애와 활동에 관한 외적인 사실을 취급한다.

097

예수님께서 목수의 일을 잘하셨을까?

"이 사람이 마리아의 아들 목수가 아니냐 야고보와 요셉과 유다와 시몬의 형제가 아 니냐 그 누이들이 우리와 함께 여기 있지 아니하냐 하고 예수를 배척한지라"(막 6:3)

예수님께서 고향 나사렛에서 배척을 받으시는 장면이다.

사람들은 안식일에 회당에서 가르치시는 예수님의 말씀을 듣고 놀라 기도 하였지만 그들이 알던 바 목수의 아들로 목수일을 하셨다고 하며 예수님을 영접하지 않았다.

나사렛 사람들이 천시 받던 시대에 목수일을 하시던 예수님을 고향 사람들이 인정하지 않은 것이다. 빌립이 나다나엘에게 예수님을 만나 러 가자고 청하였을 때 갈릴리 사람 나다나엘(요 21:2)도 나사렛 사람들 을 우습게 보았다.

"나다나엘이 이르되 나사렛에서 무슨 선한 것이 날 수 있느냐…"(요 1:46)

마리아의 남편 요셉은 목수였다. 예수님께서는 목수일을 잘하셨을 까?

예수님의 어린 시절 이야기는 성경에 별로 나오지 않는다.

아기 때 애굽으로 피난 가신일(마 2:13)과 열두 살 시절 유월절에 예루살렘에 올라갔다가(눅 2:42) 부모님을 잃어버린 사건 정도이다.

요셉은 목수로서 실력이 썩 좋지 않았다고 전해진다.

식탁이나 의자를 만들었을 때 다리의 길이가 모두 똑 같지 않아서 균형이 안 잡히기도 하였고 때로는 주문한 식탁의 길이를 제대로 맞추지 못하는 경우도 있었다고 한다.

어린 예수님은 요셉의 일을 도와 드렸는데 불평을 하는 고객이 있으면 그 자리에서 요셉을 대신하여 즉시로 수리하셨기 때문에 사람들로부터 칭찬과 사랑을 많이 받았다고 한다.

예수님께서는 의자나 식탁 다리 중 길이가 다른 것도 즉석에서 똑 같이 해 주셨고, 식탁의 길이가 주문한 것과 다르다고 불평하는 고객의 경우도 길이를 길게 또는 짧게 즉석에서 조정하셨다. 물론 다리가 수직으로 붙지 않은 경우에도 직각으로 다리가 붙도록 만드셨다.

어떤 때는 이러한 조정과 수선 작업을 예수님께서 기적적으로 행하셨다고 한다. 때문에 목수로서의 예수님 실력은 남들이 따라오지 못할 정도로 탁월하셨다. 비록 요셉의 목수 실력이 부족하였지만 그래도 동네 사람들은 예수님 때문에 꾸준히 요셉의 작업장을 찾은 것이다.

지금도 나사렛에 가면 당시의 요셉 집과 작업장이 성지 순례자들을 반갑게 맞이해 주고 있다.

💬 목수일을 잘 하신다는 것은 틀림없이 수학에도 뛰어나셨을 것이라고 생각하지 않을 수 없다.

098

장로들의 전통은 무엇을 말하는가?

"이에 바리새인들과 서기관들이 예수께 묻되 어찌하여 당신의 제자들은 장로들의 전통을 준행하지 아니하고 부정한 손으로 떡을 먹나이까"(막 7:5)

예수님의 제자 중 몇 사람이 손을 씻지 아니하고 떡을 먹는 것을 보고 바리새인들과 서기관들이 유대인의 전통을 지키지 않는다고 예수님께 항의하는 장면이다. 이들이 말하는 장로들의 전통은 무엇을 말하는가?

유대교는 토라를 중심으로 형성되어 있다.

토라는 모세 오경을 말할 때도 있지만 성경 전체를 이야기 하기도 한다. 그런데 토라에는 두 종류가 있는데 하나는 기록된 토라이고 또 하나는 구전적 토라이다. 구전으로 내려오는 토라는 주후 3세기 초에 유대 랍비가 수집하여 편찬하기 시작하여 미쉬나라는 이름으로 오늘날 전해지고 있다.

토라에 대한 실천적 적용을 담고 있는 미쉬나는 씨(농사), 축제, 여성, 손해, 성물, 정결 등 6개의 큰 항목이 있고 이들 각각에 몇 개의 소항목으로 구성되어 있다.

바리새인들과 서기관들이 말한 장로들의 유전은 이 미쉬나를 이야기하는데 이 중에 '음식을 먹을 때 손을 씻어야 한다'는 정결 항목을 예수님 제자들이 지키지 않았다고 한 것이다.

유대교의 전통적 규범에 대한 가르침인 미쉬나를 본문으로 하고 이를 해석한 것이 탈무드 형태이다. 주후 5세기에 유대에서 편찬된 탈무드를 예루살렘 탈무드라 하고 바벨론 유배 이후 그곳에 남아있던 유대인과 그 후 바벨론으로 이주한 유대인 학자들이 6세기에 더 광범위한 탈무드를 완성 시켰는데 이를 바벨론 탈무드라 한다.

한편 바벨론 유배 때 그곳에서 무너진 성전 대신에 회당을 설립하여 성경에 대한 주석과 해설을 하였는데 이 내용이 미드라쉬이다. 미드라쉬는 해설 또는 해석이라는 의미이다.

교훈과 가르침의 할라카 미드라쉬, 이야기나 설화인 학가다 미드라쉬, 해설이나 주석인 페세르 미드라쉬가 있다.

성전이 파괴되었기 때문에 그들은 정신적 유산인 전승과 성경 연구에 전념하였던 것이다.

💬 구전 토라인 미쉬나의 전통도 중요하지만, 하나님의 계명을 지키라는 예수님의 말씀을 최우선으로 기억하여야 한다.
"너희가 하나님의 계명은 버리고 사람의 전통을 지키느니라"(막 7:8)

099

'예수 기도'가 된 맹인 바디메오의 외침은?

"나사렛 예수시란 말을 듣고 소리 질러 이르되 다윗의 자손 예수여 나를 불쌍히 여기소서 하거늘"(막 10:47)

예수님께 간청한 '나를 불쌍히 여기소서'라는 간결한 외침이 있다.

두 맹인의 외침(마 9:27), 가나안 여자의 외침(마 15:22), 간질병 걸린 아들을 살려 달라는 외침(마 17:15), 바디메오 맹인의 외침(막 10:47), 나병 환자 10명의 외침(눅 17:13), 세리의 가슴을 치는 기도(눅 18:13) 등이다.

이러한 외침이 변하여 예수님께서 가르쳐 주신 '주기도문'과 함께 기도의 양대 산맥을 이루는 '예수 기도'가 되었다. 과연 '예수 기도'는 어떤 기도일까?

예수 기도는 '주 예수 그리스도, 하나님의 아들이시어, 죄인인 저를 불쌍히 여기소서'라는 기도이다.

'불쌍히 여긴다'라는 것은 인간 세상의 고통에 대하여 메시야의 신적 자비를 구할 때 사용되며, 구약에서 인간의 불행에 대한 하나님의 사랑을 구할 때 사용하는 '헤세드'와 같은 의미이다. 따라서 '불쌍히 여기소서'는 '자비를 베푸소서'와 같은 뜻이다.

'주 예수 그리스도, 하나님의 아들이시어, 저를 불쌍히 여기소서'란 기도문의 완전한 문장으로 기도하기도 하지만 '주 예수 그리스도여, 불쌍히 여기소서'라고 기도한 후에 '하나님의 아들이시어, 저를 도우소서'라고 기도하기도 한다. 소리를 내거나 말 없이 마음으로 기도해도 된다.

'예수 기도'는 19세기 러시아의 평신도 무명작가의 작품인 '순례자의 길'에 의해 소개된 후 호흡과 똑 같은 영적 호흡으로서 정기적이고 습관적인 기도를 하는 방법으로 많이 활용하고 있다.
예수 기도를 호흡과 결합시키면, 침묵에 대한 효력을 이해하게 된다.
예수님을 생각하면서 호흡하면 고요함의 진정한 가치를 알게 된다.
예수 기도를 가장 짧게 줄인 기도가 '예수님 – 자비를'이다.
'예수님!'하면서 숨을 들이 쉬고 '자비를!'하면서 숨을 내쉬면서 자연스럽게 호흡과 일치하도록 한다.

마음의 절실함을 고백하며 하나님의 임재를 체험하는 예수 기도의 핵심은 반복과 집중 그리고 호흡 리듬이다.
'주 예수 그리스도, 하나님의 아들이시어'라는 말을 반복함으로써 우리의 정신을 주 예수 그리스도께 인도하며, '저를 불쌍히 여기소서'라는 말에 의해서 다시 기도하는 사람에게로 돌아온다.
그리스도의 거룩한 이름을 많이 부를수록 우리의 마음 밭이 부드러워지며 기쁨과 즐거움이 가득해진다.

💬 위대한 황금의 입 크리소스톰(347? – 407)은 '수도사는 무슨 일을 하든지 끊임없이 주 예수 그리스도 하나님의 아들이시어 저를 불쌍히 여기소서'라고 기도해야 한다고 말했다.

100

누가가 쓴
서신서의 수신자
데오빌로는
누구인가?

"그 모든 일을 근원부터 자세히 미루어 살
핀 나도 데오빌로 각하에게 차례대로 써 보
내는 것이 좋은 줄 알았노니 이는 각하가
알고 있는 바를 더 확실하게 하려 함이로
라"(눅1:3-4)

누가복음의 저자인 의사 누가는 누가복음과 사도행전의 수신자를 데
오빌로라고 밝히고 있다(행1:1).

누가복음에서는 데오빌로 각하로 사도행전에서는 데오빌로로 기록
되어 있다. 데오빌로 각하라고 극 존칭을 쓴 것으로 미루어 보아 정부
고관이상, 적어도 총독이상의 위치에 있는 귀한 분으로 추측한다.

누가의 편지를 받은 데오빌로는 과연 누구일까?

그는 이미 기독교 신자이므로 예수님에 대해 알고 있지만 더 깊은 내
용을 확실하게 알려주기 위해 편지를 헌정한다고 누가가 서두에서 밝
히고 있다. 데오빌로가 누구냐 하는데 대해서는 다음과 같은 여러 가지
견해가 있다.

첫째는 데오빌로를 '신앙공동체의 호칭'이라고 보는 견해이다.

데오빌로는 '하나님(데오)'과 '사랑하다(필로스)'라는 단어의 합성어라는 착안에서 나온 학설이다. '하나님의 사랑하시는 자' 또는 '하나님의 친구'라는 뜻이다.

둘째는 데오빌로가 로마의 총독이상 되는 고위공직자라는 학설이다.

총독 벨릭스 각하(행23:26, 24:3)나 베스도 각하(행 26:25) 처럼 고위 관리층의 계급호칭으로 사용되고 있으므로, 가장 많은 지지를 받는 학설이다.

셋째는 알렉산드리아의 총독 데오빌로를 지칭한다고 본다.

그때 애굽에는 유대인이 100만 명이나 살고 있었다고 한다. 특히 알렉산드리아에는 아볼로와 같이 성경에 능통한 자들이 있었다(행 18:24).

데오빌로는 기독교로 개종하였고, 깊은 이해와 관심을 가진 사람으로 누가를 후원했을 것으로 본다. 누가복음을 기록할 당시에는 '각하'라고 하는 존칭의 대상인 고위관리였지만, 사도행전을 기록할 당시의 데오빌로는 이미 그리스도인이 된 후여서 누가의 입장에서는 존칭을 사용할 필요가 없을 정도로 친해졌다고 해석한다.

알렉산드리아는 로마제국의 제2의 도시요 상업의 중심지로 크게 번창한 인구 50만의 도시였다. 마가가 애굽에 처음 내려 온 것이 주후 43년이라고 하는데 이 때 알렉산드리아에는 교회가 있었다고 전해진다.

당시 알렉산드리아의 총독이 데오빌로였으며 그가 기독교로 개종했다는 이야기는 누가복음의 수신자 데오빌로와 동일 인물로 본다.

이러한 사실에도 불구하고 일반적인 견해는 이 두 서신이 데오빌로라는 개인만을 위한 글이 절대 아니라는 점이다.

> 누가복음과 사도행전은 이방인인 누가가 데오빌로를 포함한 모든 이방인들을 위해 예수님의 삶과 기적을 기록해서 그리스도를 열방에 증거하려 했다고 보아야 한다.

101

마리아 숭배는 언제부터 시작되었나?

"마리아가 이르되 내 영혼이 주를 찬양하며"(눅 1:46)

마리아의 찬가(눅 1:46-55)는 주 하나님의 은혜와 긍휼하심과 자비를 찬양하는 찬양시이다. 마리아는 이 땅에 오신 예수님이 진정으로 누구신가를 알려준다. 또한 마리아는 '이제 후로는 만세에 나를 복이 있다 일컬으리로다'(눅 1:48)라는 찬양처럼 주님의 육신의 어머니가 되심으로 만세에 복을 받게 되었다.

그런데 문제는 마리아가 사람들로부터 숭배의 대상이 된 것이다.

마리아 숭배는 언제부터 시작되었을까?

로마 가톨릭에서는 431년 에베소 회의에서 마리아에 대한 예배와 더불어, 마리아가 하나님의 어머니냐 아니면 그리스도의 어머니냐 하는 논쟁을 하다가 하나님의 어머니라는 교리를 제정하였다.

이후 마리아에 대한 교리를 추가로 만들어 나갔는데 그 중 특이한 사항은 다음과 같다.

800년: 마리아와 죽은 성도들에게 기도하기를 가르쳤다.

1917년: 마리아가 은총의 중재자라고 발표하였다.

1931년: 마리아가 하나님의 어머니라는 것을 재확인 하였다.

1950년: 마리아가 부활 승천하였다고 선포하였다.

1962년: 마리아는 종신 처녀로 지냈다고 선포하였다.

마리아가 종신 처녀로 지냈다는 주장을 하기 위해서는 예수님의 육신의 동생들을 요셉이 다른 여자를 통하여 낳았다고 보던지 아니면 요셉이 마리아와 정혼하기 전에 낳았던 자녀들이라는 억지 주장을 할 수밖에 없게 된다.

역사적으로 마리아 숭배가 싹트기 시작한 것은 12세기부터라고 본다. 교회가 사랑을 잃어 버리자 마리아의 아름다운 생애와 다정다감한 여성의 사랑을 설교하기 시작한 것이다. 권위와 교리에 묶였던 인간성이 해방을 받기 시작하자 성경을 모르는 민간신앙은 마리아 숭배를 통해 이어졌다.

마리아를 성인의 반열에 올려 놓은 시토 교단도 있었다. 마리아의 죄 없이 맑은 영혼으로 중재기도를 드리면 더 확실히 용서 받는다고 생각한 것이다. 어머니의 무한한 사랑이 하나님의 사랑을 대신할 수 있다고 보게 되었다.

파리의 '노트르담 성당'도 '우리의 귀부인 성당'이라는 뜻으로 마리아를 찬양하는 이름으로 지어진 성당이다.

💬 교회에서 여성들의 지위를 향상시키고 여성의 잠재적 힘을 활용하여 사랑의 실천이라는 부드럽고 섬세한 영성을 계발하는데 마리아 숭배가 크게 공헌하였음은 틀림없다. 그러나 우리는 성경 말씀에 맞지 않는 마리아 숭배 사상을 배척해야 한다.

102

예수님의 족보와 마리아의 족보는 어디서 만나나?

"예수께서 가르치심을 시작하실 때에 삼십 세쯤 되시니라 사람들이 아는 대로는 요셉의 아들이니 요셉의 위는 헬리요"(눅 3:23)

마태복음에 예수 그리스도의 계보가 나오는데 이는 왕으로서의 계보이다. 아브라함의 족보가 나오고 다윗 왕의 족보로 계속된다.

예수님께서 다윗 왕의 후손으로 나실 분이니까 당연히 다윗 왕 족보로 내려 가다가 예수님께서 세상에 오신다. 선지자 나단이 다윗 왕에게 전한 여호와의 말씀을 보자.

"… 내가 네 몸에서 날 네 씨를 네 뒤에 세워 그의 나라를 견고하게 하리라"(삼하 7:12)

한편 인간으로 오신 예수님께서는 인간의 족보를 가지신다. 누가복음에 나오는 족보는 마리아의 족보이다. 이는 '요셉의 위는 헬리요'(눅 3:23)와 '야곱은 마리아의 남편 요셉을 낳았으니…'(마 1:16)의 족보를 보아도 알 수 있다. 요셉의 위 헬리는 마리아의 아버지고 요셉의 아버지는 야곱인 것이다.

인간으로 오신 예수님이시지만 역시 다윗의 혈통으로 나오셔야 하니까 마리아의 족보를 따라 올라가 보면 다윗 왕 이름이 나와야 한다.

"… 그 위는 나단이요 그 위는 다윗이요"(눅 3;31)

요셉은 다윗의 아들 솔로몬의 계보를 따라 내려 오고, 마리아는 다윗의 아들 나단의 계보를 따라 내려간다. 솔로몬과 나단은 모두 다윗 왕과 밧세바 사이에 태어난 아들들이다(대상 3:5).

그런데 다윗 왕까지 거슬러 올라가기 전에 요셉과 마리아의 족보 가운데 또 한 사람 공통된 이름을 발견할 수 있다.

바로 스룹바벨이다.

"바벨론으로 사로잡혀 간 후에 여고냐는 스알디엘을 낳고 스알디엘은 스룹바벨을 낳고"(마 1:12)

"… 그 위는 스룹바벨이요 그 위는 스알디엘이요 그 위는 네리요"(눅 3:27)

스룹바벨은 바사왕 고레스의 허락으로(스 1:1) 대제사장 예수아(여호수아)와 함께 유다로 돌아와(스 2:2) 무너진 다윗 성전을 재건하였다(스 6:15).

스룹바벨은 하나님의 영광이 머무르는 성전을 재건하였고 참 성전 되시는 예수 그리스도를 예표 한다. 하나님의 종 스룹바벨은 자기를 비워 종의 형체로 오신 예수님(빌 2:7)을 예표한다.

💬 스룹바벨이란 이름이 요셉의 족보와 마리아의 족보에 같이 나온다.

103

성경의 카이 구조란 무엇을 말하는가?

"예수께서 이르시되 율법에 무엇이라 기록되었으며 네가 어떻게 읽느냐"(눅 10:26)

성경을 읽는 다양한 방법이 있지만 성경 기록 원리를 알고 읽으면 더욱 확실한 뜻과 의도를 알 수 있다. 성경 말씀은 처음부터 기록된 것이 아니고 구전으로 내려오는 말씀이기 때문에 그 말씀을 잘 기억할 수 있도록 95% 이상이 반복과 대칭 구조를 이루고 있다.

대칭 병행 순환 구조(Chiastic Parallelism), 키아즘(Chiasm), 카이(Chi) 구조는 모두 같은 표현이다. '카이'란 영어의 X자에 해당하는 헬라어로 문장 구조를 분석한 모습이 마치 X자의 왼편 쪽 >모양과 같아서 그렇게 부르고 있다. 기본구조는 A B C B' A' 형태이나 A B C D C' B' A'의 형태도 있다.

A B C B' A'의 형태에서 A는 A'와, B는 B'와 병행 또는 대칭되고 핵심 주제는 C가 되는 것이다.

말씀을 구조적으로 분석하면 그 뜻을 바로 이해하는데 많은 도움이 된다.

첫째로 신약 성경 중 제일 먼저 기록된 마가복음 1장 1절의 구조분석을 보자.

"하나님의 아들 예수 그리스도의 복음의 시작이라"(막 1:1)

위 말씀을 원문으로 보면 핵심 5개의 단어가 다음과 같은 순서로 배열된다.

시작, 복음, 예수, 그리스도, 하나님의 아들

이들 5단어를 카이 구조로 배열하면 다음과 같다.

A 시작
    B 복음
        C 예수
    B' 그리스도
A' 하나님의 아들

이 구조를 보면 '예수'가 중심 단어이다.

A, A' : 시작은 곧 하나님의 아들이고 이는 예수님이시다

B, B' : 복음은 그리스도시고 이는 곧 예수님이시다.

즉 마가가 전달하고자 한 메시지의 핵심은 '예수'님에 관한 것이다. 성경 전체의 핵심이 바로 '예수'님에 관한 소식이다.

둘째로 요한복음 전체를 구조분석 해 보자. 요한복음에서 예수님께서는 바다 위를 걸으신 표적 등 7개의 표적을 행하시고, "나는 _____ 이다"라는 자기선언을 7번 하신다. 우리의 인도자는 오직 예수님이시다.

A : (1:19-4:3) 증인과 제자도
    B : (4:4-6:15) 긍정적, 부정적 반응
        C : (6:16-21) 나다(It is I.). 바다 위를 걸으신 예수님께서 하신 말씀
    B' : (6:22-12:11) 긍정적, 부정적 반응
A' : (12:12-21:25) 증인과 제자도

셋째로 모세오경을 한 권의 책으로 보고 구조분석 해 보면 '거룩'이 그 중심 사상임을 알 수 있다.

A 창세기(천지를 창조하신 하나님과 불순종으로 타락한 인간들)
　　　B 출애굽기(출애굽 한 이스라엘 백성들을 십계명 받기까지 인도하시는 하나님)
　　　　　C 레위기(거룩하신 하나님께서 우리에게도 거룩하라고 말씀하시는 하나님)
　　　B' 민수기(십계명을 받은 이스라엘 백성들을 가나안을 향하여 인도하시는 하나님)
A' 신명기(불순종한 이스라엘 백성들과 함께 하시는 인내와 사랑의 하나님)

이렇게 성경은 오래 기억할 수 있도록 하기 위해 대칭 병행 순환 구조를 활용하여 기록되어 있다.

노아의 홍수 이야기는 카이 구조의 백미를 보여준다.

창세기 6장 9절에서 9장 19절까지의 홍수 이야기를 카이 구조로 요약해 보면 다음과 같다.

이러한 구조는 성령님의 감동 없이는 도저히 쓰여질 수 없는 문장이다.

우리는 다음과 같이 말씀이 아름답게 대칭되는 것을 볼 수 있다.

A와 A'에서 '노아'

B와 B'에서 '셈, 함, 야벳'

C와 C'에서 '방주'

D와 D'에서 '홍수'

E와 E'에서 '언약'

　　⋮

A 노아(6:9)

  B 셈, 함, 야벳(6:10)

    C 노아에게 방주를 만들라 하심(6:14-16)

      D 홍수로 다 죽일 것을 말씀하심(6:17)

        E 노아와 언약(6:18-20)

          F 방주에 양식을 저축하라(6:21)

            G 방주에 들어가라 명하심(7:1-3)

              H 7일 후에 홍수 임함을 말씀하심(7:4-5)

                I 7일 후 홍수가 땅에 덮임(7:7-10)

                  J 방주에 들어 감(7:13-15)

                    K 여호와께서 방주 문을 닫으시다(7:16)

                      L 40일간의 홍수(7:17a)

                        M 물이 불어 남(7:17b-18)

                          N 산들이 덮임(7:19-20)

                            O 150일간 물이 땅에 넘침(7:21-24)

                              P 하나님께서 노아를 기억하심(8:1)

                          O' 150일후에 물이 줄어듬(8:3)

                        N' 산들의 봉우리가 보임(8:4-5)

                      M' 물이 빠짐(8:5)

                    L' 40일 만에(8:6a)

                  K' 노아가 방주 창문을 열다(8:6b)

                J' 까마귀와 비둘기가 방주를 떠남(8:7-9)

              I' 7일간 물이 빠지기를 기다림(8:10-11)

            H' 또 7일간 물이 걷히기를 기다림(8:12-13)

          G' 방주에서 나오라고 명하심(8:15-17)

        F' 방주 밖에서 양식을 주심(9:1-4)

      E' 모든 생물과 언약을 맺음(9:8-10)

    D' 앞으로는 홍수가 없을 것이라고 무지개를 증거로 주심(9:11-17)

    C' 방주에서 나온 노아 가족(9:18a)

  B' 셈, 함, 야벳(9:18b)

A' 노아(9:19)

104

엠마오로 내려간 두 제자는 누구일까?

> "그 날에 그들 중 둘이 예루살렘에서 이십오 리 되는 엠마오라 하는 마을로 가면서 이 모든 된 일을 서로 이야기하더라"(눅 24:13-14)

십자가 사건 이후 두 제자가 예루살렘에서 엠마오라 하는 촌으로 가는 도상에서 부활하신 예수님을 만난다.

그 중 한 사람은 글로바라고 이름이 나오는데(눅 24:18) 다른 한 제자의 이름은 성경에 나오지 않는다.

많은 사람들이 글로바 외에 또 한 제자는 누구일까 궁금해한다.

이름이 밝혀지지 않은 또 다른 제자가 '누가'일 것이라고 소개한 해설을 읽었다. 누가복음과 사도행전을 기록한 의사 누가가 겸손해서 자기 이름을 밝히지 않았다는 주장이다. 이는 마치 사도 요한이 요한복음에서 자기 이름을 나타내지 않고 그냥 '사랑하시는 제자'라는 표현을 쓴 것(요 21:7)과 같은 맥락으로 보면 된다.

누가는 이교도이었으나 기독교로 즉시 개종했다고 한다. 그러나 누가는 예수님의 사역을 직접 목격하지는 않은 것 같다.

228

"처음부터 목격자와 말씀의 일꾼된 자들이 전하여 준 그대로 내력을 저술하려고 붓을 든 사람이 많은지라"(눅 1:2)

사도 바울이 사랑을 받는 의사 누가(골 4:14)라고 칭찬한 누가는 사도 바울이 두 번째 로마 감옥에 투옥되어 있는 동안에 끝까지 함께 있어준 유일한 인물이다.

"누가만 나와 함께 있느니라…"(딤후 4:11)

누가는 사도 바울의 건강을 돌보아 주는 책임을 맡은 관계로 잠시도 사도 바울의 곁을 떠날 수 없었을 것이다.

사도 바울이 복음을 전하면서 얼마나 심한 고생을 하였고 몸이 많이 상했는가는 사도 바울의 고백을 통해 생생하게 그려볼 수 있다.

"유대인들에게 사십에서 하나 감한 매를 다섯 번 맞았으며 세 번 태장으로 맞고 한 번 돌로 맞고 …"(고후 11:24-25)

이러한 사도 바울을 누가는 끝까지 옆에서 함께하며 지켜준 것이다.

💬 엠마오로 내려가다가 부활하신 예수님을 만나 성경 말씀을 풀어 주실 때 가슴이 뜨거워졌던 두 제자(눅 24:32)중 한 사람이었던 의사 누가는 끝까지 사도 바울을 옆에서 보살펴 주었다.

105

신구약 66권이 정경으로 확정된 시기는?

"또 이르시되 내가 너희와 함께 있을 때에 너희에게 말한 바 곧 모세의 율법과 선지자의 글과 시편에 나를 가리켜 기록된 모든 것이 이루어져야 하리라 한 말이 이것이라 하시고"(눅 24:44)

규범을 의미하는 헬라어의 "카논"이란 말에서 유래 된 라틴어 canon의 번역이 정경(正經)이다. 신구약 성경 66권이 정경으로 결정되기까지는 오랜 시간이 걸렸다.

예수님께서 말씀하신 모세의 율법과 선지자의 글과 시편은 물론 구약 39권을 가리킨다. 구약 39권과 신약 27권 합하여 모두 66권의 성경이 정경으로 확정된 시기는 언제인가?

구약은 모세의 율법서가 B.C. 5세기에 정경으로 인정되었고, 선지자의 글인 예언서는 B.C. 200년경에, 시편을 포함한 성문서는 A.D. 1세기에 정경화 되었다. 주후 70년 예루살렘 성전이 무너지고 기독교라는 새로운 종교가 일어나기 시작하자 유대인들은 자기들의 경전을 규범화할 필요를 느끼고 90년 얌니아에서 유대교 종교회의를 열어 구약 정경을 결정하였다. 유대교는 24권을 정경으로 사용하나 기독교에서는 같은 내용을 가지고 사무엘서, 열왕기 역대기를 상하 각 2권으로, 에스라서와 느헤미야서를 별도로, 한 권으로 된 소선지서는 12권으로 나누어 모두 39권을 정경으로 사용한다.

신약은 기록된 후 300년 동안 지역별로 통일된 성경을 사용하지 않고 있었다. 특히 히브리서, 요한 2, 3서, 베드로 후서, 유다서, 야고보서, 요한 계시록 등 소위 '논쟁의 책들'을 사용하는 지역도 있었고 일부만 정경으로 인정하는 지역도 있었는데, A.D. 397년 카르타고 교회회의에서 신약 27권이 정경으로 결정되었다.

동방교회의 위대한 박사 알렉산드리아의 성 아타나시우스(293-373)가 신약 성경 27권을 처음으로 정한 교부라고 인정되고 있다.

정경으로 결정하는 중요한 요건으로는 교회에서 보편적으로 거룩한 책으로 인정을 받아 왔는가, 신적인 권위를 입증하는 증거가 있는가, 권위 있는 저자의 직, 간접적인 영향을 받아 쓰여졌는가(신약의 경우 사도들의 영향)였다. 특히 구약의 경우는 여호와 유일신 신앙을 가르치고 있는가 하는 점을 최우선으로 고려하였다. 가톨릭에서는 1546년 트리엔트 공의회에서 구약 외경 14권을 정경으로 받아들였다. 이 14권은 70인역에 포함된 것이다.

참고로 영국인 선교사 존 로스(John Ross, 1842-1915)목사는 매킨타이어와 함께 1887년에 '예수성교전서'라는 신약을 한글로 완역하였다.

💬 하나님께서는 신구약 정경이 정해지기 전인 B.C. 700년경에 이사야 선지자를 통하여 신구약이 66권으로 될 것을 이미 알려 주셨다. 이사야서는 구약 39권과 신약 27권의 축소판이다.

106

요한복음의 태초는 창세기의 태초와 같은가?

"태초에 말씀이 계시니라 이 말씀이 하나님과 함께 계셨으니 이 말씀은 곧 하나님이시니라"(요 1:1)

말씀이 육신이 되어 오신 예수 그리스도는 태초에 하나님과 함께 계셨다. 여기서 말씀하고 있는 '태초'는 창세기 1장 1절 "태초에 하나님이 천지를 창조하시니라"의 '태초'와 같은 것인가 하는 질문을 갖게 된다.

창세기 1장은 천지 창조에 관한 말씀이다. 하나님께서 천지 창조 이전에 계셨기 때문에 천지를 창조하실 수 있다는 논리적 순서를 생각해 보면 요한복음의 태초는 창세기의 태초보다 앞선다고 말할 수 있다.

창세기 1장의 '태초'는 천지를 창조하실 때 그 시간을 말하는 것이고, 요한복음 1장의 '태초'는 시간이 시작되기 전 시간을 초월한 절대적 시점을 말한다. 따라서 우리는 시간의 절대적 시작의 끝인 시간의 종점이 있음을 잊지 말아야 한다.

그러면 하나님께서는 천지창조 이전에 무엇을 하셨을까 하는 질문을 갖지 않을 수 없다. 이 질문에 대한 답을 성 아우구스티누스가 고백록에서 다음과 같이 말하고 있다.

"하나님께서는 이런 질문을 하는 사람들을 위한 지옥을 만들고 계셨다." 즉 쓸데 없는 질문은 하지 말라는 강력한 시사이다.

그러나 우리는 우리가 창세 전에 택함을 받았다는 에배소서 말씀에서 천지만물을 창조하시기 전에 하나님께서 우리의 구원계획을 세우고 계셨음을 알 수 있다(엡 1:4).

요한일서에서 또 다른 '태초'를 만난다.

"태초부터 있는 생명의 말씀에 관하여는 우리가 들은 바요 눈으로 본 바요 자세히 보고 우리의 손으로 만진 바라"(요일 1:1)

창세기의 태초는 공간이 시작되는 시작이다. 우주 만물의 시작이다. 과학자들이 추구해 볼 수 있는 시점이다.

요한복음의 태초는 하나님만 알고 계시는 영원의 시작이다. 과학자들은 영원 전까지만 도달할 수 있다.

요한일서의 태초는 구속사적 의미의 태초이다. 죄지은 인간을 구원하시겠다는 의미에서의 태초이다.

마가복음에도 태초(헬라어로 아르케)가 나온다. 우리말은 '시작'이라고 번역했다. 마가복음의 '시작(아르케)'은 요한복음의 태초(아르케)와 같다.

> 💬 태초를 수식으로 표시해 보면 다음과 같다.
> 태초(요한복음) ≥ 태초(요한일서) ≥ 태초(창세기)

107

예수님의 3대 직분은 무엇인가?

"그가 먼저 자기의 형제 시몬을 찾아 말하되 우리가 메시야를 만났다 하고(메시야는 번역하면 그리스도라)"(요 1:41)

메시야란 말은 구약에서 기름 부음을 받은 자를 말하는데 헬라어로 그리스도라 표현한다. 구약에서 기름부음을 받는 직분은 선지자, 제사장, 왕이다.

메시야로서 예수님의 3대 직분을 알아보자.

첫째는 '선지자'이시다.

예수님께서 입을 열어 가르치고 설교하시자 사람들은 기이하게 여기며 놀랐다(마 7:28). 예수님께서는 자신이 보시고 아시는 것을 가르치시는 우리의 위대한 교사이시다(요 3:11).

예수님은 가르침이 권위 있으신 위대한 선지자이시다.

둘째는 '제사장'이시다.

십자가에 달리신 예수님께서는 제사장으로서 자신의 책무를 감당하셨다. 그리고 자신을 제물로 바치시고, 짐승의 피가 아닌 자기 자신의 피를 하나님께 바치심으로 영원한 속죄를 이루셨다(히 9:11-14).

위대한 대제사장으로 예수님께서는 지금도 하늘에서 우리를 위한 중보의 사역을 담당하고 계신다(히 7:25).

셋째는 '왕'이시다.

예수님께서는 무덤에서 부활하셨다. 사망은 예수님을 붙잡아 놓을 수 없었다. 예수님께서 왕이시고 창조자시고 모든 능력과 권세를 갖고 계시기 때문이다. 그분은 만왕의 왕 하나님의 아들이시다.

예수님께서는 선지자보다 더 크시다.

"… 요나보다 더 큰 이가 여기 있으며"(마 12:41)

예수님께서는 제사장보다 더 크시다.

"… 성전보다 더 큰 이가 여기 있느니라"(마 12:6)

예수님께서는 왕보다 더 크시다.

"… 솔로몬보다 더 큰 이가 여기 있느니라"(마 12:42)

💬 예수님께서는 선지자, 제사장, 왕으로서 기름부음을 받으셨지만 선지자, 제사장, 왕 보다 더 크신 분이시다.

108

가나 혼인 잔치의 포도주 기적은 어떻게 일어났을까?

"연회장은 물로 된 포도주를 맛보고도 어디서 났는지 알지 못하되 물 떠온 하인들은 알더라…"(요 2:9)

예수님께서 갈릴리 가나 혼인잔치 집에서 행하신 공생애 첫 번째 이적이다. 혼인잔치를 하는데 포도주가 떨어지자 예수님께서 항아리에 물을 채우라 하신다. 하인들이 채우자 떠서 잔치 책임자에게 갖다 주라고 말씀하신다.

잔치 책임자는 물이 변해 된 포도주를 맛보고 '오늘 나온 그 어떤 포도주보다 맛있다'고 신랑을 칭찬하였다는 가나 혼인 잔치 포도주이야기는 너무나도 잘 알려진 이야기이다.

이러한 기적은 어떻게 일어났을까?

사도 베드로가 힌트를 주고 있다.

"사랑하는 자들아 주께는 하루가 천 년 같고 천 년이 하루 같다는 이 한가지를 잊지 말라"(벧후 3:8)

이 시대 그리스도인들에게 가장 큰 영향력을 끼친 인물로 꼽히는 영국의 기독교 사상가이자 작가인 C. S. 루이스(1898–1963) 영문학교수는 그의 책 '기적'에서 가나 포도주 기적을 다음과 같이 이해하기 쉽게

236

설명해 주고 있다.

포도주는 하나님께서 주시는 복 중의 하나다. 매년 하나님께서는 포도주를 만드신다. 그분은 물과 토양과 햇빛을 주스로 바꾸어 놓을 수 있는 포도나무를 만드셨다. 그 주스는 적절한 조건이 맞춰지면 포도주가 된다. 하나님께서는 매년 물을 포도주로 만드시고 계신 것이다.

그런데 한 번은 하나님께서 그 과정을 단축시켜 보이셨다.

일 년이란 시간이 걸리는 그 과정을 단축시키시고, 순식간에 포도주를 만드신 것이다. 기적이란 말하자면 지름길로 가는 것이다.

얼마나 단축 시키셨을까?

주께는 1,000년이 하루 같으시니까, 우리의 1년은 주께 하루의 1,000분의 1이 된다.

따라서 하루 24시간 즉 24 x 60 =1,440분의 1/1,000은 1.44분인 셈이다.

1.44분은 87초도 안 되는 순간이다.

하인들이 두세 통 드는 돌항아리 여섯(요 2:6)에 물을 채웠으니까, 물을 떠다 잔치 책임자에게 갖다 줄 때는 물이 포도주로 변하기에 충분한 시간이었다. 물이 포도주로 변한 것이다.

주께서 보시기에 1,000년은 지나간 어제 같고 밤 한때 같다고 모세도 기도하였다(시 90:4).

유한한 인간의 이성과 지성으로는 하나님의 기적을 모두 다 이해할 수 없고 설명할 수도 없다.

💬 하나님께서는 지금도 우리가 알지 못하고 느끼지 못하는 기적을 셀 수 없이 행하시고 계신다.
"하나님은 헤아릴 수 없이 큰 일을 행하시며 기이한 일을 셀 수 없이 행하시나니"(욥 5:9)

109

예수님은 왜 들려야 하셨나?

"모세가 광야에서 뱀을 든 것 같이 인자도 들려야 하리니"(요 3:14)

남 몰래 밤에 예수님을 찾아 온 유대인 지도자 니고데모와 대화 중에 예수님께서는 들림을 받아야 한다고 말씀하신다.

요한복음에서 예수님께서는 들림 받는다는 말씀을 세 번 하신다.

"이에 예수께서 이르시되 너희가 인자를 든 후에 내가 그인 줄을 알고…"(요 8:28)

"내가 땅에서 들리면 모든 사람을 내게로 이끌겠노라 하시니"(요 12:32)

이스라엘 자손들이 약속의 땅을 향하여 가다가 하나님께 원망 불평을 하니까, 하나님께서 불뱀을 보내 원망하는 자들을 물게 하신다.

모세가 백성들을 위하여 하나님께 기도하자 하나님께서는 불뱀을 만들어 장대위에 매달아서 뱀에 물린 자들이 그것을 보고 살아나라고 말씀하신다.

"모세가 놋뱀을 만들어 장대 위에 다니 뱀에게 물린 자가 놋뱀을 쳐다본 즉 모두 살더라"(민 21:9)

예수님께서는 땅에서 들림 받을 때에 모든 사람을 예수님께로 이끌겠다고 말씀하셨다. 십자가에서 들림 받아 하늘과 땅 사이에 서신 예수님을 바라볼 때에 사람들은 구원으로 인도되고 영생의 삶을 살게 된다.

사람들을 예수님께 인도하는 것은 그들의 구원을 위해서이고, 영생의 삶을 살게 하는 것은 하나님 나라를 위해서이다.

예수님께서는 하늘과 땅 사이에 있는 십자가에서 들림을 받으셨다.

하늘도 아니고 땅도 아닌, 하늘과 땅 바로 그 사이에 서 있는 십자가이다. 따라서 십자가는 하늘과 땅의 연결점이 된다.

예수님께서 하늘과 땅을 하나로 연결하셨다.

하나님 나라는 하늘에만 있는 것이 아니라 이 땅에도 있다.

마지막 때에 하늘의 새 예루살렘이 땅으로 내려 온다(계 21:2).

예수님께서 십자가를 통해 하늘과 땅에 있는 모든 것을 통일 시키신다. 영적인 것과 물질적인 것을 연결시키신다.

"하늘에 있는 것이나 땅에 있는 것이 다 그리스도 안에서 통일되게 하려 하심이라"(엡 1:10)

2천년 전에 일어난 십자가 사건은 지금도 우리 가운데 살아 역사하고 있다. 십자가의 능력은 영원하다.

💬 예수님께서 십자가에서 들림을 받았기 때문에 그를 믿는 자마다 영생을 얻게 하신다.
"이는 그를 믿는 자마다 영생을 얻게 하려 하심이니라"(요 3:15)

110
우물가의 여인이나 나사로는 그 후 어떻게 되었나?

"여자의 말이 내가 행한 모든 것을 그가 내게 말하였다 증언하므로 그 동네 중에 많은 사마리아인이 예수를 믿는지라"(요 4:39)

요한복음 4장에 나오는 예수님을 만난 우물가의 여인 이야기는 그 여자의 증언 때문에 많은 사마리아인들이 예수님을 믿게 되었다라고 말씀한다. 이 사마리아 여인은 그 후 어떻게 되었을까?

성경 이야기가 대부분 끝까지 계속되는 경우가 없기 때문에 성경을 읽다가 그 후는 어떻게 되었을까 하는 질문을 갖게 된다. 사마리아 여인의 경우도 그렇고 죽었다가 살아 난 나사로의 이야기도 그 후의 일이 궁금하다.

초기 여성 그리스도인을 언급할 때 사마리아 여인의 이름과 그 행적이 전해진다. 우물가에 있었던 사마리아 여인의 이름은 포티니(Saint Photini)이다. 그녀는 꿈에 로마로 가라고 하는 예수님의 지시를 받고 선교사의 삶을 살기 시작한다. 로마에서 그녀는 담대하게 그리스도를 전파하는 바람에 소란을 불러일으켰다. 결국 네로 황제 앞까지 찾아가 전도하다가 아들과 함께 감옥에 갇혔다. 나중에 화형에 처하도록 명령을 받았으나 불이나 어떤 독도 그녀를 죽이지 못했다고 한다. 그녀가 예수님의 생수를 마셨기 때문이라고 전해진다. 그녀는 감옥에서 찬송을 부르며 하나님을 찬미하였다 한다.

한편 죽었다가 살아난 나사로에 대한 전승은 다음과 같다.

죽었던 나사로를 예수님께서 살리셨기 때문에(요 11:44) 그를 보려고 많은 유대인들이 몰려왔다가 예수를 믿었다. 이에 대제사장들이 나사로까지 죽이기로 모의한다(요 12:10-11).

나사로는 대제사장들의 손길을 벗어나기 위해 구브로(Cyprus)로 피난을 갔다고 전해진다. 구브로는 바나바의 고향(행 4:36)이다. 사도 바울 일행이 1차 전도 여행을 한 곳(행 13:4)이기도 하며 바나바 순교 기념교회와 무덤이 있다. 구브로는 스데반의 일로 인한 환란으로 흩어진 자들이 간 지역 중의 하나이다(행 11:19).

나사로는 구브로에서 초대 주교로 일하면서 수년을 지난 뒤 갈리아 지역의 마르세이유로 갔다고 한다. 갈리아 지방은 켈트족이 원 주민으로 지금의 프랑스, 벨기에와 라인강 서쪽의 독일을 포함하는 지역을 말한다.

나사로는 마르세이유에서도 주교로 7년간 봉사하다 죽었으며 '갈리아의 사도'라고 부른다.

💬 예수님께 구원 받은 사마리아 여인과 죽었다가 살아난 나사로는 모두 복음을 전하다 순교하였다.

111

수전절은
무슨
절기인가?

"예루살렘에 수전절이 이르니 때는 겨울이
라"(요 10:22)

예수님께서 수전절에 솔로몬 행각에서 유대인들과 예수님의 신성에 대하여 이야기하시다가 신성모독이라고 하면서 돌로 맞으실 뻔한 사건을 당하신다(요 10:33).

수전절에 모였던 유대인들은 예수님께서 하나님과 하나라는 사실을 도무지 이해하지 못한다. 그런데 구약에는 나오지 않는 수전절이란 무슨 절기인가?

수전절이란 성전을 수리한 절기라는 뜻이다.

B.C. 164년 유다 마카비가 유다 해방운동을 일으킨다. 성전을 탈환하고 돼지를 바쳐서 더럽혀진 제단을 깨끗이 청소하고 수리한 날을 기념하는 명절이 수전절이다.

히브리어로는 봉헌을 뜻하는 하누카라고 부른다. 따라서 이 날은 성전 봉헌일이다.

처음에는 종교적인 핍박을 종식시키려는 반란운동이었지만 그 후 점차 유다의 독립이라는 정치적인 혁명운동으로 확산되어 하스모니안 왕조를 창설하는 기초가 되었다. 이렇게 잠시 독립을 누렸던 하스모니안 왕조는 그 후 B.C. 63년 로마에 망한다. 이런 역사 때문에 예수님께서도 로마 식민지하의 유대 땅에 탄생하신 것이다.

수전절과 성전 등잔 불에 관한 이야기가 전해지고 있다.

성소에는 진설병을 두는 상(출 25:30), 등잔대(출 25:31), 분향할 제단(출 30:1)이 있다. 물론 솔로몬이 만든 성전에도 등잔대가 10개나 있었다(대하 4:7).

등잔대는 히브리어로 '메노라'라고 하는데, 신약에서는 등잔대를 등경(마 5:15)이나 촛대(계 1:12)로 번역하고 있다.

마카비가 성전을 탈환하고 보니 메노라에 기름이 하루 분량 밖에 없다는 것을 알았다. 메노라의 기름은 아무 기름이나 함부로 쓸 수가 없어서 그냥 지낼 수 밖에 없는 상황이었다. 당장에 메노라에 사용할 기름을 만들 수 없었기 때문이다. 그런데 성전을 청소하는 8일 동안 메노라는 꺼지지 않고 성전 안을 환히 밝혀서 제사장들이 성전을 정결하게 할 수 있도록 기적이 일어 났다고 한다.

메노라를 보면 등잔이 7개 있는 것이 있고 9개 있는 것이 있는데, 등잔이 7개 있는 메노라는 구약 성소에서 사용한 모양의 메노라이고 좌우에 4개씩 등잔이 9개 있는 메노라는 수전절을 기억하면서 만든 것이다.

💬 메노라 불이 꺼지지 않고 비춰주었다고 하여 유대인들은 수전절을 '빛의 명절'이라고 하며 8일 동안 지키고 있다.

112

하나님의 말씀을 받은 우리는 신인가?

"성경은 폐하지 못하나니 하나님의 말씀을 받은 사람들을 신이라 하셨거든"(요 10:35)

하나님의 말씀을 받은 사람들을 신이라 하셨다고 말씀하시는데, '우리가 신인가'하는 질문을 한다면 대부분의 사람들은 무슨 불경스런 질문이냐 하면서 말도 꺼내지 못하게 할 것이다.

그러나 예수님께서는 분명히 하나님의 말씀을 받은 우리가 신이라고 말씀하신다. 이 말씀 바로 전의 요한복음 10장 34절은,

"예수께서 이르시되 너희 율법에 기록된 바 내가 너희를 신이라 하였노라 하지 아니하였느냐"고 예수님께서 시편 82편 6절 말씀을 인용하신 것이다.

"내가 말하기를 너희는 신들이며 다 지존자의 아들들이라 하였으나"(시 82:6)

이러한 하나님의 말씀을 받고도 자신이 신인지를 인식 못하는 성도들이 많이 있다.

'하나님의 아들이신 예수님께서 어떻게 하나님이시냐?' 하는 질문에 대해서 아주 간단한 논리로 답을 한다면 다음과 같다.

사람이 낳은 사람의 아들은 사람이다. 동물이 낳은 동물의 새끼도 동

244

물이다. 그러니까, 하나님께서 낳으신 하나님의 아들은 하나님이시다.

우리는 하나님의 아들이 되었다.

"성령이 친히 우리의 영과 더불어 우리가 하나님의 자녀인 것을 증언하시나니"(롬 8:16)

하나님의 자녀라면 하나님의 가족이면서 하나님과 하나가 되어야 하지 않겠는가?

사탄은 우리가 하나님과 같이 된다는 사실을 이미 알았다.

"너희가 그것을 먹는 날에는 너희 눈이 밝아져 하나님과 같이 되어 선악을 알 줄 하나님이 아시나니라"(창 3:5)

구원이란 궁극적으로 하나님과 같이 되는 것이다. 우리가 하나님의 무한에 참여하는 것이다. 사도 베드로가 말하는 것처럼 우리는 하나님의 신성한 성품에 참여하는 자가 되어야 한다.

"이로써 그 보배롭고 지극히 큰 약속을 우리에게 주사 이 약속으로 말미암아 너희가 정욕 때문에 세상에서 썩어질 것을 피하여 신성한 성품에 참여하는 자가 되게 하려 하셨느니라"(벧후 1:4)

💬 우리 하나님만이 신 가운데 신이시며 주 가운데 주님이시다.
"너희 하나님 여호와는 신 가운데 신이시며 주 가운데 주시요 크고 능하시며 두려우신 하나님이시라⋯"(신 10:17)

113

십자가의 길에서
예수님 얼굴을
닦아 준
여인의 이름은?

"…예수께서 자기의 십자가를 지시고 해골
(히브리 말로 골고다)이라 하는 곳에 나가시
니"(요 19:17)

십자가의 길은 예수님께서 마지막 십자가를 지고 가신 고난의 길이
요 슬픔의 길이다. 빌라도로부터 십자가형 선고를 받으신 안토니아 요
새를 출발하여 골고다 산 위까지 1.6Km 되는 구간이다.

이 길을 따라 14개의 처소에 예수님의 마지막 여정에서 일어난 사건
들을 묘사한 표지가 있다.

제1처소는 빌라도가 예수님께 유죄를 선고한 안토니아 요새(마
27:26). 현재 이슬람 지역이다.

제2처소는 예수님께서 십자가를 받으신 곳(마 27:31). 순례자들이 이
곳에 있는 선고와 채찍 교회에서 십자가를 받아 어깨에 메고 예수님처
럼 십자가 길을 걸을 수도 있다.

제3처소는 예수님께서 십자가 무게를 견디지 못하시고 처음으로 넘
어지신 곳.

제4처소는 마리아가 예수님을 만난 곳. 슬픔의 성모교회가 있다.

제5처소는 구레네 시몬이 강제로 십자가를 지고 간 곳(마27:32).

제6처소는 예루살렘 여인이 예수님 얼굴을 닦아 드린 곳.

제7처소는 예수님께서 두 번째로 넘어지신 곳.

제8처소는 예수님께서 예루살렘 여인들을 위로 하신 곳(눅 23:28).

제9처소는 예수님께서 세 번째로 넘어지신 곳.

제10처소는 예수님의 옷이 벗겨지신 곳(막 15:24).

제11처소는 십자가에 못 박히신 곳(마 27:35).

제12처소는 십자가 위에서 돌아가신 곳(마 27:50).

제13처소는 예수님의 몸이 십자가에서 내려지신 곳(마 27:58).

제14처소는 아리마대 요셉의 무덤에 안치되신 곳(마 27:60). 무덤 속을 직접 들어 가 볼 수는 없으나 순례자들은 성묘 교회 지하에 있는 비슷한 형태의 무덤을 들어가 볼 수 있다.

이 중 제6처소는 예루살렘의 한 여인이 땀을 흘리시는 예수님의 얼굴을 닦아 드린 곳이다. 예수님의 얼굴을 닦아 드린 이 여인이 누구일까?

성경에는 기록되어 있지 않지만 예수님의 얼굴이 새겨진 수건을 들고 있는 여인의 모습을 성화나 영화에서 볼 수 있다. 예수님의 얼굴을 닦아 드리자 기적 같이 수건에 예수님의 얼굴 형상이 새겨졌다고 전해진다.

💬 '거룩한 형상'이라는 그리스어 베라니카(Vera Nika)라는 말에서 이 여인을 베로니카라고 부른다. 제6처소에는 이를 기념하기 위한 성 베로니카 교회가 있다.

114

사도 요한은 어디서 마리아를 돌보았는가?

"예수께서 자기의 어머니와 사랑하시는 제자가 곁에 서 있는 것을 보시고 자기 어머니에게 말씀 하시되 여자여 보소서 아들이니이다 하시고 또 그 제자에게 이르시되 보라 네 어머니라 하신대 그 때부터 그 제자가 자기 집에 모시니라"(요 19:26-27)

십자가상에서 예수님께서는 돌아가시기 전에 육신의 어머니 마리아의 장래를 사랑하시는 제자 요한에게 부탁하신다.

예수님의 부탁을 받은 사도 요한은 마리아를 어디서 봉양하였을까?

복음 전파에 힘쓰던 제자들이 예루살렘 박해가 시작되자 흩어지기 시작하자, 사도 요한은 예수님의 유언에 따라 마리아를 모시고 에베소로 간다.

디모데와 함께 체포되어 펄펄 끓는 솥에 던져졌으나 기적적으로 살아났기 때문에 죽일 수가 없었다. 에베소 교회의 지도자였던 사도 요한은 도미티안 황제(A.D. 90-96)의 박해 때 에베소 앞에 있는 밧모섬으로 유배 당하고 거기서 요한계시록을 쓴다(계 1:9).

로마 황제가 살해된 후 유배에서 풀려난 사도 요한은 에베소에서 요한 1, 2 ,3서와 요한복음을 쓰며 남은 생애를 보냈다.

사도 요한은 에베소의 산 위에 집을 짓고 마리아를 지극한 정성으로 보살폈다고 전해지며, 지금도 터키 에베소 성지 순례를 가면 마리아가 살았다는 마리아의 집과 사도 요한의 무덤을 볼 수 있다.

마리아의 존재는 12세기부터 교회에서 부각되었다. 그 전까지 교회에서는 여성들에 관해 언급조차 하지 않았는데 그 이유는:

첫째, 인류의 죄가 하와라는 여자로부터 들어왔기 때문에 여성을 천시했고

둘째, 권위가 있고 근엄해야 하는 가톨릭 교리는 여성들의 위엄을 평가 절하했기 때문이다.

그러다가 12세기부터 갑자기 마리아 숭배가 서유럽 교회에서 성행하게 되었다(자세한 내용은 '101. 마리아 숭배는 언제부터 시작되었나?' 참조 바람).

🗨 에베소에서 예수님의 어머니를 모셨던 사도 요한은 순교 당하지 않은 유일한 예수님 제자이다.

115

십자가 위 예수님 옆구리를 창으로 찌른 로마 병사의 이름은?

"예수께 이르러서는 이미 죽으신 것을 보고 다리를 꺾지 아니하고 그 중 한 군인이 창으로 옆구리를 찌르니 곧 피와 물이 나오더라"(요 19:33-34)

　십자가에 달리신 예수님의 옆구리를 창으로 찌른 로마 병사의 이름이 무엇이냐고 물어 본다면 그 이름이 성경에 나오나 하고 고개를 갸우뚱 할 사람도 있을 것이고, 한편으로는 이름이 나오니까 물어 보는 것 아니냐고 생각하는 사람도 있을 것이다.

　당시 로마의 관습은 십자가에 못박힌 죄수를 십자가 상에 그대로 죽을 때까지 놔두는 것이었다. 그런데 안식일이 다가오기 때문에 예수님과 좌우편 강도의 시체는 안식일 전에 치워버리려 했다. 죽지 않고 십자가에 있던 강도들은 다리를 꺾어 빨리 죽게 만들었으나, 예수님께서는 이미 죽으셨기 때문에 어떤 로마 군인이 확인 차 창으로 옆구리를 찔렀던 것이다. 이 군인의 이름이 무엇이었을까?

　예수님의 옆구리를 찌르는 순간에 그 군인은 눈이 멀어버렸다고 한다. 그러나 곧이어 예수님께서 쏟으신 피가 눈에 튀자 다시 눈을 뜨게 되는 기적을 체험하게 된다.

이 군인의 이름이 성경에는 기록되지 않았으나 외경 니고데모 복음서와 빌라도 행전에 나온다고 한다.

원 이름이 카시우스라는 이 군인은 이 사건 후에 회개하여 세례를 받고 세례명을 롱기누스(Longinus)라고 하였다. 그 후 그리스도를 전파하다 순교하였다고 하여 가톨릭에서는 성인의 칭호를 붙여주고 베드로 성당에 그의 동상을 세워 주었다.

롱기누스란 이름은 헬라어 롱케(λογχη)에서 유래했다고 보는데 이는 요한복음 19장 34절의 '창으로'라는 단어의 헬라 말이다. 롱기누스는 자신이 창으로 예수님을 찌른 자임을 세상에 드러내 놓고 회개하며 일생을 보낸 것이라 볼 수 있다.

> 💬 사람들이 '롱기누스'하고 그의 이름을 부를 때 마다 그는 '너 창으로 찌른 자'라고 부르는 것처럼 느꼈을 것이고, 자기 이름을 들을 때마다 그는 예수님을 창으로 찌른 것을 회개하였을 것이다.

116

물고기 153마리가 갖는 의미는?

"시몬 베드로가 올라가서 그물을 육지에 끌어 올리니 가득히 찬 큰 물고기가 백쉰세 마리라 이같이 많으나 그물이 찢어지지 아니하였더라"(요 21:11)

예수님께서 부활하신 후 고향으로 돌아가 갈릴리 호수에서 고기를 잡던 제자들은 밤새 아무 것도 잡지 못한다(요 21:3).

이 광경을 보시고 부활하신 예수님께서 그들에게 그물을 오른편에 던져 보라고 말씀 하신다(요 21:6). 이 때 제자들이 잡은 물고기가 153 마리였으며 그물도 찢어지지 않았다. 그물 속 물고기 153마리는 무슨 의미인가?

성경 숫자를 연구하는 사람들은 다양한 형태로 153을 표기해 보며 그 의미를 찾는다.

1부터 17까지 숫자를 전부 더하면 153이 된다. 즉 성경 숫자 17이 '승리'를 뜻하기 때문에 모든 승리자들의 모임이라고 본다. 이는 성 아우구스티누스가 5세기에 성경 숫자를 연구하다가 발견하였다고 한다.

예수님께서 공생애 동안에 만났던 모든 믿음의 식구들을 다 더하면 153명이 된다고 하면서 153은 믿음의 식구들을 뜻한다고도 본다.

'하나님의 아들' 이라는 히브리말 '베니 하엘로힘'의 숫자 값이 153이 되는데 이 점에 착안하여 이는 '하나님의 아들에 의해 선택된 사람들'이 라고 보기도 한다.

이상의 의미들을 종합해 보면 마지막 때에 믿음의 식구들을 예수님 께서 구원하신다는 의미가 된다.

필자는 153이란 숫자를 생각하다가 38+38+1+38+38 =153이란 분 석을 해 보았다. 성경 숫자 38은 '의'를 뜻하는데,

'유대인 의인+ 이방인 의인 + 예수님 + 이방인 의인 + 유대인 의인'의 모습을 그려 본 것이다. 예수님 오시기전에는 유대인이 먼저 하나님의 선택하심을 받았으나 점차 이방인에게로 확대되었으며, 예수님께서 오신 후는 이방인이 먼저 영접하고 마지막에 유대인들의 영접이 이루 어지는 모습을 숫자로 표현하면 "38 + 38 + 1 +38 +38"이 되는 것이다.

또한, 1, 3, 5 숫자를 각기 세제곱하면 153이 된다.

1 + 27 + 125 = 153이다. 거듭 거듭하여 하나님의 은혜(성경 숫자 5의 의미)를 입은 사람들의 총회인 것이다.

3의 제곱과 12의 제곱을 합해도 153이 된다.

9 + 144 = 153이다. 하나님 신성(숫자 3의 의미)과 하나님의 통치를 받는 자(성경 숫자 12의 의미)를 더한 것이다. 제곱한다는 것은 강조 한 다는 뜻이다.

💬 숫자 153은 하나님의 통치를 받는 구원 받은 자들 모두를 의미한다.

117

12제자의 최후는 어떠했나?

> "내가 진실로 진실로 네게 이르노니 네가 젊어서는 스스로 띠 띠고 원하는 곳으로 다녔거니와 늙어서는 네 팔을 벌리리니 남이 네게 띠 띠우고 원하지 아니하는 곳으로 데려가리라"(요 21:18)

위 말씀은 예수님께서 사도 베드로가 어떻게 죽을 것인지를 말씀하신 것이다(요 21:19). 사도 베드로는 어떻게 죽었을까? 또한 다른 제자들은 어떠한 최후를 맞이했을까?

사도 베드로는 로마에서 거꾸로 십자가에 못 박혔다. 박해를 피해 로마를 탈출 하려다 로마로 들어 가시는 예수님을 만난다. 그 유명한 '주여 어디로 가시나이까(Quo via Dieth)'라는 사도 베드로의 질문에 예수님께서 로마로 가신다는 답변을 하시자 회개하고 발길을 로마로 돌린 것이다. 사도 베드로는 자기가 감히 예수님처럼 십자가에서 죽을 수는 없다고 하면서 십자가에 거꾸로 매달렸다고 전해진다.

십자가에 X자형으로 매달려 순교한 사도도 있다.

사도 베드로의 동생 사도 안드레가 그리스에서 X자형 십자가에 달려 순교하였다. X자는 그리스어로 그리스도의 첫 글자이다. 그리스도의 영광의 십자가를 생각하며 십자가형을 당한 것이다.

254

12사도 중 요한의 형제 야고보는 참수형으로 제일 먼저 순교하였다 (123. 12사도 중 사도 야고보가 제일 먼저 순교당 한 이유는? 참고).

사도 요한만 늙어서 평화롭게 목숨을 다했다.

사도 빌립은 프리지아의 히에라볼리에서 기둥에 목 매달렸다.

나사렛에서 무슨 선한 것이 날 수 있느냐고 말한 나다나엘(요 1:46)과 동일 인물로 보는 사도 바돌로메는 산 채로 가죽이 벗겨졌다. 애굽의 서부 사막 가운데 있는 오아시스 지역인 바하레야에서 순교하였다.

디두모라고도 하는 사도 도마는 동인도에서 선교 여행을 하던 중 창에 찔렸다. 의심 많던 제자가 선교하였기에 인도에 복음 전파 열매가 많지 않다고들 말하고 있다.

사도 마태는 에티오피아의 먼 도시에서 칼로 베임을 당했다.

알패오의 아들 사도 야고보는 성전 꼭대기에서 내던져진 후 대장장이의 도구로 맞아 죽었다.

열심당원이었던 가나나인 사도 시몬(마 10:4)은 셀롯(눅 6:15)으로도 불리는데 열심당원이란 의미대로 열심히 이집트, 아르메니아, 페르시아, 카르타고를 거쳐 영국에까지 가서 복음을 전파하다가 십자가에서 순교하였다고 전해진다.

야고보의 아들(눅 6:16) 또는 가룟이 아닌 유다(요 14:22)인 사도 다데오는 화살에 맞아 죽었다.

가룟 유다를 대신하여 제비 뽑힌 사도 맛디아(행 1:26)는 돌팔매질을 당한 후 목이 베어졌다.

💬 이렇게 사도들은 예수님을 따르기 위해 예수님께서 십자가를 지고 걸어가셨던 '비아 돌로로사(Via Dolorosa)' 고난의 길을 걸었던 것이다.

4장

펼쳐가는
하나님 나라

사도행전 - 유다서 숲 속 이야기 25가지

118

예수님께서 부활 40일 후 승천하신 의미는?

"그가 고난 받으신 후에 또한 그들에게 확실한 많은 증거로 친히 살아 계심을 나타내사 사십 일 동안 그들에게 보이시며 하나님 나라의 일을 말씀하시니라"(행 1:3)

예수님께서는 부활하신 후 40일 동안 살아계심을 보여주신 후에 승천하셨다. 공생애를 시작하시기 전 40일 금식을 하시면서 사탄에게 시험을 받으신 예수님께서 하늘로 올라 가시기전에도 40일간 부활의 증거를 보여 주신 것이다. 40이란 숫자가 예수님 공생애의 전과 후를 장식하고 있음을 볼 수 있다. 이 40이란 수는 과연 무슨 의미인가?

40일하면 노아의 홍수 40일(창 7:17), 모세의 나이 40(행 7:23)에 미디안으로 도망갔다가 40년 후(행 7:30) 다시 애굽으로 돌아와서 자기 백성을 이끌고 40년 광야 생활 끝에 가나안으로 인도한 일, 시내산에서 십계명을 받기 위해 40일 금식기도 드린 일, 호렙산에 가는 엘리야 선지자의 40일 여정(왕상 19:8), 40일이 지나면 니느웨가 망한다는 요나의 외침(욘 3:4)등 숫자 40과 연관된 사건들을 생각나게 한다.

40이란 숫자가 시련, 괴로움, 시험 등의 의미도 있다고 한다. 그러나 40은 구 세대가 지나가고 새 세대가 시작하는 기간이라는 의미가 있다.

노아 가족은 홍수 후 새로운 삶을 살아야 했고, 이스라엘 백성들은 40년 광야 생활을 청산하고 가나안 땅에서 새로운 민족을 이루어 나갔다. 모세의 생애도 40년 마다 전기가 있었다. 그리고 이스라엘 백성은 모세의 40일 금식기도로 시내산에서 십계명을 받고 난 후 율법하의 백성이 된 것이다.

예수님께서 40일 동안 부활을 증거하셨는데, 숫자 2가 증거와 관련 있음을 알 수 있다.

빈 무덤 안에 있던 두 천사(요 20:12)와 승천하실 때에 제자들 곁에 있던 두 사람(행 1:10) 뿐만이 아니다. 마태복음에는 부활 후 예수님께서 나타나심을 두 번 기록하고 있다. 막달라 마리아와 다른 마리아에게 평안하냐고 말씀하심(마 28:9)과 모든 민족으로 제자 삼으라는 지상명령을 주심(마 28:19-20)이다.

누가복음에는 예수님께서 부활 후 엠마오로 가던 두 제자에게 나타나심(눅 24:31)과 열한 제자에게 나타나심(눅 24:36)이 기록되어 있다.

마가복음과 요한 복음에는 두 번 이상 부활하신 예수님께서 나타내 보이심을 기록하고 있으나, 마태복음과 누가 복음에서 단 두 번만 기록된 것은 증인은 반드시 두 사람 또는 세 사람이 있어야 하는 신명기의 말씀을 따른 것이라고 본다. 두 번 나타나심만 기록하드라도 부활하셨다는 증거로서 충분히 인정 받기 때문이다.

💬 부활하신 예수님께서는 하늘에서 우리를 위한 중보기도 등 새로운 사역을 하시기 위해 40일 동안 지상 사역을 마무리 하신 것이다.

119

예수님께서는 정말 때와 시기를 모르셨을까?

"이르시되 때와 시기는 아버지께서 자기의 권한에 두셨으니 너희가 알 바 아니요"(행 1:7)

부활하신 예수님께서 승천하실 때에 '땅 끝까지 증인이 되라'(행 1:8) 고 하신 전도 명령을 주시면서도 이스라엘이 회복될 때와 시기는 모르신다고 하신 말씀이다. 제자들은 이스라엘의 회복시기나 세상 끝 날의 징조에 대해서 예수님께로부터 답을 얻으려 끝까지 노력했다. 그렇지만 예수님께서 '이 때다'하고 시원스럽게 대답하신 적은 없다.

다만, 천국 복음이 온 세상에 전파될 때가 세상 끝이다(마 24:14)라고 힌트만 주신 것이다. 하나님과 하나이신(요 17:21) 예수님께서 정말 때와 시기를 모르셨을까?

주후 1000년이 될 때 세상이 얼마나 시끄러웠는지 짐작이 간다.

천년 왕국 시대가 도래할 것이라고 몇 년 전부터 떠들썩 했을 것이다. 그러나 조용히 지나갔다.

만유인력법칙을 발견한 뉴턴(1643-1727)은 세상의 종말을 2060년이라고 발표하여 세상을 놀라게 했다. 그는 서로마 제국을 탄생시킨 샤

260

를 대제의 즉위 800년부터 1,260년 후인 2060년을 계산한 것이다.

그러나 뉴턴이 세상의 종말 시기를 2060년 이라고 발표한 배경을 알면 웃음이 나온다.

오늘날에도 세상의 종말을 예언하는 사람들이 많이 있지만, 뉴턴 당시에도 자칭 예언가들이 세상의 종말 시기를 예언하면서 세상의 이목을 끌었다. 막상 그 날이 지나가는데도 세상이 끝나지 않자 예언가들은 자기 계산이 틀렸다고 하면서 날짜를 몇 번씩 고쳐 발표 하면서까지 세상 사람들을 현혹하는 것을 보다 못한 뉴턴이 우리 시대에는 종말이 없으니 이런 허황된 일에 속지 말라면서 먼 훗날을 지적한 것이다. 뉴턴은 다니엘서와 요한계시록을 연구하여 1,260일을 년으로 환산한 후 이런 계산 결과를 얻었다고 하였다. 만일 뉴턴이 오늘날 종말 날짜를 다시 계산 한다면 아마도 2500년 이후로 발표했을 것이다.

천년왕국 등 성경에 나오지 않는 단어를 놓고 문자에 매인 나머지 말씀하고 있는 원래의 의미를 깊이 인식하지 못하는 우를 범해서는 안 된다.

'어차피 오류를 범할 거라면 해석이 지나친 쪽보다는 해석을 자제하는 쪽이 낫다'는 노련한 주석가의 말에 귀 기우릴 가치가 있다.

우리는 성경을 교묘하게 억지로 풀다가 스스로 멸망에 빠진다(벧후 3:16)는 사도 베드로의 말씀에 주의해야 한다.

"먼저 알 것은 성경의 모든 예언은 사사로이 풀 것이 아니니"(벧후 1:20)

💬 전체 계획은 성부 하나님께서 하시고 아들은 집행만 하신다.

120

승천하신 예수님께서는 무엇을 하고 계실까?

"이 말씀을 마치시고 그들이 보는데 올려져 가시니 구름이 그를 가리어 보이지 않게 하더라"(행 1:9)

부활하신 후 예수님께서는 제자들에게 40일 동안 자신의 부활하심을 확실히 나타내 보이시고 승천하셨다. 부활절 후 40일이 승천기념일인데 기독교인들 대부분이 이날을 소홀히 하며 지내는 것 같다.

옛 신앙의 선조들처럼 우리도 주일의 명칭을 '부활 후 몇 번째 주일입니다'하고 부른다면 기억하기가 좀 쉬울 텐데 이렇게 부르고 있는 교회가 몇 교회나 될까?

주일을 이렇게 부르다가 성령 강림절을 맞이하고 나서는 '성령강림 후 몇 번째 주일입니다'하고 부르고, 다시 대림절을 맞이한다면 신앙과 관련된 주요한 사건들을 기억하면서 신앙생활을 할 수 있을 것이다.

그런데 예수님께서는 승천하신 후 지금까지 무엇을 하고 계실까?

예수님께서 성육신 하시기 전에는 예수님의 신성만이 하나님과 같이 계셨으나, 승천하심으로 인성도 함께 하늘에 오르셨다. 영광 가운데서 올려지신 것이다(딤전 3:16).

예수님께서는 우리와 함께 하시고 교회와 함께 하시고 우리를 다스리고 인도하신다(마 18:20).

"… 내가 세상 끝날까지 너희와 항상 함께 있으리라 …"(마 28:20)

"여호와께서 그의 보좌를 하늘에 세우시고 그의 왕권으로 만유를 다스리시도다"(시 103:19)

"… 다시 살아나신 이는 그리스도 예수시니 그는 하나님 우편에 계신 자요 우리를 위하여 간구하시는 자시니라"(롬 8:34)

예수님께서는 하늘로 올라가심을 본 그대로 심판하러 오시는데 그때까지 우리는 증인으로서의 삶을 살아야 한다.

예수님께서는 하늘로 가심을 본 그대로 오실 것이다(행 1:11).

예수님께서는 산 자와 죽은 자를 심판하러 오신다(계 20:12).

"오직 성령이 너희에게 임하시면 너희가 권능을 받고 예루살렘과 온 유대와 사마리아와 땅 끝까지 이르러 내 증인이 되리라 하시니라"(행 1:8)

💬 예수님께서는 하늘 보좌에서 하나님과 함께 온 우주를 통치하고 계신다. 또한 예수님께서는 하나님 우편에서 우리를 위해 중보 기도하신다.

121

성령님께서 오순절에 강림하신 이유는?

"오순절 날이 이미 이르매 그들이 다같이 한 곳에 모였더니 홀연히 하늘로부터 급하고 강한 바람 같은 소리가 있어 그들이 앉은 온 집에 가득하며 마치 불의 혀처럼 갈라지는 것들이 그들에게 보여 각 사람 위에 하나씩 임하여 있더니 그들이 다 성령의 충만함을 받고 성령이 말하게 하심을 따라 다른 언어들로 말하기를 시작 하니라"(행 2:1-4)

우리는 성령님께서 오셨기 때문에 오순절을 기념하는듯한 생각을 하기 쉽다. 그러나 성령님께서 오셨기 때문에 오순절을 기념하는 것이 아니라 오순절 날 성령님이 오신 것이다. 오순절은 구약시대부터 지켜오던 칠칠절의 다른 이름이다.

"칠칠절 곧 맥추의 초실절을 지키고 새말에는 수장절을 지키라"(출 34:22)

"네 하나님 여호와 앞에 칠칠절을 지키되 네 하나님 여호와께서 네게 복을 주신대로 네 힘을 헤아려 자원하는 예물을 드리고"(신 16:10)

칠칠절은 초실절부터 일곱 안식일을 지난 이튿날까지 오십일이 되는 날이다. 유대인들은 지금도 칠칠절이라 말하고 있지만 기독교에서는 신약시대부터 헬라어 단어에서 유래한 오순절이라고 부르고 있다.

오순절은 하나님께서 천지를 창조하신 날이라고 유대 전승은 말하고 있다. 또 오순절은 모세가 시내산에서 토라를 받은 날이다. 그리고 오순절은 성령님께서 강림하신 날이다.

세상을 창조하신 성부 하나님과 말씀이 육신이 되신 성자 하나님 그리고 성령 하나님께서 모두 오순절 사건과 연결해서 삼위일체 하나님 이심을 보여주고 있다.

참으로 놀라운 삼위일체 하나님의 역사하심이다.

💬 칠칠절은 무교절, 초막절과 함께 일년에 세 번 여호와 하나님을 뵙는 날이다(신 16:16). 예수님께서 부활하신 후에 우리가 하나님을 만날 수 있도록 약속하신 성령님께서 오순절(칠칠절)에 오신 것이다.

122

아브라함이 하란을 떠날 때 데라는 죽었는가?

"아브라함이 갈대아 사람의 땅을 떠나 하란에 거하다가 그의 아버지가 죽으매 하나님이 그를 거기서 너희 지금 사는 이 땅으로 옮기셨느니라"(행 7:4)

스데반이 잡힌 후 공회 앞에서 대답하는 설교 중에 나오는 구절이다. 그 중에 아브라함이 하란을 떠날 때 아버지 데라가 죽었다고 한다. 그러나 창세기에 보면 이야기가 좀 다르다.

"데라는 나이가 이백오 세가 되어 하란에서 죽었더라"(창 11:32)

아브라함이 하란을 떠날 때는 75세였다(창 12:4).

데라가 70세에 아브라함을 낳았다(창 11:26)고 하니까 아브라함이 하란을 떠날 때 데라의 나이는 145세가 되어야 한다.

그런데 스데반은 아브라함이 하란을 떠날 때 데라가 죽었다고 말한다. 이 점이 성경을 읽을 때 우리를 혼란스럽게 만든다.

과연 데라가 죽었을까? 아니면 하란에서 죽은 데라의 나이가 잘못 기록된 것일까?

이 문제에 대해서 세 가지 견해로 해석에 접근한다.

첫째는 데라가 아브라함을 낳은 나이를 다시 계산하는 것이다.

266

데라가 하란에서 죽을 때 나이가 205세였고, 그 때 아브라함이 75세였으니까 데라는 130세에 아브라함을 낳았다고 본다. 데라가 70세에 아브라함과 나홀과 하란을 낳았다(창 11:26)라는 성경 말씀에서 데라가 70세에 낳은 아들은 하란이고 아브라함은 훨씬 뒤인 130세에 낳았다고 보는 주장이다.

둘째는 데라의 죽은 나이를 조정하는 것이다.

아브라함이 하란을 떠날 때 데라가 죽었다고 하니까 데라가 죽은 나이를 145세로 하는 것이다. 사마리아 5경에서는 이렇게 기록한다.

"데라는 나이가 145세가 되어 하란에서 죽었더라"(창 11:32 사마리아 5경)

셋째는 데라가 아브라함을 70세에 낳았다고 말씀대로 믿는 견해다.

이는 대부분의 학자들이 동의하는 성경 해석이다. 그리고 아브라함이 하란을 떠날 때 데라는 나이가 145세였으니까 데라 혼자서 하란에 60년을 더 살다가 205세에 죽었다고 본다. 그러나 이 주장은 스데반의 설교 내용과 상치되는데 어떻게 이해해야 되나?

스데반이 설교하는 중에 유대 역사를 잘 못 이야기 한다고 돌로 내침을 받지는 않았기 때문에 데라가 죽은 후 아브라함이 하란을 떠났다는 것은 역사적으로 유대인들이 잘 알고 있는 사실로 보아야 한다.

유대인들이 믿고 있는 데라의 죽음은 영적 죽음이라는 해석이다.

우상 숭배자였던 데라(수 24:2)가 하란에 가서도 아브라함이 믿는 하나님을 신실하게 섬기지 못하기 때문에 할 수 없이 아브라함은 그의 아버지 데라를 죽은 것으로 치고 하란에 두고 가나안을 향하여 떠난 것이다.

💬 데라가 영적으로 죽은 것이라고 본다면 성경 말씀은 일 점 일 획도 틀림이 없는 것이다.

123

12사도 중 사도 야고보가 제일 먼저 순교당 한 이유는?

"그 때에 헤롯 왕이 손을 들어 교회 중에서 몇 사람을 해하려 하여 요한의 형제 야고보를 칼로 죽이니"(행 12:1-2)

예수님의 12제자 중 사도 야고보가 제일 먼저 순교를 당한다.

12사도 중 그 죽음을 알려주고 있는 제자는 가룟 유다와 사도 야고보뿐이다. 사도 야고보는 거부 세베대의 아들로 사도 요한의 형이며 시몬 베드로의 고기잡이 동업자였다(눅 5:10). 사도 베드로와 요한과 함께 언제나 예수님 주변에서 가깝게 지냈다. 사도 요한이 어떤 행동을 하였기에 제일 먼저 죽임을 당했을까?

베드로와 야고보 요한 세 제자는 중요한 사건 마다 예수님과 같이 있을 정도로 사랑하는 제자이었는데 오순절 사건 이후로 사도 야고보의 이름이 사도행전에 잘 나오지 않는다. 사도 야고보에 대한 역사적인 기록들을 종합해 보면 사도 야고보는 당시에 서쪽 땅 끝이라고 알려진 스페인까지 갔다고 한다.

스페인에서 사도 야고보의 활동은 다음과 같이 전해지고 있다.

사도 야고보는 주님 부활하신 후 14년 동안 활동하였는데, 스페인으로 가서 그곳 유대 식민지에 있는 유대인 거주자들과 노예들에게 복음을 전했다. 뿐만 아니라 스페인의 이방인들에게도 복음을 전하고 스페인에 최초로 교회를 세웠다. 산티아고란 말은 야고보의 스페인식 발음이다.

당시 헤롯 왕이 로마에 반항하는 유대인 포로들을 잡아 스페인에 넘겼기 때문에 헤롯 왕은 사도 야고보의 스페인 전도 활동을 못 마땅하게 생각했다. 예루살렘으로 돌아 온 사도 야고보를 헤롯 왕이 증인도 없이 그냥 죽일 수 있었던 것도 이러한 불법 행동을 핑계 삼은 것이라 볼 수 있다.

중세 시대에 침략해 오는 이슬람교도들로부터 사도 야고보의 유해를 안전하게 보전하고자 유해 일부를 스페인으로 옮겨서 매장하였다. 서기 820년경 사도 야고보의 유해가 기적적으로 발견되자 산티아고 데 콤포스텔라에 있는 그 무덤 위에 성당을 세웠다.

야고보 성당은 스페인으로 가는 성지 순례자들이 많이 찾는 곳이다.

산티아고로 향하는 순례의 길은 여러 코스가 있으나 가장 유명한 코스는 사도 야고보가 걸었다는 프랑스에서 출발하는 길로서 약 800Km의 구간이지만 650Km의 작은 구간도 선택할 수 있다.

보통 30일에서 40일의 여정으로 걸어 간다. 순례자를 위한 숙소 알베르게에서 순례자의 신분증에 도장을 찍어 주어 까미노 데 산티아고(Camino de Santiago)의 순례를 하였음을 증명해 준다.

💬 사도 야고보는 스페인에서의 전도 활동을 못마땅하게 여긴 헤롯 아그립바 1세에 의해 죽임을 당했다.

124

낙타 무릎
사도 야고보는
언제 예루살렘
지도자가 되었나?

"말을 마치매 야고보가 대답하여 이르되
형제들아 내 말을 들으라"(행 15:13)

예수님의 육신의 동생으로 야고보와 요셉과 유다와 시몬과 누이들이 있었다(막 6:3). 그들은 예수님을 믿지 않았다.

"이는 그 형제들까지도 예수를 믿지 아니함이러라"(요 7:5)

그러나 이후 야고보는 야고보서를 기록하였고 유다는 유다서를 기록할 정도로 예수님의 사도가 된 것이다. 뿐만 아니라 야고보는 예루살렘 교회에서 사도 베드로와 바울과 바나바를 비롯한 사도와 장로들 앞에서 이방인들이 믿는 것에 대한 설교를 한다(행 15:13).

사도 야고보는 이방인 선교에 대하여 지침을 내릴 정도로 예루살렘 교회에서 지도자 위치에 서게 된다. 예수님을 믿지 않던 사도 야고보가 언제 예루살렘 교회의 지도자가 되었을까?

성경은 예수님께서 부활 후 야고보에게 나타나셨다고 한다.

"그 후에 야고보에게 보이셨으며…"(고전 15:7)

또한 마가 다락방에서 120문도가 기도하면서 성령님을 기다릴 때 예수님의 육신의 어머니 마리아와 아우들도 같이 있었다(행 1:14).

270

이렇게 부활하신 예수님을 만나보고 또 성령님을 체험한 사도 야고보는 사도 베드로에 의해 예루살렘 교회를 부탁 받게 된다.

"베드로가 그들에게 손짓하여 조용하게 하고 주께서 자기를 이끌어 옥에서 나오게 하던 일을 말하고 또 야고보와 형제들에게 이 말을 전하라 하고 떠나 다른 곳으로 가니라"(행 12:17)

사도 바울은 사도 야고보를 사도 베드로와 요한과 같은 '교회의 기둥'이라고 칭했다(갈 2:9).

이 후 사도 야고보는 예루살렘을 방문한 사도 바울과 함께 할례 문제를 잘 해결하였다(행 21:17-26).

예루살렘 교회의 지도자로서 사도 야고보는 예루살렘 성전에 홀로 들어가 무릎을 꿇고 간절히 기도했다. 무릎이 단단해졌다. 마치 낙타의 무릎처럼 딱딱해졌다. 이를 보고 사람들은 사도 야고보에게 '낙타무릎'이라는 별명을 붙여주었다.

사도 야고보가 그렇게 기도에 헌신한 것은 누구를 본받은 것일까?

야고보서에서 사도 야고보는 우리와 성정이 같은 사람 엘리야 선지자의 기도를 언급한다(약 5:17). 우리도 기도하면 그렇게 할 수 있다는 말씀이다. 사도 야고보는 이를 실천하면서 무릎이 낙타처럼 딱딱하게 굳어진 것이다.

💬 투옥되었다가 천사의 도움으로 옥문을 나온 베드로는 사도 야고보에게 예루살렘 교회를 부탁하고 다른 곳으로 갔다. 예수님을 믿지 않던 사도 야고보가 예루살렘 지도자가 된 것이다.

125

사순절이 성경에 있나요?

사순절은 예수님께서 부활하신 날을 기념하는 부활절 40일 전에 십자가의 고난을 생각하며 기도하고 금식하는 특별한 기간이다. 이 기간은 주일을 제외하여 계산하기 때문에 46일 전 수요일에 시작된다.

이 수요일을 '재의 수요일'이라고 부르는데 이는 종려나무 가지를 태운 재로 이마에 십자가를 그려서 마치 구약 시대에 어려운 일을 당할 때 몸에 재를 뿌리거나 재 위에 앉는 것(욥 2:8, 욘 3:6)을 본 받는 행위와 같다. 이 때 재를 만드는 종려나무 가지는 그 전년도에 종려주일을 기념하기 위해 가지고 흔들었던 바로 그 종려나무 가지를 말렸다가 태워서 사용한다. 그런데 이렇게 지켜지는 사순절이 성경에 나와있을까?

사순절이란 단어는 성경에 나오지 않는다.

사순절은 교회 역사에서 전통적으로 지켜오고 있는 절기이다.

주후 325년 니케아 공의회(Council of Nicea)에서 부활절 준비 기간으로 사순절 기간을 40일로 정하였다. 그러나 동로마 교회에서는 토요일

272

과 주일을 제외한 7주를 지켰고, 서로마 교회에서는 주일을 제외한 6주를 지켜왔다. 그 후 7세기 무렵에 '재의 수요일'을 시작으로 하고 주일을 제외한 40일을 사순절 기간으로 지키게 되었다.

사순절의 형성 배경은 초대교회 성도들이 주님의 수난에 동참한다는 의미로 금식과 절제를 하면서 발전된 아름다운 신앙의 습관이다. 사순절 기간 동안에는 연극을 비롯한 오락행위가 금지되었으며 호화생활도 많이 자제되었다. 그대신 자선과 선행을 베풀면서 기도와 예배에 더욱 힘쓰는 기간이다.

그러나 사순절 기간에 금식하고 절제하는 것을 빌미로 그전에 많이 먹고 즐기자는 카니발이 생겼다. 이는 특히 가톨릭 국가에서 사순절 직전의 1주일간 행해지는 축제로 술과 고기를 먹으며 가장행렬 등 인간의 쾌락 본능을 자극하는 행사들로 세상을 떠들썩하게 만들고 있다.

1517년 종교개혁 이후에 형식적인 교회의 의식 절차들이 많이 폐지되었는데, 사순절에 관계된 많은 의식들도 간소화 내지는 폐지되었다. 그러나 회개의 기간으로 지켜지는 전통은 받아들여져서 개신교에서는 계속해서 이 절기를 기념하고 있다. 다만 몇 몇 교단에서는 사순절 정신자체를 부인하지는 않지만 너무나 형식적인 것이라 하여 사순절을 교회력에 포함시키지 않고 있다.

주님의 고난에 동참하고 경건한 삶을 살기 위해서는 비단 사순절 기간뿐 만 아니라 언제나 힘써야 한다.

💬 우리는 어떤 교리나 역사적 전통을 논할 때 그것이 성경적인가를 먼저 살펴보고, 베뢰아 사람들처럼 날마다 성경을 상고하여 이것이 그러한가 하고 자세히 따져 보아야 할 것이다.

126

죄란
무엇인가?

"모든 사람이 죄를 범하였으매 하나님의
영광에 이르지 못하더니"(롬 3:23)

로마서에서 사도 바울은 모든 사람이 죄인이라고 말씀한다.

1장에서는 이방인이 죄인이요, 2장에서는 유대인도 죄인이요, 그러니까 3장에서 모든 사람이 죄인이라고 말씀한다. 죄란 무엇일까?

죄란 한문으로 罪라고 쓴다.

이 글자를 자세히 보면 '넉 사'(四)자에 '아닐 비'(非)자가 더해진 것이다. 즉 네 가지가 아닌 것이다. 성경에서 아닌 것이 죄라고 말씀하는 구절이 네 군데 있다.

"… 믿음을 따라 하지 아니하는 것은 다 죄니라"(롬 14:23)

"그러므로 사람이 선을 행할 줄 알고도 행하지 아니하면 죄니라"(약 4:17)

"죄를 짓는 자마다 불법을 행하나니 죄는 불법이라"(요일 3:4)

"모든 불의가 죄로되 …"(요일 5:17)

불신, 불선, 불법, 불의가 모두 죄이다.

일반적으로 죄란 과녁을 잘 못 맞추는 것이라고 한다. 하나님의 질서를 깨뜨리는 것이 죄라고도 한다.

274

그러나 성경에서 죄에 대한 가장 완벽한 정의는 이사야서 53장에 나온다.

"우리는 다 양 같아서 그릇 행하여 각기 제 길로 갔거늘 …"(사 53:6)

이런 우리의 죄를 용서하시기 위하여 하나님께서 우리의 모든 죄악을 예수님께 담당시키셨고 예수님께서는 순종하여 십자가에 달리신 것이다.

이사야서 53장은 우리가 어떻게 예수님을 대하였는가 그리고 예수님 때문에 우리가 어떻게 변하게 되는가를 말씀해 주신다.

"그는 실로 우리의 질고를 지고 우리의 슬픔을 당하였거늘 우리는 생각하기를 그는 징벌을 받아 하나님께 맞으며 고난을 당한다 하였노라 그가 찔림은 우리의 허물 때문이요 그가 상함은 우리의 죄악 때문이라 그가 징계를 받음으로 우리는 평화를 누리고 그가 채찍에 맞으므로 우리는 나음을 받았도다"(사 53:4-5)

다시는 죄를 짓지 말라는 예수님의 음성이 들려온다.

"… 예수께서 이르시되 나도 너를 정죄하지 아니하노니 가서 다시는 죄를 범하지 말라 하시니라"(요 8:11)

💬 우리 자신의 길로 가는 것이 죄의 본질이다.
자기의 생각이 하나님의 생각보다 지혜롭다고 믿기 때문이다.

127

사도
바울은
결혼했을까?

"내가 결혼하지 아니한 자들과 과부들에게
이르노니 나와 같이 그냥 지내는 것이 좋으
니라"(고전 7:8)

사도 바울이 결혼했을까 하는 질문을 해보면 무슨 그런 질문을 하느
냐 하고 반문을 받는다. 사도 베드로가 결혼했다는 것은 베드로의 장모
이야기(막 1:30) 때문에 누구나가 아는 사실이다.

그러나 사도 바울은 전도 여행을 다니는데 아내를 데리고 다니지 않
았다(고전 9:5)는 사도 바울의 고백과 아내 이야기가 전혀 언급되지 않
기 때문에 사도 바울이 결혼하지 않았다고 단정하고 있다. 과연 사도
바울이 미혼이었을까?

위에서 인용한 고린도전서 7장 8절 말씀을 보면 사도 바울이 독신인
것은 자명하다.

그런데, 사도 바울이 결혼했다는 주장을 하는 사람들은 사도 바울이
산헤드린 공회원이었을 것인데 산헤드린 공회원의 자격 중 하나가 기
혼자라는 것이다.

사도 바울은 성도들을 옥에 가두며 죽일 때에 찬성 투표를 했다고 말
씀한다(행 26:10).

그러나 단지 투표하였다는 것만으로 사도 바울이 산헤드린 공회원이 었다고 단정할 수 없다는 주장이 만만치 않다. 만일 사도 바울이 산헤 드린 공회원이었다면 그가 산헤드린 공회의 핍박을 받고 고소당했을 때 자기도 공회원이었다는 언급이 자신의 변명 중에 포함되었을 것이 라는 주장은 일리가 있다.

한편, 사도 바울이 기혼자이었으나 그가 예수님을 영접하고 유대교 를 버렸을 때 그의 아내가 유대교를 배반하지 않고 유대교에 그냥 남아 있기 위해 사도 바울과 일방적으로 강제 이혼을 했다는 주장도 있다.

또는 그의 아내가 죽었을지도 모른다는 추측도 해본다. 여하튼 이러 한 주장은 그가 선교 여행을 다닐 때에는 독신이었지만 그 전에는 결혼 한 사실이 있었다고 보는 것이다.

다음 구절이 이러한 주장을 뒷받침해 준다.

"마음이 갈라지며 시집 가지 않은 자와 처녀는 주의 일을 염려하여 몸과 영을 다 거룩하게 하려 하되…"(고전 7:34)

여기서 사도 바울은 시집가지 않은 자와 처녀를 구별해서 말하고 있 다. 시집 가지 않은 자 즉 처녀라는 뜻이 아니다. 시집가지 않은 자나 장가가지 않은 자는 처녀 총각을 가리키는 것이 아니라 독신이라는 뜻 이다.

우리 말 성경은 "… 남편이 없는 여자나 처녀는 주의 일을…"(고전 7:34)이라고 번역했다. 남편이 있었다가 현재 독신으로 지내고 있음을 언급하고 있다.

💬 사도 바울이 총각으로 지낸 것이 아니라 한 때 결혼을 하였지만 독신이 된 것이라는 주장이 더 설득력이 있다.

128

사도 바울은
왜 사망의 몸을
지녔다고 했나?

"우리가 항상 예수의 죽음을 몸에 짊어짐
은 예수의 생명이 또한 우리 몸에 나타나게
하려 함이라"(고후 4:10)

예수의 죽음을 몸에 짊어짐은 예수의 십자가상에서의 죽음뿐 아니라
그 때 수반된 죽음의 고통까지를 포함하는 것이다. 사도 바울은 어떻게
예수의 사망의 몸을 짊어지었는가?

예수의 죽음을 우리 몸에 짊어졌다라는 말은 고대 로마의 형벌 제도
를 연상하게 한다.

여러 가지 형벌 중에서 '사망의 몸'이라는 형벌이 있었다.

이는 죽은 시체를 몸에 달고 다니는 것이다. 시체의 얼굴은 얼굴에,
손은 손에 발은 발에 묶는다. 몸의 부자유함은 물론 시체가 썩는 고약
한 냄새로 인하여 '사망의 몸' 선고를 받은 범죄자도 결국은 오래 살지
못하고 죽고 마는 형벌이다.

사도 바울은 이렇게 예수님의 죽음을 짊어지고 다녔다. 이 점을 사도
바울은 자신의 몸에 예수의 흔적을 지니고 있다(갈 6:17)고 한다. 노예
의 몸에 찍은 낙인을 연상하게 하는 고난의 상처가 사도 바울의 몸에 많

이 있었지만 그는 제자로서의 흔적인 예수님의 죽음을 지니고 다닌 것이다. 우리도 예수님 죽음을 사망의 몸처럼 지니고 살고 있는가?

사망의 몸을 짊어지고 사는 삶의 어려움을 사도 바울은 이렇게 말씀하고 있다.

"오호라 나는 곤고한 사람이로다 이 사망의 몸에서 누가 나를 건져내랴"(롬 7:24)

비참한 상태에 있다는 사도 바울의 깊은 탄식은 죄 된 본성과 갈등으로 고민하고 있는 믿는 모든 성도들의 심경을 대표한다. 성령으로 거듭난 자아와 죄악 된 본성 사이의 끊임없는 영적 전쟁이 우리를 항상 괴롭히고 있다. 그러나 사도 바울의 탄식은 누군가가 자기를 건져줄 분이 계시다는 확신에 찬 말씀이다.

비록 그가 마음으로는 하나님의 법을 육신으로는 죄의 법을 섬기고 있지만 주 예수 그리스도로 말미암아 하나님께 감사하고 있음(롬 7:25)을 말하기 때문이다.

💬 사도 바울은 구원해 주시는 하나님의 은혜에 대한 확신으로 날마다 자신을 죽이는 삶을 산 것이다. 우리도 사도 바울과 같이 '나는 날마다 죽노라'(고전 15:31)라는 고백의 삶을 살아야 한다.

129

세상이란 어디까지 포함하는 세상인가?

"곧 하나님께서 그리스도 안에 계시사 세상을 자기와 화목하게 하시며 그들의 죄를 그들에게 돌리지 아니하시고 화목하게 하는 말씀을 우리에게 부탁하셨느니라"(고후 5:19)

위 말씀 중 '세상'이라 함은 우주나 우리가 사는 땅을 의미하는 것이 아니다. 또한 온 인류를 의미하는 것도 아니다. 여기서 세상이란 예수님을 믿는 신자들을 의미한다. 구원 받은 신자들 만이 하나님과 화목하게 된 것이다.

성경에서 말씀하는 '세상(코스모스)'은 다음과 같은 7가지 서로 다른 의미를 갖는다고 아더 핑크가 분석하였다.

1. 세상은 우주 전체이다.

"우주와 그 가운데 있는 만물을 지으신 하나님께서는 천지의 주재시니 손으로 지은 전에 계시지 아니하시고"(행 17:24)

위 말씀에서는 세상을 우주로 번역하였다.

2. 세상은 땅의 뜻으로 사용된다.

"유월절 전에 예수께서 자기가 세상을 떠나 아버지께로 돌아가실 때

가 이른 줄 아시고 세상에 있는 자기 사람들을 사랑하시되 끝까지 사랑하시니라"(요 13:1)

3. 세상은 세상 체제란 뜻으로 사용된다.

"이제 이 세상에 대한 심판이 이르렀으니 이 세상의 임금이 쫓겨나리라"(요 12:31)

4. 세상은 온 인류라는 뜻으로 사용된다.

"… 이는 모든 입을 막고 온 세상으로 하나님의 심판 아래에 있게 하려 함이라"(롬 3:19)

5. 세상은 신자들을 제외한 인류를 가리키는 의미로 사용된다.

"세상이 너희를 미워하면 너희보다 먼저 나를 미워한 줄을 알라"(요 15:18)

6. 세상이 유대인과 대비되는 이방인을 가리키는데 사용된다.

"그들의 넘어짐이 세상의 풍성함이 되며 그들의 실패가 이방인의 풍성함이 되거든 하물며 그들의 충만함이리요"(롬 11:12)

7. 세상이 신자들만을 가리키는데 사용된다.

"… 보라 세상 죄를 지고 가는 하나님의 어린 양이로다"(요 1:29)

이와 같이 세상이 절대적인 의미가 아니라 상대적인 의미를 가질 때가 많다. 따라서 문맥을 세밀하게 연구하여야 각각의 말씀에서 '세상'이 위의 7가지 의미 중 무엇을 가리키는지 확인할 수 있다.

💬 요한복음 3장 16절에서 말씀하시는 세상은 어디까지 포함되는 세상일까?

130

하나님께서 다 결정해 놓으셨는데도 기도해야 되는 이유는?

"모든 일을 그의 뜻의 결정대로 일하시는
이의 계획을 따라 우리가 예정을 입어 그
안에서 기업이 되었으니"(엡 1:11)

하나님께서 모든 일을 다 예정해 놓으셨다면 우리가 기도할 이유가
없지 않은가 하는 질문을 누구나 한 번쯤은 해 본다. 그러나 성경은 우
리가 구하면 하나님께서 들으신다고 말씀하신다(요일 5:14). 우리가 하
나님의 뜻대로 구해야 할 것을 알지 못할 때는 성령님께서 도와주신다
(롬 8:27).

하나님께서는 우리를 통해 일을 이루어 가시기를 기뻐하신다. 그렇다
면 우리의 기도가 하나님의 뜻을 바꿀 수 있다는 것일까?

많은 자유 신학자들은 그렇다고 대답한다. 이런 주장은 사람이 하나
님 보다 더 전능하게 세상을 다스린다는 결론에 이르게 된다. 하나님의
뜻을 좌지우지할 수 있으니 말이다.

하지만 우리는 하나님께서 전능하시기 때문에 우리가 무엇을 원하게
될지를 이미 알고 계시고 있으시며, 그런 기도를 통해 바꾸실 것을 미

리 정해 놓으셨다고 믿는다.

하나님을 찬양하는 기도를 드릴 때 사람들은 변화된다. 감사의 기도를 드릴 때 우리 삶 속에 역사하시는 하나님의 섭리를 더욱 깨닫게 된다. 우리의 죄를 고백할 때 우리는 더욱 거룩해 진다. 기도는 우리를 변화하게 만든다. 기도의 삶은 순종의 삶이다. 우리가 기도할 때 처음 가졌던 소원이 하나님의 뜻에 맞게 조정되어 궁극적으로는 하나님의 뜻이 이루어지는 것이 바로 우리의 기도가 응답되는 것이다.

하나님의 약속을 붙잡고 기도할 때 하나님께서는 신실하게 응답하신다. 우리는 말씀 속에서 그 상황에 맞는 하나님의 약속의 말씀을 찾아서 그 약속을 빌미로 선하신 하나님께 간구하고 응답을 바라야 한다. 창조의 하나님께서 우리를 통해 새 일을 행하실 것이다.

우리는 '쉬지 말고 기도하라'(살전 5:17)는 사도 바울의 권면에 따라 끊임없이 기도해야 한다. 기도는 하나님께서 일을 성취해 나가시는 방법으로 정하신 방편이다.

> 우리의 기도가 없어도 하나님께서는 행하실 수 있다. 그러나 하나님께서는 우리의 마음 속에 소원을 두고 행하게 하시며(빌 2:13), 영광을 받으시길 원하시고(요 14:13) 우리의 기쁨이 충만하게 하시기 원하신다(요 16:24).

131

시와 찬송과 신령한 노래는 어떻게 다른가?

"시와 찬송과 신령한 노래들로 서로 화답하며 너희의 마음으로 주께 노래하며 찬송하며"(엡 5:19)

사도 바울은 술 취하지 말고 성령의 충만함을 받으라(엡 5:18)고 말씀하면서 우리는 시와 찬송과 신령한 노래들로 서로 화답하며 마음으로 주께 찬송하라고 한다. 시와 찬송과 신령한 노래들은 같은 것인가 아니면 다른 것인가?

이 표현에 관해서도 많은 논쟁이 있어왔다.

어떤 사람들은 '시', '찬송', '신령한 노래들'이 표현만 다를 뿐 같은 것을 가리키며, 세 번 반복한 것은 강조하기 위하여 용어를 다르게 한 것이라는 주장을 한다.

즉, '시와 찬송과 신령한 노래들'은 모든 시편을 가리키는 포괄적인 단어로써 시편 전체를 의미한다고 주장하는 것이다.

이러한 견해 때문에 교회에서 찬양할 때는 오직 시편만으로, 또는 어떤 특정 성경 구절로 찬양해야 한다는 규칙을 세우고 이를 따르고 있는 교회도 있다.

반면에 많은 에베소서의 주석가들은 '시와 찬송과 신령한 노래들'이 서로 다른 것을 가리킨다고 말하고 있다.

'시'는 시편에 수록된 하나님께 대한 경건한 시를 하프나 수금 같은 악기의 연주에 맞추어 부른다.

'찬송'은 성부 성자 하나님을 기리는 노래 또는 하나님에 관한 거룩하고도 시적인 곡을 의미한다.

'신령한 노래들'은 일반적인 세속 노래와는 달리 성령님의 강동으로 만들어진 노래로 영적인 내용을 담고 있는 노래이다. 신령한 노래는 성령님으로 감동된 마음에서 자연스럽게 터져 나오는 표현이다.

가정에서 하나님을 송축하는 찬송으로 만들어진 즉흥적인 노래나, 예배에 참석한 사람이 성령님의 감동을 받아 어느 순간 마음 깊은 곳으로부터 쏟아 내는 노래가 신령한 노래이다.

'시'는 하나님을 찬양하는 노래이다.

'찬송'은 그리스도께 또는 그리스도에 대하여 부르는 찬양이다.

'신령한 노래들'은 성령님에 의해 감동을 받은 노래들을 말한다. 성령님의 감동으로 부르는 노래다.

이렇게 찬양으로 드리는 예배는 삼위일체적이다.

> 💬 '그리스도의 말씀'이 우리 가운데 풍성하게 거하면, 우리는 '시와 찬송과 신령한 노래들'을 부르며 감사하는 마음으로 하나님께 찬양을 드린다(골 3:16).

132

휴거는 어느 때 일어날 것인가?

"그 후에 우리 살아 남은 자들도 그들과 함께 구름 속으로 끌어 올려 공중에서 주를 영접하게 하시리니 그리하여 우리가 항상 주와 함께 있으리라"(살전 4:17)

예수님 믿으면서 제일 바람직한 것은 살아 생전에 재림하시는 예수님을 만나는 것인데 그 중에서도 공중에서 예수님을 영접하게 되는 극적인 장면에 참여하기를 바라는 것이라 할 수 있다.

많은 성도들이 주께서 나팔 소리로 오실 때에 구름 속으로 휴거되어 공중에서 예수님을 영접한다는 설렘을 갖고 신앙생활을 하고 있다.

그런데 휴거는 언제 일어날 것인가?

휴거와 관련해서 언급되는 것이 7년 환란설이다.

환란의 시기와 관련해서는 환란전휴거설, 환란후휴거설, 환란중휴거설 등의 주장이 있고, 환란의 방법에 대해서는 부분휴거설도 있다. 그리고 아예 휴거가 없다는 설도 있다.

환란전휴거설은 성도들은 환란을 면하고 유대인이 환란을 통해 구원을 받는다는 주장이다.

환란후휴거설은 환란을 통과한 후에 휴거가 이루어 지는데 성도는 피난처에 보호 된다는 주장이다.

환란중휴거설은 전 삼 년 반 동안 재난의 시기를 지내고 후 삼 년 반 전에 휴거된다는 주장이다.

휴거가 없다고 주장하는 근거 중 하나는 공중이 악한 영들이 우글거리는 곳(엡 2:2)인데 우리가 공중 권세 잡은 자 속으로 갈 수는 없지 않느냐는 것이다.

그러나 성경에는 휴거라는 단어가 없다. 뿐만 아니라 7년 환란이란 말이나 삼 년 반이란 단어도 성경에 나오지 않는다. 삼 년 반이란 단어는 요한계시록에 나오는 1,260일(계 11:3), 한 때 두 때 반 때(계 12:14), 42달(계 13:5)을 다 같이 삼 년 반이라고 보는 것이다.

그리고 다니엘서에 나오는 한 이레와 이레의 절반이란 개념에서 7년과 3년 반의 해석을 하고 있다(단 9:27).

예수님께서는 종말에 큰 환란이 있을 것을 말씀하셨다(마 24:21).

큰 환란의 기간이 얼마나 될지는 성경에서 구체적인 시간으로 말씀하고 있지 않다. 무엇보다도 중요한 것은 데살로니가전서 4장 17절의 말씀대로 마지막 날에 주께서 우리와 함께 하신다는 말씀이다. 스가랴 선지자도 같은 맥락에서 말씀한다.

"… 나의 하나님 여호와께서 임하실 것이요 모든 거룩한 자들이 주와 함께 하리라"(슥 14:5)

💬 종말신학의 핵심은 하나님과 항상 함께 있는 것이다.

133

죄인 중의 괴수는 누구인가?

"미쁘다 모든 사람이 받을 만한 이 말이여 그리스도 예수께서 죄인을 구원하시려고 세상에 임하셨다 하였도다 죄인 중에 내가 괴수니라"(딤전 1:15)

아들 같은 제자 디모데에게 보내는 서신에서 사도 바울은 자신을 죄인 중의 괴수라고 말한다. 예수 믿는 사람들을 핍박하고 스데반집사가 돌에 맞아 죽은 것을 당연한 것으로 여긴(행 8:1) 그가 인생 말년에 자신이 죄인 중의 괴수임을 깨달은 것이다.

다메섹으로 예수 믿는 사람들을 잡으러 가던 그가 다메섹 가까이 가는 길에서 예수님을 극적으로 만나 회심하고 이방인을 위한 복음 전도자가 된다(행 9장). 고린도교회에 보내는 편지에서 그는 자기가 '사도 중에 가장 작은 자'라고 말한다.

"나는 사도 중에 가장 작은 자라 나는 하나님의 교회를 박해하였으므로 사도라 칭함 받기를 감당하지 못할 자니라"(고전 15:9)

사도 바울은 부활하신 예수님을 만난 것(고전 15:8)이 하나님의 은혜이고 자신은 다른 사도 보다 더 많이 수고하였다(고전 15:10)라고 하면서 사도된 것을 무척 자랑한 것이다.

그 후 에베소에 있는 교회에 보내는 편지에서 그는 자신을 '지극히 작은 자보다 더 작은 나'라고 표현 하였다. 비교의 대상이 사도의 반열에서 벗어난 것이다. 그만큼 믿음이 성숙해지고 겸손해진 것이다.

"모든 성도 중에 지극히 작은 자보다 더 작은 나에게 이 은혜를 주신 것은 측량할 수 없는 그리스도의 풍성함을 이방인에게 전하게 하시고" (엡 3:8)

그러다가 세월이 지나 그는 자기의 마지막 때가 다가오자 낮아질 때로 낮아지고 만다. '죄인 중에 괴수가 나다'라는 사도 바울의 고백은 전에 자기가 비방자요 박해자요 폭행자로 지낸 것이 예수님을 알기 전에 행한 것이지만(딤전 1:13) 풍성하게 넘치는 주의 은혜로 구원 받고 보니 자신이 얼마나 큰 죄인인가를 깨달은 것이다. 사도 바울만 죄인 중의 괴수인가?

역사상 자신을 죄인 중의 괴수라고 말한 사람들이 또 있다.

천로역정의 저자 존 번연(1628-1688)도 '죄인 괴수에게 넘치는 은혜'라는 그의 책에서 자신이 죄인 중의 괴수였다고 고백하고 있다.

아직도 많은 사람들로부터 애송되는 '나 같은 죄인 살리신' 찬송을 쓴 존 뉴턴(1725-1807)은 노예 무역상에서 회심하여 찬송가 작가가 되었다. 역사상 가장 비열한 죄인 중의 하나였다.

💬 우리는 나 자신이 바로 지금 죄인 중의 괴수가 아닌가 자문자답 해보아야 한다. .

134

신약은 구약과 어떻게 조화를 이루는가?

"모든 성경은 하나님의 감동으로 된 것으로 교훈과 책망과 바르게 함과 의로 교육하기에 유익하니"(딤후 3:16)

주님의 죽음과 부활에 관련된 모든 사건은 구약에 기록된 말씀의 성취다. 신약 본문들의 의미를 제대로 이해하려면 신약의 그 본문만 보지 말고 그 본문이 반영하고 있는 구약의 텍스트를 충분히 알아야 한다. 따라서 신구약 모든 성경을 알아야 한다.

신약의 밝은 빛에 구약이 가릴 때가 있다. 구약과 신약은 뗄래야 뗄 수 없는 상호 의존적 관계이다. 구약은 신약의 해설과 묘사이고, 신약은 구약의 완성이다.

옛 언약이 구약이고 새 언약이 신약 성경인 것이 아니다. 구약은 기록된 율법이고 신약은 새 마음이다(겔 36:26-27).

구약의 꼭대기는 시내산인데, 신약에서는 갈보리 십자가가 보여야 한다. 구약은 구원 받은 백성의 삶을 위한 말씀이다. 유대인들은 선민의식으로 구원을 확신한다. 신약은 구원에 초점을 맞추고 있다. 신약 성도는 구원에 대해 약하다. 하나님 말씀에 대한 신뢰의 문제이다.

그런데 유대교인들은 신약을 읽지 않는다. 한편 기독교인들은 구약 읽기를 별로 좋아하지 않는다. 유대나라 역사라고 구약을 한쪽으로 밀어내는 경우가 많다. 유대인들은 왜 신약을 읽지 않을까? 하나님께서 얼마 동안 그들의 눈을 보지 못하게 하셨기 때문이다(롬 11:8).

하나님께서는 상징을 먼저 보여주시고 설명은 나중에 하신다.

모세에게 먼저 상징을 보여 주신 것을 예언서를 통해 설명하신 후에, 예수님께서 성취하신다. 레위기에 나오는 절기들은 예수님의 초림과 재림을 통해 확실히 이해할 수 있다. 구약의 이야기가 나의 이야기임을 확신하자.

구약의 하나님과 신약의 하나님께서는 한 분 하나님이시다. 구약에는 엄격함과 율법이 담겨 있고 신약에는 사랑과 은혜가 드러난다고 보면 안 된다.

예전 성경책은 가장자리가 빨갛게 칠해져 있다. 피 묻은 복음이 피 흘린 순교자들의 손에 의해 전해진 예수님의 피에 관한 책이라고 해서 붉은 피 색으로 칠한 것이다.

💬 신구약을 쥐어 짜면 피가 흐른다는 말을 기억하자. 구약에서는 짐승의 피, 신약에서는 예수님의 피가 흐른다.

135

사도 바울은
어떻게
순교했을까?

"전제와 같이 내가 벌써 부어지고 나의 떠날 시각이 가까웠도다"(딤후 4:6)

전제란 제물을 제단에 바치기 전에 제물에다 피를 상징하는 포도주를 붓는 의식을 말한다.

"한 어린 양에 … 또 전제로 포도주 사분의 일 힌을 더할지며"(출 29:40)

사도 바울은 자신이 제물로 바쳐졌고 전제가 부어졌으니 이젠 세상을 떠날 날 만 남았다고 이야기 하고 있다. 이 후 사도 바울은 어떻게 순교하였을까?

사도 바울은 네로 황제에 의해 로마에서 참수형을 당했다고 한다. 참혹한 십자가형을 로마인은 받지 않기 때문에 로마 시민권을 가진 사도 바울은 십자가형을 면한 것이다.

형리가 칼로 사도 바울의 목을 치자 잘린 머리가 세 번 땅에서 튀었다고 한다. 그리고 그 튄 자리마다 분수가 솟았다고 전해진다. 분수 세 개가 솟아 난 것이다.

로마 남문 밖 교외에 사도 바울의 순교를 기념하기 위하여 '세 분수 성당'이 세워졌다

부활절 전 성금요일에 교황은 이 곳에서부터 시작하여 '십자가의 길 (Via Dolorosa)' 14처를 걸어 가기 시작한다.

한편, 사도 바울의 동역자 마가는 이집트의 알렉산드리아 시내를 잔혹하게 말에 질질 끌려 다니다가 숨이 끊어졌다. 마가는 알렉산드리아의 고대 도서관이 있던 바로 앞 해변에서 순교하였다

의사 누가는 평화로이 죽었다고 하기도 하고 그리스에서 교수형을 당했다고도 한다. 터키에 가면 누가의 무덤이 있는데 무덤의 안내문이 한글로 쓰여져 있다. 한국 성도들이 성금을 모아서 이곳에 누가의 무덤을 만들었다는 간단한 이야기가 적혀있다.

위로자 바나바는 구브로 출생이어서 사도 바울의 2차 전도 여행시 조카 마가 요한 문제로 피차 갈라져서 구브로로 돌아간다. 고향에서 유대인들에 의해 살해 당하고 바나바의 유해는 널리 분산되었다고 전해진다.

💬 사도 바울은 주께서 주실 의의 면류관을 바라보며 자신이 언제든지 전제로 드려질 것을 기뻐하였다.
"만일 너희 믿음의 제물과 섬김 위에 내가 나를 전제로 드릴지라도 나는 기뻐하고 너희 무리와 함께 기뻐하리니"(빌 2:17)

136

사도 바울은 어떤 선한 싸움을 싸웠을까?

"나는 선한 싸움을 싸우고 나의 달려갈 길을 마치고 믿음을 지켰으니"(딤후 4:7)

그의 마지막 유언서 같은 디모데후서를 쓰면서 사도 바울은 선한 싸움을 싸웠다고 한다. 그러나, 사도 바울은 아무 일에나 다툼을 하지 말라고 권면한다.

"아무 일에든지 다툼이나 허영으로 하지 말고 오직 겸손한 마음으로 각각 자기보다 남을 낫게 여기고"(빌 2:3)

"어리석고 무식한 변론을 버리라 이에서 다툼이 나는 줄 앎이라 주의 종은 마땅히 다투지 아니하고 모든 사람에 대하여 온유하며 가르치기를 잘하며 참으며"(딤후 2:22-23)

그런 사도 바울이 선한 싸움을 싸우라고 권면한다.

"아들 디모데야 내가 네게 이 교훈으로써 명하노니 전에 너를 지도한 예언을 따라 그것으로 선한 싸움을 싸우며"(딤전 1:18)

"믿음의 선한 싸움을 싸우라 영생을 취하라 이를 위하여 네가 부르심을 받았고 많은 증인 앞에서 선한 증언을 하였도다"(딤전 6:12)

사도 바울 자신이 싸웠고 또 싸우라고 한 선한 싸움은 무엇일까?

로마서에서 사도 바울은 자기 안에 선함과 악함이 함께 있음을 깨달

앗다고 말한다(롬 7:21). 그는 자신 속에 거하는 죄가 선을 행하지 못하게 하고 악을 행하게 한다고 고백한다(롬 7:19-20).

우리들이 싸울 것은 하늘에 있는 악의 영들을 상대함이다.

"우리의 씨름은 혈과 육을 상대하는 것이 아니요 통치자들과 권세들과 이 어둠의 세상 주관자들과 하늘에 있는 악의 영들을 상대함이라"(엡 6:12)

사도 바울은 악에게 지지 말고 선으로 이기라고 한다.

"악에게 지지 말고 선으로 악을 이기라"(롬 12:21)

또한 사도 바울은 믿음을 지켰다고 말씀한다(딤후 4:7).

믿음 안에서 참 아들 된 사랑하는 아들 디모데에게도 믿음을 갖고, 믿음을 위해 싸우라고 권면한다(딤전 6:12).

"본질적인 것에는 일치를, 비본질적인 것에는 자유를, 모든 것에 사랑을"이라고 외친 17세기 독일 신학자 멜데니우스(Rupertus Meldenius, 1582-1651)의 말은 우리가 싸울 때 지녀야 할 덕목이다.

이 말은 '자유' 대신에 '관용'을 '사랑' 대신에 '자비'라는 말로 인용하기도 하지만 뜻은 같다. 그리고 이러한 말을 성 아우구스티누스나 리차드 백스터 또는 존 웨슬리 등이 한 말이라는 여러 주장이 있었으나, 1851년 독일의 뤼케박사(Dr. Luecke)가 멜데니우스의 말이라고 증명하였다.

💬 다툼을 하지 말라고 말하면서도 선한 싸움을 싸우라고 하는 사도 바울의 말은, 때와 상황에 따라 우리는 일치와 자유 그리고 사랑을 조화시켜야 한다는 것이다.

137

거짓말쟁이
그레데 사람의
파라독스란?

"그레데인 중의 어떤 선지자가 말하되 그
레데인들은 항상 거짓말쟁이며 악한 짐승
이며 배만 위하는 게으름뱅이라 하니"(딛
1:12)

사도 바울이 믿음의 아들 디도(딛 1:4)를 그레데로 보내면서 쓴 목회
서신 디도서에 나오는 말씀이다.

그레데(Creta)는 제주도 크기의 약 2배정도로 현재 그리스에서 제일
큰 섬이다. 구약에서 갑돌이라고 하며 이곳은 유럽 최초로 마노아 문명
이 발생한 곳이다. 블레셋 족이 그레데에서 유대 땅 남서부해안으로 이
주한 것이라고 한다(암 9:7).

참고로 창세기 10장 14절에 '(가슬루힘에게서 블레셋이 나왔더라)'란 구
절이 괄호 안에 있다. 이는 블레셋이 가슬루힘 족속이었으나 후에 동생
갑도림(갑돌)과 합해져서 강력한 세력을 형성한 것으로 본다. 이들은 모
두 함의 아들인 미스라임(창 10:6)의 아들들인데, 미스라임은 애굽이다.

사도 바울이 '그레데인 중의 어떤 선지자'로 언급한 선지자는 기원전
6세기의 철학자요 시인인 크레타 사람 에피메니데스(Epimenides)를 지
칭한다.

'모든 크레타 섬 사람들은 거짓말쟁이이다.'

이 말이 참이라면 이 말을 한 에피메니데스도 거짓말쟁이가 된다.

만일 이 말이 거짓이라고 한다면 에피메니데스가 거짓말쟁이가 아니다. 그는 진실을 이야기하고 있는 것이다.

참으로 이해하기 힘든 역설이다. 그런데 이 말에 약점이 있다. '모든'이라는 말이다.

만일 그레데 사람 중에 한 사람이라도 진실을 말하는 사람이 있다면 이 말 자체가 거짓인 것이다.

기원전 4세기 그리스의 철학자 에우불리데스(Eubulides)의 역설이 '거짓말쟁이의 역설'의 시초라고도 한다.

'한 남자가 자기는 거짓말을 하고 있다고 말한다. 그가 말한 것은 참인가? 아니면 거짓인가?'

이 말은 진짜 역설이다. '모든 사람'이 아니고 '한 사람'이기에 명제 자체에 모순이 없다.

💬 이렇게 논리가 진행되는 것을 거짓말쟁이의 역설(Liar Paradox)이라고 한다.

138

아벨의 제사와 가인의 제사의 차이점은?

"믿음으로 아벨은 가인보다 더 나은 제사를 하나님께 드림으로 의로운 자라 하시는 증거를 얻었으니 하나님이 그 예물에 대하여 증언하심이라 그가 죽었으나 그 믿음으로써 지금도 말하느니라"(히 11:4)

하나님께서 아벨의 제사는 받으시고 가인의 제사는 받지 않으셨다.

"세월이 지난 후에 가인은 땅의 소산으로 제물을 삼아 여호와께 드렸고 아벨은 자기도 양의 첫 새끼와 그 기름으로 드렸더니 여호와께서 아벨과 그의 제물은 받으셨으나 가인과 그의 제물은 받지 아니하신지라 가인이 몹시 분하여 안색이 변하니"(창 4:3-5)

가인이 어떻게 제사를 드렸기에 하나님께서 받지 않으셨을까 하는 추측이 나온다. 아벨의 제사와 가인의 제사에 무슨 차이가 있을까?

첫째는 가인의 제사가 동물의 제사가 아니었다는 해석이다. 제사라 함은 동물의 피가 동반되는데 아벨은 양을 드렸기 때문에 당연히 피가 흘렸을 것이고 가인은 식물을 드렸기 때문에 피 없는 제사가 되어서 하나님께서 가인의 제사를 받지 않으셨다는 이야기이다.

그러나 모세의 제사법에도 피 흘림이 없는 제사로 소제가 있고(레

2:1), 또한 속죄제를 드릴 때에도 양이나 염소를 드려야 하지만 힘이 미치지 못하면 소제의 예물로 드려도 된다(레 5:11)고 말씀하셨다.

따라서 아벨과 가인의 제물 차이로 인해서 하나님께서 제사를 받고 안 받고 하신 것은 아니다.

둘째는 가인이 믿음으로 드리지 않았다는 해석이다. 그러나 가인도 믿음으로 제사를 드렸을 것이다. 다만, 그 믿음의 정도가 아벨의 믿음에 미치지 못했을 것이다.

여기서 생각해 볼 점이 믿음이 어디서 났느냐 하는 질문이다.

믿음은 하나님께서 주시는 것이다.

그러니까 아벨의 믿음도 가인의 믿음도 하나님께서 은혜로 주셨는데, 아벨에게 좀 더 큰 믿음을 주신 것이다.

하나님께서 주권적 은혜에 따라 아벨에게 더 큰 믿음을 주신 것이다. 이에 불만을 품은 가인이 화를 낸 것이다.

하나님께서는 같은 아브라함의 자녀라도 다 약속의 자녀라고 부르지 않으셨다.

"또한 아브라함의 씨가 다 그의 자녀가 아니라 오직 이삭으로부터 난 자라야 네 씨라 불리리라 하셨으니"(롬 9:7)

또한 하나님께서는 같은 리브가의 자녀라도 야곱만을 사랑하셨다.

"리브가에게 이르시되 큰 자가 어린 자를 섬기리라 하셨나니

기록된바 내가 야곱은 사랑하고 에서는 미워하였다 하심과 같으니라"(롬 9:12-13)

💬 한 아버지(아브라함)에서 낳았거나 한 어머니(리브가)에서 낳았거나 상관하지 않고 약속의 자녀가 되는 것이 오직 하나님의 주권적 은혜임을 생각한다면, 가인의 제사를 받지 아니하시고 아벨의 제사만 받으신 것도 하나님의 섭리와 계획이시다.

139

톱으로 잘린 선지자는 누구인가?

"또 어떤 이들은 조롱과 채찍질뿐 아니라 결박과 옥에 갇히는 시련도 받았으며 돌로 치는 것과 톱으로 켜는 것과 시험과 칼로 죽임을 당하고 양과 염소의 가죽을 입고 유리하여 궁핍과 환난과 학대를 받았으나" (히 11:36-37)

히브리서 11장은 '믿음장'이라고 불린다.

에녹, 노아, 아브라함, 모세, 다윗, 사무엘 등이 열거될 뿐 아니라 무명의 믿음의 선진들이 받은 온갖 고초를 이야기한다. 37절에는 톱으로 켜는 죽임을 당했다고 하는데 누구를 말하는 것일까?

유대 전승에서는 이사야 선지자가 톱으로 켜는 죽임을 당했다고 전한다. 이사야는 유다왕 웃시야와 요담과 아하스와 히스기야시대에 걸쳐 무려 60년간이나 활동한 선지자다. 그러기에 그가 쓴 이사야서도 66장으로 성경에서 제일 분량이 많은 내용을 담고 있다.

이사야 선지자는 왕족이었기 때문에 생전에 왕궁을 쉽게 드나들면서 하나님의 말씀을 전했다.

특히 아하스왕 통치 기간 중에 북 이스라엘이 앗수르에 의해 멸망 당하는 모습까지 지켜 본 이사야 선지자는 더욱 힘써 하나님의 경고의 말씀을 전했다. 그러면서도 이사야 선지자는 마지막 때에는 여호와 하나님께서 이스라엘 백성들을 회복시켜 주실 것이라는 희망의 말씀도 이사야서 후반에 전하고 있다(사 66:22).

이렇게 여호와의 메시지를 전하고 다니던 이사야 선지자가 톱으로 켜는 죽임을 당했다니 어떻게 된 일일까?

히스기야왕이 죽자 그의 아들 므낫세가 왕이 되는데 므낫세는 여호와 보시기에 악을 행하였다(대하 33:2). 므낫세는 유다왕 가운데 제일 악한 왕이라고 전해진다. 이런 므낫세였기에 회개하고 여호와의 말씀을 들으라는 이사야 선지자의 말이 무척 귀에 거슬렸을 것이다. 드디어 므낫세는 이사야 선지자를 잡으라고 명을 내린다.

도망 다니던 이사야 선지자는 관군이 가까이 이르자 급히 숨을 곳을 찾다가 옆에 있던 고목 나무를 쳐다보았다. 고목 나무는 속이 많이 패여 있어서 이사야 선지자의 몸이 들어갈 만한 공간이 있었다. 나무 안으로 몸을 숨긴 이사야 선지자는 마치 문을 닫는 것처럼 그 나무에게 오므라들라고 명 하였다. 이 말을 들은 나무는 이사야 선지자를 감싸는데 성공은 하였으나 그의 옷자락을 다 감싸지는 못하고 말았다.

턱 밑까지 쫓다가 갑자기 없어진 이사야 선지자를 놓쳐버린 관군은 허탈해 하고 있었으나 근처 나무에 이사야 선지자의 옷과 같은 색깔의 옷자락이 나부끼고 있는 것을 보자 나무 속에 이사야 선지자가 숨었을 것이라고 확신하고 그 나무를 베어 므낫세 왕 앞으로 가져갔다.

💬 기적을 행하여 나무에 숨은 이사야 선지자를 확신한 므낫세 왕은 그 나무를 톱으로 켜라고 명한 것이다. 따라서 톱으로 켜는 죽임을 당한 것으로 성경에 기록된 선지자는 바로 이사야를 말한다고 전해지고 있다.

140

루터가
지푸라기 서신이라고
한 편지는?

"내 형제들아 만일 사람이 믿음이 있노라
하고 행함이 없으면 무슨 유익이 있으리요
그 믿음이 능히 자기를 구원하겠느냐"(약
2:14)

야고보란 이름은 성경에 여러 명 나오지만, 야고보서는 예수님의 육
신의 동생인 야고보가 쓴 서신이다. 야고보는 예수님 부활 후에 신앙이
좋아졌을 것으로 보이며 사도 베드로와 함께 예루살렘 교회의 지도적
인 역할을 감당하였다.

야고보서에 예수님의 부활 이야기나 구원에 관한 이야기가 나오지
않는다는 이유로 마틴 루터는 한 때 이 야고보서를 '지푸라기 서신'이라
고 혹평을 했다.

이 말이 와전되어 마틴 루터가 야고보서를 '지푸라기 복음'이라고 했
다고 일반적으로 알려져 있다.

야고보서에서 행함을 강조한 것은 사도 야고보 자신의 히브리적 문
화 배경을 이해해 보면 당연한 이야기로 문제될 것이 전혀 없는 것이
다. 즉 사도 야고보는 유대인들이 갖고 있는 유일신 여호와 신앙을 기

302

본으로 하고 있기 때문에 하나님에 대한 믿음은 굳이 말하지 않더라도 믿음이 있음을 당연시하였던 것이다. 그리고 당시 유대 사람들이 믿는다고 하면서도 믿음에 따른 행위가 없는 위선적 신앙에 대한 질책으로 행함을 강조하였다.

믿음이 중요하다고 하는 사람도 있고 행함이 중요하다고 보는 사람도 있다. 이것이 바로 헬라식 이원론이다. 그러나 히브리식 사고 방식은 믿음과 행함이 하나인 일원론이다.

우리 주님의 개념은 믿음과 행함이 둘이 아니라 하나이다.

💬 행함을 강조한 야고보의 서신은 믿음을 바탕으로 하고 말한 것이다. 믿음에 입각한 행함이다. 보이지 않는 믿음을 보이는 행함으로 입증하자는 권면이다.

141

예수님께서 지옥에 내려가셨을까?

"그가 또한 영으로 가서 옥에 있는 영들에게 선포하시니라"(벧전 3:19)

성경 말씀 중 난해한 구절이 많이 있는데 본문도 그 중의 하나이다.

예수님께서 십자가에 죽으신 후 영으로 지옥에 가셨음을 시사하는 말씀이다. 지옥을 믿지 않는 사람들이 꼭 명심해야 할 말씀이다.

"… 육체로는 죽임을 당하시고 영으로는 살리심을 받으셨으니"(벧전 3:18)

우리가 무엇을 믿는가를 고백하는 사도신경을 보자.

"… 십자가에 못 박혀 죽으시고, 장사한 지 사흘 만에 죽은 자 가운데서 다시 살아나시며…"

그러나 새 번역은;

"… 십자가에 못 박혀 죽으시고, 장사된 지² 사흘 만에 죽은 자 가운데서 다시 살아나셨으며…"

차이는 '장사된 지' 다음에 각주 2가 붙어있는 것이다. 그리고 각주에는 다음과 같이 기술되어 있다.

2) '장사 되시어 지옥에 내려가신 지'가 공인된 원문(Forma Recepta)에는 있으나, 대다수의 본문에는 없다.

물론 영어 성경(NIV)에는 'He descended into hell;' 이라고 '그가 지옥에 내려가셨다'라는 표현이 분명히 삽입되어 있다.

이상에서 본 바와 같이 '장사 되시어 (부활하시기 전에) 지옥에 내려가셨다'는 사실은 사도들의 신조로 내려온 것이다. 단지 우리말 번역 성경에 이 표현이 지금까지 빠져왔던 것이다. 그러면 예수님께서는 지옥에 가셔서 무엇을 하셨을까?

어떤 학자들은 예수님께서 지옥에 있는 사람들에게 복음을 전하시고 그들을 구원하셨다고 주장한다. 그러나 지옥에서 예수님의 말씀을 들은 상대가 누구인가를 보자.

"그들은 전에 노아의 날 방주를 준비할 동안 하나님이 오래 참고 기다리실 때 복종하지 아니하던 자들이라…"(벧전 3:20)

지옥에 있는 자들은 노아가 방주를 만들면서 복음을 전하고 회개하라고 외쳤지만 듣지 않고 부패하고 포악한 자들이다(창 8:11).

노아는 방주를 만들면서 회개하지 않으면 하나님께서 홍수로 세상을 심판하실 것이라고 하나님 말씀을 전하였다(창 6:17).

그러나 그 때 사람들은 하늘에서 내리는 비를 알지 못했다. 비는 노아 홍수 이후로 내리기 시작했다고 본다(창 2:5).

비를 알지 못한 사람들에게 홍수가 난다고 노아가 말했지만 그들은 듣지 않고 믿지 않다가 모두 지옥으로 간 것이다.

💬 노아의 말을 듣지 않다가 결국 지옥에 오지 않았느냐고 지옥에 있는 자들에게 예수님께서 확인해 주신 것이다.

142

누가
적그리스도인가?

"아이들아 지금은 마지막 때라 적그리스도
가 오리라는 말을 너희가 들은 것과 같이
지금도 많은 적그리스도가 일어났으니 그
러므로 우리가 마지막 때인 줄 아노라"(요
일 2:18)

마지막 때에 적그리스도가 일어난다고 한다.

요한계시록에 적그리스도라는 말이 나오는 것으로 생각하기 쉬우나
적그리스도에 관한 말씀은 사도 요한의 편지 요한1서와 요한 2서에만
나타난다. 과연 누가 적그리스도인가?

적그리스도는 '그리스도를 대적하는 자' 또는 '그리스도의 자리에 서
는 자'라는 뜻이다.

적그리스도는 아버지와 아들을 부인하는 자이다(요일 2:22).

적그리스도의 영은 예수를 시인하지 아니하는 영이다(요일 4:3).

적그리스도는 예수 그리스도께서 육체로 오심을 부인하는 자이다(요
이 1:7).

적그리스도는 종말론의 중요한 주제 중의 하나이다.

요한계시록의 666과 관련해서도 이야기하고 있지만 이는 추측일 따름이다.

구약에서 적그리스도에 대한 완전한 묘사는 없지만 하나님이 아닌 대적의 신으로 나타나는 경우가 많다. 하나님의 공격자로서 적그리스도의 활동을 예언하는 '작은 뿔'(단 7:8)이나 '곡과 마곡'(겔 39:1, 6) 등이 있다.

예수님께서도 '멸망의 가증한 것'(마 24:15)이나 '거짓 그리스도'(마 24:24)란 표현으로 적그리스도가 마지막 때에 나타날 것임을 분명하게 말씀하신다.

사도 요한은 '많은 적그리스도'(요일 2:18)라는 표현을 써서 적그리스도가 개인 뿐 아니라 단체까지도 포함한다고 본다. 잘못된 교리를 따르는 단체도 적그리스도다.

말세 때에는 적그리스도가 여기서도 저기서도 많이 나타난다.

"그는 대적하는 자라 신이라고 불리는 모든 것과 숭배함을 받는 것에 대항하여 그 위에 자기를 높이고 하나님의 성전에 앉아 자기를 하나님이라고 내세우느니라"(살후 2:4)

💬 자신을 하나님이라고 하는 자들은 모두 대적하는 자요 적그리스도다.

5장

새 하늘과
새 땅

요한계시록 숲 속 이야기 11가지

143

밧모섬에서 행한 사도 요한의 기적 대결은 무엇이었나?

"나 요한은 너희 형제요 예수의 환난과 나라와 참음에 동참하는 자라 하나님의 말씀과 예수를 증언하였음으로 말미암아 밧모라 하는 섬에 있었더니"(계 1:9)

사도 요한은 에베소에서 활동하다가 밧모섬으로 귀양을 간다.

그곳의 한 굴에서 기도 생활하던 사도 요한의 모습을 생생하게 그려볼 수 있는 자취가 아직도 많이 남아있다. 엎드려 기도하던 사도 요한의 무릎과 이마가 닿아 있던 자리가 움푹 패여 있으며, 90세 노구를 이끌고 꿇어 엎드렸다가 일어날 때 의지하였다는 벽의 손 짚던 자리 역시 패여 있어서 한 눈에 보아도 손 짚고 일어선 자리임을 알 수 있다.

얼마나 열심히 기도하였으면 바위 바닥이나 바위 벽에 그 자국이 남았을까 하는 경외심 마저 갖게 하는 사도 요한의 감옥 안 현장이다.

뿐 만 아니라 벼락이 내려쳐서 세 조각으로 갈라진 천장은 마치 성부, 성자, 성령 삼위일체 하나님께서 사도 요한과 함께 하시고 계셨다는 것을 그대로 보여주고 있는 듯하다.

사도 요한이 가끔 감옥에서 나와 해변가를 산책을 하면서 기적을 베풀었다고 한다.

사고 요한이 행하는 기적을 좋지 않게 보고 있던 당시의 그곳 마술사가 사도 요한에게 기적 싸움을 해보자고 도전을 하였다.

마치 아론이 지팡이가 뱀이 되는 기적을 베풀자 애굽의 술사들이 자기들도 그런 것쯤은 할 수 있다는 듯이 지팡이를 던져 뱀이 되는 기적을 보여주었던 것처럼 밧모섬의 마술사가 도전해 온 것이다

그 마술사도 도가 상당히 높아서 사도 요한의 기적쯤은 얼마든지 할 수 있을 것으로 만만하게 보았던 것이다. 이 마술사가 제일 자랑하는 기적 중의 하나는 바다 속에 들어가 물고기로 변해서 수영하며 놀다가 다시 사람으로 변해 나오는 마술이었다. 섬 사람들이 볼 때마다 많은 박수와 환호를 보냈을 것이다.

사도 요한이 마술사에게 먼저 기적을 보이라고 하자 마술사는 보란 듯이 바다 속으로 들어가 물고기로 변해서 물 위로 파닥파닥 떠올라 자신의 마술 실력을 자랑스럽게 보이는 것이었다.

이 때 사도 요한이 소리쳤다.

'너는 물 속에 그대로 물고기로 살아라!'

💬 그 마술사는 더 이상 마술을 부릴 수가 없이 물고기로 살았다는 이야기를 전해주는 그림이 밧모섬에 있는 사도 요한 기념교회의 벽에 멋지게 그려져 있다.

144

책망 받지 않은 서머나 교회는 죽도록 충성하였나?

"서머나 교회의 사자에게 편지하라 처음이며 마지막이요 죽었다가 살아나신 이가 이르시되"(계 2:8)

사도 요한은 밧모 섬에서 본 것을 두루마리에 써서 소아시아 7교회에 보낸다(계 1:11). 편지의 내용은 편지를 받는 교회의 사자가 언급되고 그리스도의 모습을 선포한다. 다음으로 칭찬으로의 격려와 책망과 경고의 말씀이 있다. 마지막으로 권면적 선포에 이어 이기는 자에 대한 상급의 약속을 선포한다. 주님의 이름이 각 편지마다 다르게 묘사되어 있는데 이 이름은 각기 그 교회에 주시는 말씀과 깊은 관련이 있다.

에베소 교회에 보내는 편지에 '일곱 금 촛대 사이를 거니시는 이'가 회개하지 아니하면 '촛대를 그 자리에서 옮기리라'고 말씀하신다.

서머나 교회의 경우 '죽었다가 살아나신 이'가 '죽도록 충성하라'고 권면하시며, '생명의 면류관'과 '둘째 사망의 해를 받지 아니하는' 상급을 약속하신다. 버가모 교회의 경우 '좌우에 날선 검을 가지신 이'가 '입의 검으로' 싸우실 것이다. 두아디라 교회의 경우 '눈이 불꽃 같으신 이'가 '새벽 별'을 주신다. 사데 교회의 경우 '하나님의 일곱 영과 일곱 별을 가지신 이'가 '하나님 앞과 그의 천사들 앞에서' 그 이름을 시인한다.

빌라델비아 교회의 경우 '다윗의 열쇠를 가지신 이'는 '네 앞에 열린 문'을 두셨다. 라오디게아 교회의 경우 '하나님의 창조의 근본이신 이'가 '보좌에 함께' 앉게 하신다.

모든 편지마다 '귀 있는 자는 성령이 교회들에게 하시는 말씀을 들을 지어다'라고 마무리된다. 사도 요한이 보낸 7편지는 그 편지를 받는 특정 교회에만 보내는 것이 아니라 이 땅의 모든 교회에 보내는 편지이다. 7편지는 모두 우리 교회에 보내는 편지다.

7교회 중에서 서머나 교회와 빌라델비아 교회의 경우에만 책망과 경고의 말씀이 없다. 서머나 교회는 환란과 궁핍을 당하고 있으며 이 환란은 한 번에 끝나는 것이 아니라 계속되는 환란이다. 그러나 장차 받을 고난을 두려워하지 말라고 권면하신다.

"… 네가 죽도록 충성하라 그리하면 내가 생명의 관을 네게 주리라" (계 2:10)

사도 요한의 제자였던 폴리캅(70-156)은 사도의 전승을 보존하며 사도시대와 속사도시대를 연결하는 교량 역할을 하였다. 서머나 교회에서 예수 이름 때문에 고난을 받으며 죽도록 충성한 서모나 교회 감독 폴리캅의 순교시 고백은 너무나 유명한 이야기로 남아있다.

> 💬 "86년 동안 나는 그의 종이었습니다.
> 그 동안 그분은 나에게 아무런 잘못도 하지 않으셨습니다.
> 그런데 어떻게 내가 나를 구원하신 왕을 모독할 수 있겠습니까?…"

145

하나님의
일곱 영은
누구인가?

"… 그에게 일곱 뿔과 일곱 눈이 있으니 이 눈들은 온 땅에 보내심을 받은 하나님의 일곱 영이더라"(계 5:6)

요한 계시록에는 상징과 숫자가 많이 나오는데 하나님의 완전하심을 나타내는 성경 숫자 7은 성령님의 다양성을 표현하는데도 활용된다. 보좌 앞에 있는 일곱 영(계 1:4)은 보좌 앞에 켠 등불 일곱(계 4:5)인데 이는 성령 하나님에 대한 사역적인 호칭이다. 하나님의 일곱 영은 누구인가?

첫째는 진리의 성령님이시다. 진리의 성령님은 하나님을 알고 진리의 말씀을 듣게 하신다(요일 4:6). 진리의 말씀을 가르치고 생각나게 하신다(요 14:26). 또한 말씀을 깨닫고 지키게 하신다.

"그는 진리의 영이라 세상은 능히 그를 받지 못하나니 이는 그를 보지도 못하고 알지도 못함이라 그러나 너희는 그를 아나니 그는 너희와 함께 거하심이요 또 너희 속에 계시겠음이라"(요 14:17)

둘째는 성결의 성령님이시다. 거룩하신 하나님은 우리에게 거룩하라고 명하신다(레 11:45). 성결의 성령님이 임하시면 성도의 삶이 깨끗해지며 과거의 습관을 버리고 성화되어 간다.

314

"성결의 영으로는 죽은 자들 가운데서 부활하사 능력으로 하나님의 아들로 선포되셨으니 곧 우리 주 예수 그리스도시니라"(롬 1:4)

셋째는 은혜의 성령님이시다. 은혜의 성령님은 우리가 은혜를 받게 하신다. 하나님의 은혜를 알게 하신다(고전 2:12).

"… 은혜의 성령을 욕되게 하는 자가 당연히 받을 형벌은 얼마나 더 무겁겠느냐 너희는 생각하라"(히 10:29)

넷째는 생명의 성령님이시다. 생명의 성령님은 살리는 영이시다(요 6:63). 예수님을 믿는 자에게 영생을 얻게 하신다(요 6:40).

"이는 그리스도 예수 안에 있는 생명의 성령의 법이 죄와 사망의 법에서 너를 해방하였음이라"(롬 8:2)

다섯째는 양자의 성령님이시다. 양자의 성령님이 임하시면 우리가 하나님의 양자됨을 알게 하신다. 하나님의 자녀이면 또한 상속자가 된다(롬 8:17).

"… 양자의 영을 받았으므로 우리가 아빠 아버지라 부르짖느니라"(롬 8:15)

여섯째는 간구의 성령님이시다. 간구의 성령님이 임하시면 기도하게 하신다. 애통하며 통곡하며 회개하게 하신다.

"내가 다윗의 집과 예루살렘 주민에게 은총과 간구하는 심령을 부어 주리니…"(슥 12:10)

일곱째는 영광의 성령님이시다. 영광의 성령님은 우리가 먹든지 마시든지 무엇을 하든지 다 하나님의 영광을 위하여 하게 하신다(고전 10:31). 그러나 우리는 고난도 함께 받아야 한다(롬 8:17).

"너희가 그리스도의 이름으로 치욕을 당하면 복 있는 자로다 영광의 영 곧 하나님의 영이 너희 위에 계심이라"(벧전 4:14)

💬 "… 이 일곱은 온 세상에 두루 다니는 여호와의 눈이라 하니라"(슥 4:10)

146

144,000명은 누구를 말하는 것일까?

"내가 인침을 받은 자의 수를 들으니 이스라엘 자손의 각 지파 중에서 인침을 받은 자들이 십사만 사천이니"(계 7:4)

유다 지파로부터 베냐민 지파까지 각 지파에서 12,000명이 이마에 인침을 받았다. 12지파니까 모두 144,000명이다.

144,000명은 누구를 말하는 것일까?

자기들의 집단에 속한 144,000명만이 구원을 받는다는 주장을 펴는 궤변자들이 있다. 그러나 각 지파의 이름이 나열된 것을 보면 144,000명은 구약 성도인 이스라엘이 구원 받은 총수이다.

그렇다면 신약 성도들은 어떻게 되는 것일까?

"이 일 후에 내가 보니 각 나라와 족속과 백성과 방언에서 아무도 능히 셀 수 없는 큰 무리가 나와 흰 옷을 입고…"(계 7:9)

이 흰 옷을 입은 자들은 어린 양의 피에 그 옷을 씻어 희게 하였다(계 7:14)고 말씀 한다. 어린 양의 피로 씻어 구원을 받은 자들이 흰 옷을 입는다.

여기 '능히 셀 수 없는 큰 무리' 속에 신약 성도들이 모두 포함된다.

각 나라는 모든 나라를 말한다. 전 세계의 모든 종족과 백성과 각 종 언어를 사용하는 자들 모두는 아무도 셀 수 없는 큰 무리이다.

144,000이란 숫자가 언급된 것은 하나님께서는 정확한 숫자를 아신 다는 뜻이고, '셀 수 없는 큰 무리'라는 말은 하나님 외에는 아무도 그 숫자를 모른다는 뜻이다.

따라서 우리는 하나님께서 작정해 놓으신 숫자만 구원을 받을 것이 며 그 수는 인간이 도무지 알 수 없다는 것을 깨달을 수 있다.

144,000명 이야기가 요한계시록 14장에서도 나온다.

"또 내가 보니 보라 어린 양이 시온 산에 섰고 그와 함께 십사만 사천 이 서 있는데 그들의 이마에는 어린 양의 이름과 그 아버지의 이름을 쓴 것이 있더라"(계 14:1)

이 144,000명만이 하나님과 어린 양에게 속한 자로(계 14:4) 하늘의 새 노래를 배울 수 있다. 이들은 어린 양의 속량함을 받아 처음 익은 열 매이다(계 14:4). 구속함을 받아 처음 익은 열매처럼 거룩하고 구별되어 하나님께 드려진 제물과 같은 존재이다. 처음 익은 열매라는 것은 그 다 음으로 익은 열매들이 계속적으로 나타나게 될 것을 예상하게 한다.

144,000명은 구원 받은 하나님의 백성 전체를 의미하는 것으로 그들 을 통하여 계속하여 추수의 열매가 맺혀진다.

복음은 모든 민족과 종족과 방언과 백성에게 전해진다(계 14:6).

하나님께서는 모든 사람이 구원을 받기를 원하신다.

💬 "하나님은 모든 사람이 구원을 받으며 진리를 아는 데에 이르기를 원하시 느니라"(딤전 2:4)

147

마지막 나팔 불 때 무슨 일이 일어날까?

"일곱째 천사가 나팔을 불 때 하늘에 큰 음성들이 나서 이르되 세상 나라가 우리 주와 그의 그리스도의 나라가 되어 그가 세세토록 왕 노릇 하시리로다 하니"(계 11:15)

요한계시록에는 3대 재앙이 나온다.

인, 나팔, 대접 재앙이다. 모두 7번씩 재앙이 계속되는데, 나팔 재앙에서는 7천사가 7나팔을 갖고 한 천사씩 나팔을 분다. 7번째 천사가 나팔을 불려고 할 때 천사가 사도 요한에게 말한다.

"일곱째 천사가 소리 내는 날 그의 나팔을 불려고 할 때에 하나님이 그의 종 선지자들에게 전하신 복음과 같이 하나님의 그 비밀이 이루어지리라 하더라"(계 10:7)

요한계시록 11장 15절은 천사가 말한 하나님의 비밀을 말씀하시는 장면이다. 즉 우리 주께서 세세토록 왕 노릇 하신다는 말씀이다.

그러면 이 7번째 나팔이 마지막 나팔인가?

성경에는 '큰 나팔'도 나오고 '마지막 나팔'도 나온다. 모두 마지막 때를 말한다.

"그 날에 큰 나팔을 불리니 앗수르 땅에서 멸망하는 자들과 애굽 땅

으로 쫓겨난 자들이 돌아와서 예루살렘 성산에서 여호와께 예배하리라"(사 27:13)

"그가 큰 나팔소리와 함께 천사들을 보내리니 그들이 그의 택하신 자들을 하늘 이 끝에서 저 끝까지 사방에서 모으리라"(마 24:31)

마지막 큰 나팔을 불 때 사람들이 땅 끝에서부터 돌아와 예루살렘에 모일 것이다. 고린도전서 15장 51-52절 말씀을 보자.

"보라 내가 너희에게 비밀을 말하노니 우리가 다 잠잘 것이 아니요 마지막 나팔에 순식간에 홀연히 다 변화되리니 나팔 소리가 나매 죽은 자들이 썩지 아니할 것으로 다시 살아나고 우리도 변화되리라"(고전 15:51-52)

마지막 나팔소리가 나면 죽은 자들이 다시 살아나고 우리도 변화된다고 말씀하신다. 마지막 나팔소리에 죽은 자들이 썩지 아니할 것으로 다시 살아나 마지막 심판을 받을 것이고, 예루살렘에 모인 모든 사람들은 썩지 아니할 것으로 변화되는 것이다.

흔히들 일곱째 나팔을 마지막 나팔과 같은 것으로 잘못 말하고 있다. 그런데 일곱째 나팔 다음에 7대접의 진노가 계속된다. 따라서 일곱째 나팔은 마지막 큰 나팔이 아님을 알 수 있다. 우리 주님께서는 호령을 하시고 나팔을 불면서 하늘로부터 내려오신다.

"주께서 호령과 천사장의 소리와 하나님의 나팔 소리로 친히 하늘로부터 강림하시리니 그리스도 안에서 죽은 자들이 먼저 일어나고 그 후에 우리 살아 남은 자들도 그들과 함께 구름 속으로 끌어 올려 공중에서 주를 영접하게 하시리니 그리하여 우리가 항상 주와 함께 있으리라"(살전 4:16-17)

💬 마지막 큰 나팔을 불 때 우리는 썩지 아니할 것으로 변화되어 공중에서 주를 영접하는 자들이 되어야 한다.

319

148

666은
네로를
가리키는가?

"지혜가 여기 있으니 총명한 자는 그 짐승의 수를 세어 보라 그것은 사람의 수니 그의 수는 육백육십육이니라"(계 13:18)

666이란 수에 대하여 기독교인이나 비기독교인을 막론하고 누구나 많은 호기심을 갖고 있다. 초대 교회시대부터 이 수 666은 네로를 가리킨다고 믿었다. 지금도 많은 요한계시록 주석에는 666이 네로를 가리킨다고 말하고 있다. 과연 666이 네로를 말하는 것일까?

666이 네로를 가리킨다고 보는 이유는 히브리어로 네로라는 이름의 숫자 값이 666이 되며, 헬라어로는 666의 두 배가 되기 때문이다.

히브리어나 헬라어 모두 숫자를 표시할 때는 알파벳 글자를 활용하고 있어서 모든 히브리어나 헬라어는 각 글자마다 고유한 값을 갖는다.

첫 글자부터 시작하여 9글자가 1에서 9까지의 값을 나타내며 그 다음 10번째 글자부터 9글자가 10부터 90까지의 값을 나타낸다. 그 다음 19번째 글자부터 마지막 글자까지 100에서 900의 값을 나타내는데, 글자 수를 모두 27개로 맞추기 위하여 끝에만 쓰는 자음들도 동원한다.

만일에 영어 알파벳에 A=100, B=101, C=102…의 값을 부여한다면 히틀러의 수 값도 666이 된다.

HITLER… 107(H) + 108(I) + 119(T) + 111(L) + 104(E) + 117(R) = 666

그런가 하면 A=6, B=12, C=18…의 값을 부여하면 컴퓨터가 666이 된다.

COMPUTER … 18(C) + 90(O) + 78(M) + 96(P) + 126(U) + 120(T) + 30(E) + 108(R) = 666

Internet 을 666이 되게 하려면 Z=6, Y=12, X=18……하는 식으로 거꾸로 6씩 증가시킨 값을 활용하면 된다.

INTERNET … 108(I) + 78(N) + 42(T) + 132(E) + 54(R) + 78(N) + 132(E) + 42(T) = 666

요한계시록의 이 사건은 마지막 심판 때에 일어날 사건이기 때문에 과거 인물을 지칭하지는 않는다고 본다.

하나님의 종들이 이마에 인침을 받으니까(계 7:3), 사탄도 자기의 소유를 나타내는 표시를 오른손이나 이마에 하는 것(계 13:16) 뿐이다.

이 표는 사탄의 이름이요 곧 그 이름의 수이다(계 13: 17).

중요한 점은 사탄이 자기를 따르는 자에게 이 표를 받게 한다는 것이다. 사탄의 이마에 666 표가 있는 것이 아니다.

💬 하나님의 인을 이마에 받은 자들은 하나님과 어린양의 보좌에 함께 있을 것이고(계 22:4), 사탄의 인을 이마나 손에 받으면 불과 유황으로 고난을 받을 것이다(계 14:9–10).

149

천년왕국은 언제 시작하나?

"또 내가 보좌들을 보니 거기에 앉은 자들이 있어 심판하는 권세를 받았더라 또 내가 보니 예수를 증언함과 하나님의 말씀 때문에 목 베임을 당한 자들의 영혼들과 또 짐승과 그의 우상에게 경배하지 아니하고 그들의 이마와 손에 그의 표를 받지 아니한 자들이 살아서 그리스도와 더불어 천 년 동안 왕 노릇하니"(계 20:4)

우리가 그리스도와 더불어 1,000년 동안 왕 노릇 한다고 하는데 이 천년왕국이 언제 시작 하느냐에 대해 지난 2,000년 동안 많은 논란이 있어왔다. 과연 천년왕국은 언제 시작하나?

성경에 1,000년 동안이란 기간은 요한계시록 20장 2절에서 7절까지만 나온다. 이 중에는 사탄이 결박되는 1,000년과 믿는 자들이 그리스도와 왕 노릇 하는 1,000년 두 가지만 언급된다. 같은 기간 동안 사탄은 결박되고 믿는 자들은 왕 노릇 하는 것이다.

천년왕국에 대해서는 크게 세가지 설이 존재한다.

첫째는 전천년설이다. 1,000년 왕국 전에 예수님께서 재림 하신다는 주장이다. 문자적 왕국으로 보는 것이다.

1,000년 왕국 후에 최후 심판이 이루어진다고 하니까 예수님께서 재림 하신 후 1,000년 왕국 동안에 악인도 공존한다는 모순이 남는다.

둘째는 후천년설이다. 1,000년 왕국 후에 예수님께서 재림 하신다는 주장이다. 점진적 발전 왕국이다. 우리는 예수님께서 언제 재림하실지 모르기 때문에 천년왕국이 언제 시작될지도 역시 모른다. 1,000년 동안 복음의 황금 시대를 갖는다는 지나친 인본주의와 낙관주의적 세계관이라는 비판을 받는다.

셋째는 무천년설이다. 이는 전천년설과 후천년설 둘 다를 포용하는 듯한 주장으로 18세기말에서 19세기 초에 대두되기 시작하였다. 예수님 초림부터 재림까지의 전 기간을 말한다는 주장이다. 상징적 왕국이다. 종말 사건의 순서가 매우 성경적이지만 1,000년을 상징적으로 해석하는 것이 무리라는 주장도 있다.

천년설은 시대에 따라 인기에 따라 변하고 있으며, 요즈음 천년설을 해석하는 추세는 전천년설과 후천년설이 한 발 물러나고 무천년설이 우세한 것 같다. 그리스도가 천 년 끝에 가서는 볼 수 있고 문자 그대로 재림하시지만, 천년왕국 동안에는 영적으로 그의 백성들을 통치한다는 주장이다.

교회 공동체가 왕 노릇 한다. 우리는 성령님의 인도하심에 의해 살아가고 있다. 어느 날 '매기 성경강해' 방송을 통해 들은 매기 목사(1904-1988)님이 하신 말씀이 기억난다.

💬 천년설에 관하여 이해가 안되면 섬기는 교회의 담임목사님께 물어보고 그 목사님의 의견에 따르면서 신앙생활을 해야한다. 성경 해석의 세부 내용에 있어서는 해석학적 입장에 따라 다소 다른 견해를 가질 수 있다.

150

새 하늘과 새 땅의 모습은 어떠할까?

"또 내가 새 하늘과 새 땅을 보니 처음 하늘과 처음 땅이 없어졌고 바다도 다시 있지 않더라"(계 21:1)

처음 하늘과 처음 땅은 천지창조 때 하나님께서 만드신 하늘과 땅이다.

"태초에 하나님이 천지를 창조하시니라"(창 1:1)

사도 요한은 마지막 때의 새 하늘과 새 땅을 본다. 이 때 처음 하늘과 처음 땅은 보이지 않고 하나님께서 친히 하나님의 백성들과 함께 계신다.

하나님께서 모든 눈물을 닦아 주시니 다시는 사망이 없고 애통하는 것이나 곡하는 것이나 아픈 것이 다시 있지 않는다(계 21:4).

우리가 소망하는 하늘나라가 도래하는 것이다.

이 때 새 하늘과 새 땅의 모습은 어떠할까?

요한계시록 21장과 22장을 보면 마치 창세기 1장과 2장의 에덴 동산과 같은 모습이다. 진정한 평화와 충만한 번영이 있다. 사탄 마귀도 보이지 않는다. 온갖 보화가 하나님의 영광의 빛으로 반짝이며 하나님의 백성들은 하나님의 얼굴을 보면서 하나님을 경배한다.

우리는 새 하늘과 새 땅이 얼마나 아름답고 영화로운지 말로 다 표현할 수 없다. 다만 에덴 동산을 통하여 상상만해 볼 따름이다. 그러나 그저 상상만해도 기쁨이 충만해진다.

그런데, 새 하늘과 새 땅이 어디서 올 것인가?

하늘에서 내려올 것인가 아니면 현재 우리가 살고 있는 이 세상이 변화할 것인가?

새 하늘과 새 땅이 하늘에서 내려올 것이라고 말하는 학자가 있는가 하면 이 세상이 변화할 것이라고 말하는 학자도 있다.

우리는 이 중 어떤 주장이 옳은지 알 수 없다.

다만 우리는 예수님께서 다시 오실 때 만물이 회복될 것을 믿는다.

만물이 회복된다는 것은 창조 목적에 맞게 변화된다는 것이다.

있던 것이 없어지고 다시 생기는 것이 아니라 있던 것이 변화되어 새로운 모습으로 되는 것을 회복이라고 한다면, 새 하늘과 새 땅은 현재 우리들이 살고 있는 이 세상이 창조 초기의 모습으로 변화된다고 보아야 하지 않겠는가?

💬 우리는 주의 날에 회복되는 새 하늘과 새 땅을 바라보아야 한다.
"우리는 그의 약속대로 의가 있는 곳인 새 하늘과 새 땅을 바라보도다"(벧후 3:13)

151

처음과 마지막이 되신다는 뜻은 무엇인가?

"나는 알파와 오메가요 처음과 마지막이요 시작과 마침이라"(계 22:13)

요한계시록을 기록하면서 사도 요한은 주 하나님의 음성을 듣는다.

"주 하나님이 이르시되 나는 알파와 오메가라 이제도 있고 전에도 있었고 장차 올 자요 전능한 자라 하시더라"(계 1:8)

알파와 오메가는 헬라어 알파벳의 첫 글자와 마지막 글자이다. 하나님께서 처음과 마지막이 되신다고 말씀 하시는데 이 뜻은 무엇인가?

천지를 창조하신 하나님께서 이 세상 마지막을 또한 장식하신다는 것이다.

"이 일을 누가 행하였느냐 누가 이루었느냐 누가 처음부터 만대를 불러내었느냐 나 여호와라 처음에도 나요 나중 있을 자에게도 내가 곧 그니라"(사 41:4)

하나님께서 처음과 마지막이 되신다는 것은 하나님 외에 다른 신이 없다는 뜻이다.

"이스라엘의 왕인 여호와, 이스라엘의 구원자인 만군의 여호와가 이같이 말하노라 나는 처음이요 나는 마지막이라 나 외에 다른 신은 없느니라"(사 44:6)

그분은 영원토록 변하지 않으신다. 우리가 의지해야 할 영원한 하나님이시다. 알파와 오메가가 되시는 하나님은 처음부터 끝까지 모든 일을 예견하시는 분이요, 모든 것을 균형 잡힌 관계 속에서 정확히 보시는 지혜로우신 분이시다. 그분의 지혜는 가장 완전한 수단에 의해 가장 완전한 목적을 이루신다.

그분은 장차 오시는 분이시다. 하나님은 단순히 영원히 존재하시는 분이 아니라 자신의 구속 계획의 완성을 마무리하시고 종말을 완성하시기 위해 이 세상에 오시는 분이시다.

그런데 알파와 오메가가 되시는 분이 또 한 분 있다.

"내가 볼 때에 그의 발 앞에 엎드러져 죽은 자같이 되매 그가 오른손을 내게 얹고 이르시되 두려워하지 말라 나는 처음이요 마지막이니"(계 1:17)

사도 요한이 인자 같은 이(계 1:13) 예수님의 음성을 듣는다.

환상의 시작 부분에서는 예수님께서 '처음과 마지막'이 되신다(계 1:17)고 말씀하시며 환상의 끝 부분에서는 보좌에 앉으신 이 하나님께서 '알파와 오메가요 처음과 마지막'이 되신다(계 21:6)고 말씀하신다.

주 하나님께서 '알파와 오메가'라 하시며(계 1:8) 요한계시록이 시작되며, 요한계시록의 마지막 부분은 '알파와 오메가요 처음과 마지막이요 시작과 마침'(계 22:13)이 되시는 예수님께서 속히 오시겠다고 하신다(계 22:20).

💬 이와 같은 말씀은 결국 '예수님께서 하나님이시다'라는 진리를 다시 한번 확인해 주고 있는 말씀이다.

152

마라나타는 무슨 뜻인가?

"이것들을 증언하신 이가 이르시되 내가 진실로 속히 오리라 하시거늘 아멘 주 예수여 오시옵소서"(계 22:20)

'주여 오시옵소서'라는 말을 아람어로 '마라나타'라고 한다.

Marana tha 또는 Maran atha로 표기 되는 이 말은 초대 교회에서 예수 그리스도의 재림을 소망하는 교회의 기도이자 믿는 자 사이의 인사말이었다.

'마라나 타'라는 말은 '우리 주께서 오신다'라는 뜻이며,

'마란 아타'라는 말은 '우리 주께서 오셨다' 즉 '우리 주께서 임하셨다'라는 뜻이다.

'마라나타'는 '마라나 타'나 '마란 아타'로도 쓰인다.

고린도전서 16장 22절에서 이 표현이 쓰이고 있다.

"만일 누구든지 주를 사랑하지 아니하면 저주를 받을지어다 우리 주여 오시옵소서"(고전 16:22)

이 말씀의 마지막 부분 '우리 주여 오시옵소서'는 '우리 주님이 임하셨도다'라고 말씀한다고 보아도 무방하다. 헬라어 성경에서도 'Μαρανα θα"와 'Μαραν αθα'가 같이 쓰여 있으며 일부 영어 성경에서도

'Marana tha'나 'Maran atha'로 아람어를 음역하여 그대로 쓰고 있다. 주님은 장차 오실 분이시지만 현재 여기에 우리와 함께 임하시고 계신다는 이중적 의미를 십분 나타낸 것이다.

요한계시록의 마지막 22장에서 예수님께서는 '내가 속히 오리라' 라는 말씀을 세 번 하신다(7, 12, 20절). 속히 오시겠다는 말씀을 재삼 강조하신 것이다.

최근에 선교사에게 기도를 받은 아르메니아 출신 할머니가 기도 후에 다음과 같은 신앙고백을 하는 것을 들었다고 전해진다.

"주님은 반드시 오십니다. 주님은 빨리 오십니다. 주님 속히 오시옵소서!"

아르메니아 교회는 21세기에도 기도를 끝마칠 때나 잠잘 때 '마라나타'라는 기도문으로 고백하는 초대교회의 신앙 전통을 계속 지키고 있다는 것이다.

성찬식 때나 예배를 마칠 때 또는 성도 간의 인사말로 하는 '마라나타'는 우리의 신앙고백이다. 우리의 종말론적인 기대가 현재의 예배 체험 속에서 실현되는 차원의 고백이다.

💬 우리는 우리 주 예수 그리스도의 나타나심을 기다리고 있다(고전 1:7하). 마라나타. 우리 주님께서 오십니다. 우리 주님이 임하십니다.

153

아멘에는 무슨 뜻이 있는가?

"주 예수의 은혜가 모든 자들에게 있을지어다 아멘"(계 22:21)

성경의 마지막 말씀은 아멘으로 끝난다. 모든 성도들에게 주 예수님의 은혜가 함께 있을 것을 바란다는 말씀에 아멘으로 화답하고 있다. 어떤 성경에는 마지막 아멘은 없던 단어를 성경 기록자가 은혜롭게 마치기 위하여 아멘이라고 말하면서 덧붙였다는 설명을 하기도 한다. 우리는 아멘을 너무 자주 외치지만 진정한 뜻은 잘 모르고 있을 수 있다.

그렇다면 아멘에는 무슨 뜻이 있는가?

첫째는 '내가 동의합니다'라는 뜻이다.

"선지자 예레미야가 말하니라 아멘, 여호와는 이같이 하옵소서…"(렘 28:6)

둘째는 '그렇게 되게 해 주옵소서'라는 뜻이다.

"여호와 이스라엘의 하나님을 영원부터 영원까지 송축할지로다 하매 모든 백성이 아멘 하고 여호와를 찬양하였더라"(대상 16:36)

셋째는 '진실로'라는 뜻이다.

성경에는 '아멘'도 나오지만 '진실로'도 아멘과 동의어로 쓰이고 있다.

예수님의 말씀 중 '진실로'나 '진실로 진실로'는 '아멘' 또는 '아멘 아멘'을 번역한 것이다.

넷째는 '시작과 마침이다'라는 뜻이다.

"나는 알파와 오메가요 처음과 마지막이요 시작과 마침이라"(계 22:13)

세상에서는 죄를 지으면 심판을 받지만 기독교는 죄악에서 건져주심으로 인한 새로운 시작이다. 개인적 종말은 일시적 사망이지만 우주적 종말은 예수님의 재림으로 인한 부활이다.

다섯째는 '내가 확신합니다'라는 뜻이다.

"이 율법의 말씀을 실행하지 아니하는 자는 저주를 받을 것이라 할 것이요 모든 백성은 아멘 할지니라"(신 27:26)

여섯째는 '내가 보증합니다'라는 뜻이다.

"이 저주가 되게 하는 이 물이 네 창자에 들어가서 네 배를 붓게 하고 네 넓적다리를 마르게 하리라 할 것이요 여인은 아멘 아멘 할지니라"(민 5:22)

일곱째는 '예수님이시다'라는 뜻이다.

충성되고 참된 증인이시요 하나님의 창조의 근본이신 예수 그리스도는 우리의 아멘이 되신다(계 3:14 참조). '그리스도는 진실무망하시다'라는 찬양조의 호칭이다.

💬 진리의 말씀을 들을 때 우리는 어떤 경우에는 매우 희미하게나마 '아멘'이라고 화답하지만 그것은 우리가 거듭났다는 증거이다. 그러므로 우리에게 있는 가장 희미한 '아멘'조차도 소중히 여기고, 그것이 더 큰 '아멘'이 되게 하자.

참고 문헌

1. 성경

공동번역 성서(외경 포함), 대한성서공회, 1977
관주•해설 성경전서(독일성서공회해설), 대한성서공회, 2005
뉴톰슨 관주 주석성경, 성서교재가냉사, 1989
데일리 가정 성경, 제자원, 연합선교회, 1992
되새김성경, 김장명 편찬, 나눔, 2009
레노바레성경, 하용조편찬, 두란노, 2006
메시지성경(신약, 구약 모세오경, 역사서), 유진 피터슨, 두란노(2009-2012)
성경전서(개역개정판), 요단(1998,2003)
성경전서 표준새번역 개정판, 대한성서공회, 2001
스테판원어성경, 원어성서원(1994,1996)
신약 외경, 한상옥 역, 광람문화사, 1966
열린노트성경, 아가페, 1997
우리말성경, 두란노, 2010
은혜로운주해성경, 조용기편저, 서울말씀사, 2001
톰슨II 주석성경, 기독지혜사, 1990
프리셉트성경, 프리셉트, 1999
한영해설성경(NIV, 개역개정판), 성서원, 2006
Companion Bible, E. W. Bullinger, Kregel Publication(1922, 1999)
The Numerical Bible(The Psalms), F. W. Grant, Loizeaux Brothers , N.Y., 1897

2. 사전, 주석

바이블렉스 8.0, 이병철편저, 브니엘성경연구소, 2009
비전성경사전, 하용조편찬, 두란노(2001, 2006)
성구대사전(상, 하), 김영국편역, 성서교재간행사, 1983
성구사전(구약), 조오지 V. 위그램, 김만풍역, 기독교문화협회(1982, 1996)
성구사전(신약), 조오지 V. 위그램, 김만풍역, 기독교문화협회(1988, 1996)
옥스퍼드 원어성경대전, 제자원, 성서교재㈜, 1998 - 2006
Greek-English Lexicon of The New Testament and Other Early Christian Literature,
    Walter Bauer, The Univ. of Chicago Press(1957, 2000)
IVP 성경사전, 이정석 외 역, IVP(1992, 1998)
Thomas Nelson, 손에 잡히는 넬슨 성경개관, 김창환 옮김, 죠이선교회(1993, 2004)

내가 속히 오리라, 이필찬, 이레서원(2006, 2012)
데살로니가 전서 강해, 김세윤, 두란노(2002, 2011)
빌립보서 강해, 김세윤, 두란노(2004, 2012)

사도신경, 이승구, SFC, 2009
시편 강해, 찰스 스펄전, 생명의말씀사(1998,2007)
요한복음 강해, 김세윤, 두란노(2001,2009)
읽기만 해도 열리는 요한계시록, 김형종, 솔로몬, 2009
주기도문 강해, 김세윤, 두란노(2000, 2002)
쾌도난마 요한계시록(1, 2), 송태근, 지혜의 샘, 2013
토라(상, 중, 하), 변순복, 대서(2005, 2012)

Allen P. Ross, 거룩과 동행, 김창동 옮김, 디모데, 2009
_____, 창조와 축복, 김창동 옮김, 디모데, 2007
Bryan E. Beyer, 이사야서의 역사적 신학적 강해, 곽철호•류근상 옮김, 크리스챤, 2009
John Chrysostom, 황금의 입 요한 크리소스톰 에베소서 강해, 송영의 역, 지평서원
  (1997, 2005)

3. 일반 문헌

강문호, 미드라쉬 시리즈(1-20), 한국가능성개발원, 1996 - 2004
_____, 성막으로 성경을 말한다, 한국가능성개발원, 1998
_____, 쉐마, 한국가능성개발원, 1996
강신권•김형종 외, 코헨신학대학원 박사원 강의노트, 2009-2010
강신권•김형종•정관창, 유대인의 천재교육 프로젝트, 플레이온콘텐츠, 2007
권혁봉, 조직신학이 흐르고 있는 교회론, 요단출판사, 2008
김남준, 개념없음, 생명의 말씀사, 2011
_____, 그리스도인이 빛으로 산다는 것, 생명의 말씀사, 2012
김남철, 성경을 증거하는 메소포타미아 신화와 유물 이야기, 쿰란출판사, 2012
김상현, 희년과 기업(희년 특강 노트), 희년성경연구원, 2010
김승학, 떨기나무, 두란노, 2007
김장명, 김장명목사의 성경완독, 나눔, 1998
김준, 창세기의 과학적 이해, 한국창조과학회, 2004
김판임, 쿰란 공동체와 초기 그리스도교, 비블리카 아카데미아, 2008
김호용, 성서가 우리에게 오기까지, 대한성서공회, 1995
박건택, 종교개혁사상 선집, 솔로몬, 2009
배재욱, 초기 유대교와 신약성경의 중생, 대한기독교서회, 2008
변순복 옮김, 성경 속으로 탈무드 속으로, 대서(2006,2007)
서영환, 신약구조분석(상, 중, 하), 경향문화사, 2007
_____, 키아즘 성경 해석, 플레이온 콘텐츠, 2013
여인갑, 여인갑박사의 숫자 이야기, 문원출판, 2001
_____, 바이블 술래잡기, 도서출판 쨈, 2005
원유동, 보나벤투라의 빛의 형이상학, 한국학술정보, 2008
이동원, 마지막 계시 마지막 책임, 나침반(1992, 1999)

_____, 열 두 문, 열 두 돌, 나침반사, 1988

_____, 우리가 사모하는 건강한 교회, 두란노, 2006

_____, 하나님, 그의 이름은 비밀입니다, 디모데, 2007

_____, 하늘 가는 밝은 길, 나침반사(1989, 1999)

이병렬, 유다적 배경에서 구약 다시 보기, 페트라, 1999

이준교, 성지순례 이집트, 쿰란출판사, 2010

이화영, 성경주의 상급론, 개혁시대, 2009

조병하, 교부들의 신학사상, 그리심, 2005

조철수 역주, 랍비들이 풀어 쓴 창세 신화, 서해문집, 2008

_____, 잠언 미드라쉬, 성서와 함께, 2007

Abraham Joshua Heschel, 사람을 찾는 하나님, 이현주 옮김, 한국기독교연구소, 2007

_____, 어둠 속에 갇힌 불꽃, 이현주 옮김, 한국기독교연구소, 2008

Alister E. McGrath, 과학신학, 박세혁옮김, IVP, 2011

_____, 종교개혁 사상, 최재건 옮김, 기독교 문서선교회, 2006

_____, 종교개혁 시대의 영성, 박규태 옮김, 좋은 씨앗, 2005

Asherl Intrater, 마지막 때, 성도는 어떻게 살아야 하는가, 오화평 옮김, 두란노, 2012

Aurelius Augustinus, 고백론, 최민순 옮김, 바오로딸(1965, 2010)

Blaise Pascal, 팡세, 서원모 옮김, 크리스챤 다이제스트(1992, 2000)

Bonnie Gaunt, Beginnings- The Sacred Design, Adventures Unlimited Press, 2000

_____, The Bible's awesome Number Code !, Adventures Unlimited Press, 2000

Bradley P. Holt, 기독교 영성사, 엄성옥 옮김, 은성(1994, 2002)

Bruce Demarest, 십자가와 구원, 이용중 옮김, 부흥과 개혁사, 2006

Carmen Welker, 크리스천도 율법을 지켜야 하는가?, 윤요한 옮김, 에세이퍼블리싱, 2011

Catherine Mowry LaCugna, 우리를 위한 하나님, 이세형 옮김, 대한기독교서회, 2008

Christopher A. Hall, 교부들과 함께 성경 읽기, 이경직•우병훈 옮김, 살림, 2008

Chuck Missler, Cosmic Codes, Koinonia House, 1999

C. S. Lewis, 기적, 이종태 옮김, 홍성사, 2008

David A. Dorsey, 구약의 문학적 구조, 류근상 옮김, 크리스챤, 2003

Del Washburn, Theomatics II, Scarborough House, 1994

Dietrich Bonhoeffer, 현대인을 위한 성도의 공동생활, 조현진 역, 프리셉트, 2011

Don Kistler, The Arithmatic of God, 서휘웅 옮김, 성광문화사, 1992

Ed F. Vallowe, Biblical Mathematics, The Olive Press, 1998

Elmer L. Towns, 구약에 나타난 하나님의 이름들, 박이경 옮김, 생명의 말씀사, 1994

Eugene H. Peterson, 묵시: 현실을 새롭게 하는 영성, 홍범룡 옮김, IVP(2002, 2010)

_____, 유진 피터슨의 목회오경, 차성구 옮김, 좋은씨앗(2001,2002)

_____, 한 길 가는 순례자, 김유리 옮김, IVP(2001, 2008)

E. W. Bullinger, Number in Scripture, Kregel Pub, 1985

Gary G. Cohen, 신앙과 과학, 강신권 옮김, 쿰란출판사, 2008
Gordon D. Fee, 바울, 성령, 그리고 하나님의 백성, 길성남 옮김, 좋은씨앗(2001, 2007)
Günter Stemberger, 미드라쉬 입문, 이수민 옮김, 바오로딸, 2008
Hans Küng, 한스 큉, 과학을 말하다, 서명옥 옮김, 분도출판사, 2011
Henri J. Nouwen, 예수, 우리의 복음, 윤종석 옮김, 복 있는 사람(2002, 2006)
Herman Bavinck, 개혁교의학(1 - 4), 부흥과 개혁사, 박태현 옮김, 2011
H. R. Dorbner, 하성수 옮김, 교부학, 분도출판사(2001, 2003)
Ivan Panin, Inspiration of The Hebrew Scriptures Scientifically Demonstrated, Bible Numerics(1928, 1990)
Jack Finegan, Handbook of Biblical Chronology, Hendrickson, Pub.(1964, 1998)
James Harrison, The Pattern & The Prophecy, Isaiah Pub., 1994
John Owen, 나를 기념하라, 이태복 옮김, 지평서원, 2008
John Polkinghorne, 진리를 찾아서, 이정배 옮김, KMC, 2003
John R. W. Stott, 그리스도의 십자가, 황영철•정옥배 옮김, IVP(1988, 1999)
_____, 살아 있는 교회, 신현기 옮김, IVP(2009,2010)
_____, 현대를 사는 그리스도인, 한화룡•정옥배 옮김, IVP(1993, 1999)
John Timmer, 성경, 흐름을 잡아라, 박혜영•이석렬 옮김, 홍성사(2000, 2003)
Joseph Dan, 유대교 신비주의 카발라, 이종인 옮김, 안티쿠스, 2010
Jürgen Moltmann, 하나님의 이름은 정의이다, 곽혜원 옮김, 21세기 교회와 신학포럼, 2011
Karen H. Jobes & Moises Silva, 70인역 성경으로의 초대, 김구원 옮김, CLC, 2007
Karl Sabiers, Russian Scientist Proves Divine Inspiration of Bible, Bible Numerics(1941, 1969)
Katherine A. Loop, Beyond Numbers, Christian Perspective(2005, 2007)
Kay Arthur, 룻기, 최복순 편역, 프리셉트, 2004
Keith Miller, 하나님의 일곱 영, 박정준 옮김, 순전한 나드, 2008
Kenneth Schenck, 필론 입문, 송혜경 옮김, 바오로딸, 2008
Larry Crabb, 하나님의 러브레터, 김성녀 옮김, IVP, 2010
Larry L. Zimmerman, Truth & The Transcendent, Answers in Genesis(2000, 2006)
Louis Ginzberg, 성경에 관한 전설들, 박문재 옮김, 크리스챤 다이제스트, 2007
Matthew Fox & Rupert Aheldrake, 창조, 어둠, 그리고 영혼에 관한 대화, 이정배 옮김, 동명사, 1999
Michael Hoggard, By Divine Order, Heartstone Pub.(1999, 2000)
_____, The King James Code, Heartstone Pub., 2003
M. R. DeHaan, 성막, 조무길 옮김, 생명의 말씀사(1976, 2002)
_____, 율법이냐 은혜냐, 이용화 옮김, 생명의 말씀사(1971, 2005)
Nancy R. Pearcey, 완전한 진리, 홍병룡 옮김, 복 있는 사람, 2006
Nancy R. Pearcey & Charles B. Thaxton, The Soul of Science, Crossway Books, 1994
Nathan Ausubel, 유대예화보고, 조호연 옮김, 크리스챤 다이제스트(1996, 1998)

Nigel Beynon & Andrew Sach, 성경이 말하게 하라, 장택수 옮김, 예수전도단, 2012

Noah Hutchings, God The Master Mathematician, Heartstone Pub., 2002

Nosson Scherman, 열 마디 말씀, 변순복 옮김, 대서, 2012

Page H. Kelly, Daniel S. Mynatt, Timothy G. Crawford, 히브리 성서의 마소라 해설, 강
　　성열 옮김, 비블리카 아카데미아(2005, 2009)

Paul Tournier, 인생의 사계절, 박명준 옮김, 아바서원, 2013

Peter S. Ruckman, 일곱으로 일하시는 하나님, 김기준•윤지영 옮김, 말씀보존학회,
　　2003

　　　　　　　　　, 짐승의 표, 말씀보존학회(1997, 2003)

Philip Yancy, 필립 얀시와 함께하는 맥 잡는 성경 읽기, 임종원 옮김, 진흥(1998, 2002)

Pseudo-Dionysius, 위 디오니시우스 전집, 엄성옥 옮김, 은성, 2007

R. A. Torry, 성경의 난제해석, 나채운 옮김, 성지출판사, 2002

Rabbi Meir Zlotowitz•Nosson Scherman, 변순복 옮김, 슈마 이스라엘, 대서, 2012

Raymond F. Surburg, 신구약 중간사, 김의원 역, 기독교문서선교회(1984, 1995)

Richard A. Bodey, Editor, 이 시대 영적 거장들의 절기별 명설교, 바울, 2007

Richard J. Foster • Gayle D. Beebe, 영성을 살다, 김명희•양혜원 옮김, IVP, 2009

Rick Warren, 새들백교회 릭워렌 목사와 함께하는 개인성경연구 길라잡이, 디모데
　　(2000, 2003)

R. McCormack, The Number Seven In The Bible And Nature, Kessinger Pub. Reprint,
　　1923

Robert D. Heidler, 메시아닉 교회, 진현우 옮김, WLI Korea, 2008

Ronald Rolheiser, 아무도 말하지 않은 성찬의 영성, 최규택 옮김, 그루터기하우스, 2011

Ryosuke Inagaki, 토마스 아퀴나스 <신학대전> 새로 알기, 조규상 옮김, 가톨릭출판사,
　　2011

S. Juan de la Cruz, 사랑의 산 불꽃, 방효익 옮김, 기쁜소식, 2007

St. Nikodimos of the Holy Mountain 외 편찬, 필로칼리아(I - V), 엄성옥 옮김, 은성,
　　2001-2006

Stephen B. Bevans, 상황화 신학, 최형근 역, 조이선교회, 2002

Stephen J. Nichols, 세상을 바꾼 종교개혁 이야기, 이용중 옮김, 부흥과 개혁사, 2009

Ted Peters, 삼위일체 하나님, 이세형 옮김, 컨콜디아사, 2007

Thomas à Kempis, 토마스 아 켐피스의 그리스도를 본받아, 박동순 옮김, 두란노(2010,
　　2011)

Timothy Jones, 하루만에 꿰뚫는 기독교 역사, 배응준 역, 2007

Warren W. Wiersbe, 워렌 위어스비의 시편 산책, 박혜경 옮김, 디모데, 2008

William Johnston, 신비신학, 이봉우옮김, 분도출판사(2007, 2008)

William S. McBirnie, 열두 사도들의 발자취, 솔로몬(1991, 2005)

http://www.wyattmuseum.com/red-sea-crossing.htm